DE l'enfant À L'ADULTE

Correction et relecture : Anne Desmier et France Facquer
Conception et réalisation graphique : Jessica Maestripieri et Soft Office

ISBN : 978-2-7033-1297-0
Dépôt légal : novembre 2022

Éditions Dangles
Une marque du groupe éditorial Piktos.
355, rue de la Montagne-Noire – 31750 Escalquens
contact@piktos.fr
www.editions-dangles.fr

@editionsdangles

Éditions Dangles

Sandra Bosi
Barbara-Ann Hubert

DE l'enfant À L'ADULTE

Reconnaître l'enfant dans sa singularité
pour accueillir l'adulte en devenir

Dangles
ÉDITIONS

À nos enfants

« L'éducation est l'arme la plus puissante
que vous pouvez utiliser pour changer le monde. »

Nelson Mandela

SOMMAIRE

CHAPITRE 1

DÉCOUVRIR LA SINGULARITÉ DE L'ENFANT

CHAPITRE 2

UN ENVIRONNEMENT SÉCURISANT COMME BESOIN IMPÉRIEUX

CHAPITRE 3

UN POSITIONNEMENT D'ADULTE PENSÉ ET CLAIR

CHAPITRE 4

COOPÉRATION ET COHÉRENCE ENTRE ADULTES

CHAPITRE 5

L'APPRENTISSAGE DE LA FRUSTRATION

CHAPITRE 6

DES APPRENTISSAGES VERS L'INDÉPENDANCE

CHAPITRE 7

FACE AUX QUESTIONNEMENTS EXISTENTIELS

CHAPITRE 8

LE SYSTÈME FAMILIAL

CHAPITRE 9

LE MONDE DES POTENTIALITÉS

PRÉFACE

de Nicole Montineri

Le chemin d'incarnation est un chemin d'individuation et d'élévation spirituelle.

L'éducation du petit être dont l'âme vient s'incarner dans notre monde n'a qu'un seul objectif : donner à cet être nouveau les moyens de pouvoir se retirer au fond de soi, de s'y reconnaître et d'y découvrir ce qu'il y a d'unique et d'éternel.

En lui fournissant l'explication du monde et de sa réalité, les parents lui permettent d'y trouver sa place, puis, peu à peu, de pénétrer en soi, de se connaître en tant qu'être immuable évoluant au sein d'un monde en constant mouvement. Il aura alors trouvé sa véritable identité, sa véritable dimension : celle d'un être cosmique.

Le rôle des parents est de donner à l'enfant toutes les clés qui lui permettront, adulte, d'élever sa conscience et d'accéder à la connaissance d'un monde caché, invisible.

Les clés sont celles que développent Barbara-Ann et Sandra dans ce livre : favoriser la prise de conscience par l'enfant de son unicité, encourager sa créativité, lui apprendre à voir les limites de la réalité terrestre, à ouvrir son esprit à l'inconnu, à maîtriser les émotions, à identifier ses peurs, à accepter la solitude afin de pouvoir se retirer dans son propre espace de possibilité, le corollaire de la découverte de sa liberté intérieure étant la prise de conscience de la responsabilité de ses pensées, de ses paroles et de ses actes. L'éducation apprend à l'enfant à vivre, c'est-à-dire à sélectionner selon sa propre identité, afin qu'adulte il soit stable, centré, aligné sur ses propres vibrations.

Ceci demande aux parents d'accompagner le petit être avec douceur (la douceur contient la fermeté), patience et discernement. Et bien sûr, avec amour. L'amour ne peut respirer que dans la liberté, le respect, la bienveillance. Mais il est aussi exigeant. Il a ses lois, car il est une force cosmique – la plus puissante. Rempli de l'amour de ses parents, l'enfant devenu adulte pourra évoluer avec confiance au sein d'une vie en perpétuel mouvement. La confiance, c'est cette énergie d'amour qui s'exprime spontanément.

Beaucoup d'âmes sont dans un état de grande faiblesse aujourd'hui. Leur énergie spirituelle est pauvre, car la foi a disparu. La foi est d'abord la fidélité à ce que nous sommes. Sans la foi, l'âme ne peut retrouver le fil qui la relie à l'Esprit. Plutôt que d'espérer que leurs enfants s'insèrent dans une société malade en perpétuant tous les symptômes de cette maladie, les parents doivent les initier à la prière, à la méditation, à la contemplation de la nature, qui feront émerger en eux la dimension spirituelle de leur être. Seule cette dimension protège de l'anxiété ou du désespoir face aux grandes tribulations du monde actuel, et donne la force nécessaire pour construire le monde à venir. Avoir la foi, c'est aussi aimer. C'est s'abandonner consciemment à l'énergie qui est le fondement de l'univers et coopérer avec elle.

Jusqu'à présent, l'éducation classique donnée aux enfants a bloqué leur évolution, c'est-à-dire leur contact, perceptible en eux pendant les premières années de leur incarnation, avec le monde des intelligences supérieures. Une fois la conscience de ce contact perdue, l'enfant ne peut plus grandir. Il subit sa vie et ne fait qu'apprendre, ou réapprendre, d'expériences sur un plan uniquement matériel. Ne sachant plus d'où il vient ni où il doit retourner, il ne peut prendre le contrôle de sa destinée. Il n'est pas libre, psychologiquement, des événements qui jalonnent son existence terrestre.

Le but de chaque être qui vient s'incarner sur la terre est de devenir libre totalement, c'est-à-dire de permettre à sa conscience d'être maîtresse de sa vie, jusque dans le monde de la mort, pour passer au-delà. Et ceci commence par un esprit créatif, développé dès l'enfance. Tant que l'être humain n'a pas pris conscience de ses capacités créatives, ces forces de la vie, il ne peut évoluer vers une conscience supérieure. Il ne peut vivre une vie réelle, à la mesure de l'énergie d'amour.

Enfin, si c'est aux parents d'encourager les capacités créatives de l'enfant, en retour l'enfant, ainsi que le soulignent très justement Barbara-Ann et Sandra, appelle l'adulte à vivre dans l'instant présent tel qu'il est, c'est-à-dire dans la conscience. Quel magnifique cadeau…

Nicole Montineri

Auteure de quatre essais parus aux éditions L'Originel/ Accarias (*Déraciner la souffrance* en 2010, *Marie l'Égyptienne* suivi de *La Voie brûlante de l'amour* en 2012, *N'ayons pas peur de mourir* en 2013 et *L'Être intérieur* en 2014), Nicole Montineri a pu voir – lors d'une grave maladie – dans une acceptation totale qui évacuait toute peur ce qu'enseignent tous les sages : derrière les apparences de l'univers se trouve la réalité d'une conscience unique. Demeurer dans cette ouverture, c'est rejoindre l'essence de notre être. Pour Nicole Montineri, tout est vu désormais comme « se mouvant au sein de la globalité de la vie, par la seule conscience de l'unité derrière les formes… dans une joie constante sans objet ».

PRÉFACE

du docteur Jean-Marc Mantel

Deux amies, psychanalystes, ouvertes à la dimension impersonnelle de leur être, qui sont également mères de famille, partagent ici leur expérience dans la relation adulte-enfant, et notamment parent-enfant, dont on sait l'importance cruciale pour la structuration de l'enfant, et donc pour sa future vie d'adulte.

Barbara-Ann et Sandra font ici un merveilleux travail, en offrant aux parents et futurs parents une réflexion approfondie sur la manière d'exprimer son amour aux enfants, sans projeter sur eux ce qui ne leur appartient pas.

C'est une forme d'ascèse que de discerner ce qui nous appartient de ce que notre mental projette sur l'autre. Et sur ce plan, les deux auteures montrent l'infinie précaution nécessaire pour ne pas polluer l'enfant par les peurs et les diverses émotions enfouies qui dominent la psyché des adultes.

L'écoute, l'ouverture, la présence, reviennent comme des leitmotivs qui confèrent une guidance, une orientation à la compréhension, afin d'aiguiser toujours plus la finesse et la sensibilité dans l'interaction avec l'enfant. Celui-ci cherche naturellement l'amour et la reconnaissance dans les yeux, les paroles et les comportements de ses parents. À eux donc d'être à la hauteur de cette demande, afin de le nourrir avec leur cœur, leur corps et leur intelligence.

Qui dit présence dit absence, car pour être complètement présents à l'autre, nous devons nous libérer de nous-mêmes, du contrôleur obsessionnel tourmenté par ses peurs et ses désirs. C'est vers un tel cheminement que Sandra et Barbara-Ann nous ramènent constamment, pointant avec justesse les écueils qui sont obligatoirement rencontrés dans le processus d'apprentissage, de désapprentissage et de maturation qu'impose l'éducation d'un enfant.

Merci à elles deux de témoigner ainsi de leur amour et de leur compréhension. C'est un enseignement vivant, adapté à tout un chacun, car tout être a été fille ou fils avant d'être éventuellement mère ou père, et a donc connu les difficultés de la mutation de la chrysalide au papillon.

La liberté est ici essentielle, non pas celle de faire ou dire tout ce que notre ego exige, mais celle d'exister indépendamment de notre propre personnage, du petit tyran souvent caché derrière les bonnes intentions. Par leur vécu, les parents transmettent à leur enfant leur expérience de la vie, leurs compréhensions et incompréhensions. Puissions-nous toutes et tous nous épanouir ainsi dans la vérité de notre être, afin de montrer à l'enfant ce vers quoi sa vie va l'amener, un accomplissement sur tous les plans de son être. Mon être, ton être et son être se présentent comme un triptyque dont on ignore le dénominateur commun. À nous de le découvrir par notre propre expérience, seule garante d'une transmission fiable.

N'oublions pas que l'enfant joue également un rôle initiatique à l'égard de ses parents. Avant que son mental ne se structure, il baigne encore dans son innocence originelle, et renvoie l'adulte à cette même innocence, bien enfouie sous les préoccupations diverses. Lorsqu'il grandit, ses oppositions ont tout autant valeur d'enseignement, soulignant parfois des règles abusives ou une rigidité excessive du cadre parental ou sociétal. Le juste milieu entre laxisme et autoritarisme n'est pas toujours facile à trouver.

On oublie aussi souvent l'influence de l'état de conscience ou d'inconscience des parents au moment de la conception, qui peut avoir un rôle déterminant dans le processus d'incarnation à venir, ainsi que l'importance de la qualité émotionnelle et environnementale pendant la vie intra-utérine. Cela mériterait que les parents puissent bénéficier d'une éducation dans un domaine si souvent négligé. Et ce livre peut grandement y participer.

C'est dans la lumière du non-savoir que gît le savoir authentique, le savoir-être inné, mais méconnu, confondu avec les apparences qui le masquent. Puisse l'effacement des apparences révéler ainsi la réalité de ce que nous sommes, et de ce qu'est chaque enfant, qui aura à le découvrir par son propre cheminement. Que la chrysalide révèle, par son absence, la merveille lumineuse et colorée du joyau qu'elle masque. La présence dans l'absence !

Jean-Marc Mantel

Psychiatre, psychothérapeute et lauréat de la faculté de médecine de Paris, il a organisé de nombreux congrès sur des thèmes unissant la médecine et la spiritualité, anime des activités autour du vécu non duel et son expression dans le fonctionnement mental et corporel, a œuvré pour la méditation au sein des hôpitaux.

AVANT-PROPOS ET PRÉSUPPOSÉS

Questionner, observer, percevoir…

Se questionner sans cesse, sans sombrer dans l'inquiétude souvent présente dans l'incertitude…

La question ouvre la porte de la connaissance…

L'intégralité de cet ouvrage est questionnable. Chaque relecture de ces écrits nous a donné envie de les enrichir, car tout instant vécu est apprentissage dont découlent de nouvelles perspectives. La réalité n'est pas figée, elle est sans cesse en devenir. Nous invitons nos lectrices et lecteurs à interroger les propos contenus dans cet ouvrage et à ne croire qu'en leurs propres ressentis, qui seront peut-être ici ou là validés, enrichis. Les croyances sont par essence limitantes, seule la perception peut guider.

Nous avons eu envie de transmettre notre vision de l'éducation élaborée à partir de notre expérience de psychanalystes, de mères, d'éducatrices, d'êtres humains en recherche… Chaque jour, notre pratique professionnelle nous montre à quel point l'éducation et le temps de l'enfance sont cruciaux pour toute l'existence. L'enfant se construit à partir de ce qu'il capte de son environnement, dont les acteurs clés sont les parents. Cet essai traite de l'éducation et de son impact, celle reçue, qui nous a façonnés, et celle que nous dispensons en tant que parents, grands-parents, éducateurs, enseignants, accompagnants... et, de façon plus générale, ce sujet nous renvoie tous à la responsabilité qui nous incombe vis-à-vis des enfants qui croisent notre chemin.

Nous souhaitons soutenir une recherche de parentalité plus éclairée, responsable, détendue, et exposer les multiples potentialités d'évolution que recèle l'accompagnement d'un enfant, sujet et acteur de la société de demain. Notre propos vise à éveiller la perception de la pollution énergétique répandue lorsque la relation est fondée sur un rapport de force ou lorsque l'inconscient familial tire inexorablement les ficelles. Cet ouvrage témoigne essentiellement du bénéfice d'un travail de mise en lumière des peurs, croyances, illusions... pour goûter la joie partagée d'une relation devenant plus authentique et propice à découvrir l'être profond de chacun.

La vision psychanalytique est sans concession avec les arrangements cachés ou refoulés, néanmoins ce regard est aussi empreint d'une immense bienveillance face au désir de clarté et au courage nécessaire pour accepter de se questionner au lieu de se justifier. Nous allons tout au long du livre invoquer la bienveillance comme fil conducteur interne et relationnel.

Nous présupposons qu'au départ le nourrisson ne naît pas vierge, il est pétri de mémoires ancestrales, de celles de sa vie intra-utérine et d'inconscient collectif. Nous utiliserons le terme « **ancestral** » pour désigner ces « bagages » de l'âme. De plus, l'enfant porte l'émotionnel de ses parents quand ceux-ci n'en ont pas pris conscience.

Nous tenons à préciser que, lorsque nous parlons de « **penser** », cela désigne une haute capacité de l'être humain, dépassant la seule utilisation de l'intellect. Il s'agit de l'alliance entre perception sensorielle, intuition et intellect unis dans une fine écoute intérieure. Platon définissait la pensée comme « le dialogue intérieur de l'âme avec elle-même[1] ». Une telle pensée nécessite un alignement interne d'où la conscience peut émerger. Pour la philosophe Simone Weil, « le mouvement de la pensée répond à un double élan contradictoire : je pense pour me rendre le monde extérieur intelligible, familier, le ramener à moi ; mais j'aspire aussi à saisir le réel comme tel et non pas seulement ce que j'ai besoin d'y trouver, à ne pas être enfermée dans mon délire subjectif mais à sortir de moi pour rencontrer vraiment l'extériorité[2] ».

La notion de **joie** que nous invoquons tout au long de ce livre n'est pas une émotion passagère liée à une notion de plaisir immédiat. Il s'agit d'un sentiment profond et archaïque[3] issu de la connexion avec l'espace inaltérable de notre intériorité, le plus intime, d'où sont perçues la beauté, la subtilité de la vie et l'invitation à y prendre part. Prendre soin des enfants que la vie nous

1 Platon, *Le Sophiste*, Garnier Flammarion, 1997.

2 Weil Simone, *Amitié. L'art de bien aimer*, Rivages poche, « Petite Bibliothèque », 2016, préface de Valérie Gérard p. 16 et 17.

3 La joie est considérée par la théologienne chrétienne de tradition protestante Lytta Basset comme le sentiment premier. Entendue comme issue du pur sentiment d'être, la certitude de l'existant, et non en tant que contenu jugé « agréable », elle est le tout premier mouvement qui nous anime, au sens où il y a primauté et antériorité de la joie sur tous les autres états de l'être. « Une joie qui, précise-t-elle dans son ouvrage *La Joie imprenable* (Albin Michel, 2004), ne se laisserait pas détruire par les circonstances de la vie – une joie imprenable, autre que le plaisir, le bonheur et la béatitude. »

confie et que nous croisons sur notre chemin s'avère une grande et importante participation au processus du vivant. La joie constitue un état de fond qui ne fait abstraction d'aucune épreuve, un état dont on peut faire l'expérience au cœur même de la douleur. Dans son ouvrage *La Force majeure*, le philosophe Clément Rosset affirme d'ailleurs à propos de cette acceptation et adhésion profonde au réel que requiert la joie : « Le réel c'est la joie qui transcende le tragique de l'existence[4]. »

Lorsque nous utilisons le terme « **désir** », il est à entendre comme un élan de vie porteur distinct d'un vouloir fixé sur l'idée d'une forme prédéfinie.

Lorsque nous parlons de « **perception** », il s'agit d'une information captée directement au niveau de l'être se manifestant sous forme de « **ressentis** » dans le corps et dont l'interprétation se décline en diverses émotions. Ainsi la perception, informative par essence, traverse-t-elle des zones de crispation dans le corps physique et le psychisme résultant d'expériences insécurisantes. Quand ils ne sont pas corrompus par la volonté, ou par des attentes, ou encore par une croyance en ce qui, selon nos critères, « devrait être », l'intuition, la perception et le ressenti nous connectent directement à la conscience. Dans l'absence de forme prédéterminée, l'amour peut alors se révéler.

Le terme « **inconscient** » renvoie à des contenus refoulés résultant d'expériences trop douloureuses ou ayant été vécues dans la petite enfance. Il sera également considéré de façon plus vaste comme un réservoir d'informations intemporelles et symboliques tel que défini par Jung avec les notions d'archétype et d'inconscient collectif.

4 Les Éditions de Minuit, 1983.

Enfin, nous employons les termes d'« **âme** » et de « **conscience** » tels que les définissent la psychanalyste Marie-Claude Defores et le psychologue Yvan Piedimonte : « L'âme a été définie depuis toujours comme la partie subtile, immatérielle, éternelle et non substantielle de l'humain, constituante de sa spécificité et de son noyau identitaire. Pour Socrate, c'est elle qui connaît, mais ce n'est qu'en s'appropriant le corps qu'elle est en conscience et qu'elle devient le sujet ou "être de la connaissance", comme le disaient les philosophes antiques. La mémoire de l'âme est le savoir inconscient où sont inscrites les références humaines. C'est ce grand savoir de l'âme qui, aspirant à s'incarner, devient désir puis projet et structure de l'être en s'actualisant[5]. »

Nous avons choisi de structurer notre ouvrage progressivement par thème plutôt que chronologiquement par âge. En effet, l'évolution n'est pas une ligne droite qui va de la naissance à la mort, mais plutôt une spirale où les grands sujets se représentent régulièrement.

5 Defores Marie-Claude, Piedimonte Yvan, *La Constitution de l'être*, Bréal, 2009, glossaire p. 203.

INTRODUCTION

Issu d'un dialogue, ce texte est le fruit d'un partage posé par écrit… et nous souhaitons qu'il garde le vivant, la plasticité et la convivialité de la parole. Notre désir est d'élargir ce dialogue avec chacun des lecteurs, car la pensée s'enrichit dans l'échange. C'est une invitation à une vision globale qui intègre les capacités perceptives et intuitives, ainsi que les dimensions éducative, psychologique et spirituelle. La possibilité de s'appuyer sur la pensée de l'autre permet parfois de mieux entendre résonner la sienne propre.

Ce livre s'adresse à tout adulte cherchant à mieux appréhender les enjeux de sa relation au monde en revisitant sa propre éducation, noyau du fonctionnement[1] humain. En particulier, il cible toute personne ayant un rôle d'éducateur auprès d'enfants ou adolescents (parents, grands-parents, enseignants, éducateurs, travailleurs sociaux…) qui souhaite penser cette fonction et évoluer ; il s'adresse également aux professionnels du monde de la thérapie et de la rééducation (psychothérapeutes, psychanalystes, hypnothérapeutes, orthophonistes, psychomotriciens…). L'objectif est de proposer des repères aux parents ou accompagnants afin

---

1 Fonctionnement : ensemble des mécanismes psychiques activés automatiquement.

qu'ils comprennent mieux le comportement de chaque enfant dans ses spécificités et puissent tenir compte des implications familiales ou relationnelles. Les exemples donnés dans cet écrit seront à penser, non à copier.

Les situations compliquées se répètent immanquablement sous différentes formes jusqu'à l'apparition d'un éclairage et d'un changement de posture. C'est la raison pour laquelle il est utile de revenir sur les événements vécus comme inconfortables afin d'en affiner le ressenti global et de se donner la possibilité de comprendre les processus à l'œuvre.

La porte d'entrée de notre réflexion s'est ouverte sur le cas particulier des enfants dits « précoces ». Elle nous a menées au constat que leur façon d'être au monde surligne fortement les traits communs à tous les enfants. Cet écrit concerne donc chaque être humain dans ses spécificités. La caractéristique première des enfants particulièrement sensibles réside dans leur porosité[2] au milieu environnant multipliée par leurs capacités de perception. Ils en restituent, avec force et puissance, aussi bien le merveilleux que le pathologique. L'enfant est l'éponge psychique de son environnement. L'éducation est un continuum, pas nécessairement linéaire, qui nécessite de s'adapter régulièrement à la maturité de l'enfant.

Puisse ce livre susciter la pensée, enrichir la réflexion afin que chacun se positionne avec une plus grande justesse pour étayer le développement de l'enfant et vivre une relation plus épanouissante et joyeuse ! À tous les enfants, la joie est nécessaire pour faire l'expérience de cette incarnation. Plus ils sont perceptifs, plus ce besoin est vibrant.

---

2 L'enfant absorbe l'aspect conscient et inconscient de son environnement.

Être un parent « suffisamment bon », c'est d'abord devenir un adulte heureux de sa relation à lui-même sachant vivre autant que possible dans l'instant présent. Ce processus nécessite, entre autres, de faire le deuil d'une perfection à atteindre, du parent que nous avions fantasmé être. Nos pensées, nos états, sont variables et notre part d'ombre existe. Seul notre désir de conscience peut être stable. Cette conscience comprend l'acceptation de l'écart entre notre intention et notre capacité à la concrétiser. La perception de l'énergie mobilisée au quotidien pour avancer vers plus de clarté, d'humanité et de bonté sera notre boussole. La conscience et la présence à soi-même sont une activité en continu pour choisir de rester aimant et bienveillant.

Edgar Morin nomme cette activité de la présence « le combat vital pour la lucidité ». Ce combat va être celui contre nos projections, il constitue la base de la connaissance de soi et le socle de l'éducation. Projeter ses croyances sur un enfant produit un enfermement dans lequel il ne distingue plus son élan propre. Différencier projection et perception est la demande secrète de l'enfant. Cette différenciation lui ouvre les portes du réel et de la possibilité d'advenir à lui-même[3]. Par l'observation et l'écoute fine se développe la perception, qui ne sera jamais totale ni parfaite. Néanmoins, l'enfant sentira cette intention profonde, et là réside l'essentiel. Lorsque l'adulte ne s'inscrit pas dans la démarche de cette distinction, éduquer devient diriger.

L'éducation, le milieu familial et la culture créent un conditionnement, indispensable dans un premier temps, pour que l'enfant puisse prendre appui et se repérer. De même, l'identification à un aîné (parent, frère et sœur, référent...), ou à un héros, est un étayage nécessaire à la construction de la personnalité naissante.

3 C'est-à-dire réaliser son être profond tel que Jung le décrit dans le processus d'individuation.

« Les familles ne sont pas les racines, elles sont le terreau nécessaire pour constituer les vraies racines, toujours à l'intérieur de soi[4]. » Quelle que soit la qualité de ce conditionnement premier, tout être humain, devenu adulte, aura à mettre en lumière et questionner ce qu'il aura incorporé pour s'approprier ce qu'il choisira de garder (« introjecter ») afin de manifester son être véritable : « L'identité humaine n'est pas donnée, elle est une véritable création qui peut ou non advenir[5]. » C'est l'invitation de toutes les traditions initiatiques (mourir à l'ancien pour advenir, se libérer de la personnalité...).

Chaque parent, chaque éducateur aura la mission d'être un chercheur qui, tout en souhaitant comprendre, se rendra capable d'accepter l'« inconnaissable » avec humilité. Et ce chercheur assumera ses limites avec le plus de vérité possible par un travail sur lui-même. Plus précisément, il ne s'agit pas d'adresser à l'autre l'injonction : « Accepte mes réactions telles qu'elles sont et ainsi tu me prouves que tu m'aimes », car assumer ses limites signifie d'en prendre conscience tout en tâchant de les repousser inlassablement. Notre but n'est surtout pas de juger qui que ce soit, seulement d'apporter une contribution à la possibilité de mise en lumière de ce qui est le fondement de tout : l'amour.

« Le besoin d'aimer ou d'être aimé sont des réflexions de l'amour dans le mental individuel. Ils ne sont pas l'Amour lui-même. L'Amour n'a pas plus besoin d'être aimé ou d'aimer que la lumière n'a besoin d'être éclairée. Cette compréhension suffit à transformer votre vie relationnelle en éliminant ce que l'Amour n'est pas. Seul l'Amour lui-même ne peut être éliminé, vous êtes cela[6]. »

---

4 Defores Marie-Claude, Piedimonte Yvan, *La Constitution de l'être*, *op. cit.*

5 *Ibid.*

6 Mantel Jean-Marc, *Ouverture à la grâce*, Éditions de la Mésange, 2011.

CHAPITRE 1

DÉCOUVRIR LA SINGULARITÉ DE L'ENFANT

« L'unicité transforme chaque être en présence,
laquelle à l'image d'une fleur ou d'un arbre
n'a de cesse de tendre, dans le temps,
vers la plénitude de son état,
qui est la définition même de la beauté[1]. »

François Cheng

La matière résulte d'un échange dynamique d'informations, chaque infime particule au sein de notre univers est intriquée avec l'ensemble des autres éléments qui le composent. Toutes les formes de vie existantes sont reliées entre elles en tant que parties intégrantes d'une globalité, nous sommes tous ontologiquement interdépendants et interconnectés.

C'est le croisement de la grande histoire, celle de l'humanité, et de la petite histoire de chacun qui va générer nos spécificités.

1 Cheng François, *Cinq méditations sur la beauté*, Le Livre de Poche, 2010.

Les sources d'influence de la structuration du psychisme humain sont extraordinairement multiples. Parmi celles-ci figurent notamment l'état émotionnel des parents avant et pendant la conception, durant la grossesse, les projets qu'ils élaborent autour de leur futur enfant, les lignées généalogiques dont ils sont issus, le lieu et le moment de la naissance...

Le développement humain se déroule certes selon le déploiement d'un programme intrinsèque[2], mais la nature et la qualité des interactions permanentes qui se produisent entre chaque sujet et le monde qui l'entoure vont influer considérablement sur l'expression de ce programme. Les dernières découvertes de l'épigénétique[3] mettent en évidence que notre patrimoine génétique peut être modifié par un certain nombre de facteurs

2 Tel que défini par les spécificités de notre génome, mais également sous-tendu par une dynamique qui relève d'un mystère indescriptible, indicible, profondément lié à notre incarnation même, qui nous semble se situer au-delà du « visible », de « l'observable » et de la matérialité de la structure de notre ADN.

3 Durant ces deux dernières décennies, de nombreuses sous-disciplines de la biologie ont d'ailleurs été conduites à porter un regain croissant d'attention aux apports de l'épigénétique dans la compréhension de l'adaptabilité et de la plasticité insoupçonnées des cellules vivantes ; cette discipline étudie en effet la nature des processus qui jouent sur l'expression des gènes sans pour autant transformer les séquences de protéines qui la composent, c'est-à-dire l'étude des changements dans l'activité des gènes n'impliquant pas de modification des « brins » d'ADN et pouvant être transmis lors des divisions cellulaires. Ces modifications sont induites par l'environnement au sens large : la cellule reçoit en permanence toutes sortes de signaux extérieurs qui lui permettent d'ajuster son activité à chaque nouvelle situation ; le phénomène, dont la communauté scientifique commence juste à découvrir l'ampleur, est la plupart du temps transitoire, mais il existe également des modifications épigénétiques pérennes, qui persistent lorsque le signal qui les a induites disparaît. Ainsi notre patrimoine génétique peut-il être modifié, bouleversé, transformé par un certain nombre de facteurs externes, et ce tout au long de notre vie.

externes, « et ce dès les premières secondes de notre conception jusqu'aux dernières secondes de notre vie[4] ».

L'enfant imaginaire, l'enfant réel et l'enfant « normal »

L'enfant prend place initialement au sein d'un imaginaire, celui de ses parents. À peine le bébé réel paraît-il qu'émergent, aussitôt et naturellement, toutes sortes d'interrogations issues de cet inévitable écart entre projections et réalité. Ce mécanisme de comparaison et d'évaluation se produit souvent à notre insu. Or, le regard que porte l'adulte sur l'enfant a le pouvoir de considérablement soutenir ou altérer son développement. Tout enfant éprouve naturellement le besoin de sentir que son entourage est en mesure de lui faire confiance et de lui prodiguer maints encouragements, qui seront perçus comme autant d'invitations à découvrir la dimension profonde de son être[5].

Notre société actuelle déploie un vaste panel d'outils qui consistent en une multitude de tableaux, de données statistiques (courbes de croissance et de poids, âge auquel est censée s'effectuer chaque acquisition, etc.) visant à permettre aux parents de comparer leur enfant aux normes en vigueur. Toutes ces informations vont

---

4 Lipton Bruce H., *Biologie des croyances*, Ariane, 2016.

5 Par le terme « être », nous entendons « ce qui est », d'un point de vue à la fois phénoménologique et non dualiste. L'être n'est pas quelque chose qui existe, mais l'existence elle-même, par quoi tout ce qui existe – tout comme la lumière, par exemple, n'est pas l'objet éclairé, mais ce qui éclaire toutes choses et nous les rend visibles. Être, c'est participer d'une manière à chaque fois singulière à cette activité. Pour Heidegger, l'être demeure la plupart du temps inaperçu.

contribuer, en définissant un ensemble de critères de référence, à la construction d'une représentation plus ou moins précise de ce que serait l'enfant dit « normal », un enfant qui, bien entendu, n'existe pas, véritable abstraction qui hante les espaces de notre psyché. La confrontation au risque que constitue la vie même, avec toutes les zones d'incertitude qu'elle comporte, s'avère souvent difficile et la croyance en la normalité procure un apaisement illusoire.

Or la référence à de tels standards peut s'avérer anxiogène. C'est sous l'influence des peurs que ces données qui renvoient à des réalités statistiques et fournissent un langage commun aux professionnels pour penser, parler et agir à l'égard de l'enfance peuvent subrepticement passer de l'état de normes *descriptives* à celui de normes *prescriptives.* Le principe de précaution est nécessaire, toutefois il ne doit pas prendre tout l'espace et devenir une icône.

Nous constatons les risques que peut comporter l'éventuelle adoption par les parents de « règles de conduite strictes et fixes » édictées par une vision simplificatrice et rassurante proposant la manière dont chaque parent « responsable » se devrait d'éduquer son enfant. L'intellectualisation coupée du ressenti visant à apaiser l'angoisse des parents face à ce bébé « réel » peut paradoxalement la renforcer. Or l'inquiétude écoutée est une information qui aide à identifier des croyances personnelles ou sociétales pour aller vers la présence et la capacité à utiliser les ressources intérieures ou extérieures.

Lorsqu'un enfant se trouve en décalage avec la norme ambiante et qu'une telle discordance génère de l'inquiétude, il est fréquent que les parents envisagent, seuls ou sur la recommandation d'un enseignant (par exemple lorsque sa capacité d'apprentissage se trouve en dysharmonie avec ce que l'école attend de lui), la réalisation d'un bilan psychologique. La plupart du temps, les parents conduiront leur enfant à effectuer ces tests dans le cabinet d'un psychologue ou d'un neuropsychologue.

Outre les difficultés d'adaptation aux normes prescrites en milieu scolaire, d'autres particularités propres à l'enfant peuvent être appréhendées avec inquiétude, ressenties comme problématiques et imaginées comme des sources prédictives d'obstacles à sa future intégration sociale et professionnelle. Il peut s'agir par exemple d'écarts importants entre maturité intellectuelle et émotionnelle, ou encore de disparités dans son aisance au sein de divers domaines de compétence. Même lorsque des difficultés complexes sont décelées, il est impératif que l'enfant ne soit pas identifié seulement à ce « problème ».

Respecter l'unicité de l'enfant

Lorsque la pratique d'un bilan aboutit à un diagnostic précis – précocité, autisme, hyperactivité, hypersensibilité ou autres particularités neuropsychologiques (« dys »[6]) – s'ensuit généralement pour les parents une période marquée par la nécessité d'effectuer un travail d'assimilation de ces nouvelles informations. Comme nous l'avons vu précédemment, chaque être humain porte en lui une histoire et un projet de vie unique, qu'aucune « étiquette » ne peut résumer et que l'on ne peut enfermer dans aucun diagnostic. C'est à cette condition que l'être vivant, unique et singulier qu'il est, se donne véritablement à rencontrer. Aucune nomenclature n'est à même de définir le vivant.

---

6 Dyslexie, dyspraxie, dysphasie, dyscalculie…

Dans son essai autobiographique *Je suis à l'Est!*, l'écrivain et philosophe Josef Schovanec, militant pour la dignité des personnes avec autisme, relate les difficultés auxquelles peuvent faire face nombre de personnes présentant cette condition neurodéveloppementale aux caractéristiques et formes d'expression multiples[7]. Dans son cas, des errances de diagnostic ont jalonné son parcours jusqu'à l'âge de 22 ans, quand une évaluation adéquate fut enfin posée. Il fut considéré successivement comme affecté de nombreux troubles de la personnalité, et en particulier de schizophrénie, ce qui déboucha sur la prescription de divers neuroleptiques, aux effets secondaires lourds. Interrogé sur la façon dont il a pu se sortir de cet enfer, il répond avec humour que le fait que ses différents psychiatres n'étaient pas d'accord entre eux et s'insultaient a contribué à « désacraliser » à ses yeux la parole médicale. Une telle démystification de l'image d'omniscience et d'érudition d'un quelconque savoir absolu est loin d'être aisée, et ce quelle que soit l'importance de notre esprit critique. Les domaines de l'éducation et de la santé sont toujours plus étroitement mêlés, ce qui nécessite vigilance et discernement.

L'importance et la « noblesse » du domaine de l'éducation résident dans l'accompagnement, en fonction de nos valeurs les plus hautes, vers l'autonomie et l'épanouissement de l'individu, et non dans la promotion d'idéaux mettant à l'honneur la seule performance. L'éducation se trouve au service d'un individu en particulier, qu'il importe de connaître, de rencontrer véritablement. Aussi les adultes qui entourent l'enfant devront-ils retrouver leur propre regard, détaché de la norme, afin de renouer avec une liberté des plus salutaires : celle de percevoir.

Nous recevons régulièrement en consultation des parents inquiets. Quelles qu'en soient les origines, fondées ou projetées,

7 Plon, 2012.

leur anxiété nécessite d'être prise en compte en tant qu'indicateur précieux. Parfois, c'est le fil qui conduit à la découverte de problématiques émotionnelles non résolues pouvant mener à l'identification de causes profondes. Les étiquettes, codes, nomenclatures et descriptions posés sur un individu sont à considérer comme des outils susceptibles de fournir des pistes de compréhension à explorer avec bienveillance et prudence.

Dans cette perspective, les apports que constituent les diagnostics devront être intégrés au cœur de réflexions plus vastes. Il importe en effet de demeurer vigilants quant à la promptitude avec laquelle notre mental en alerte enferme dans des prisons conceptuelles tout ce qui le déroute et suscite son inquiétude, son agitation, dans la vaine optique d'en obtenir la maîtrise et de préserver ainsi un semblant de tranquillité. Aucune particularité de l'enfant ne saurait le définir entièrement et être assimilée à son identité sans que son âme soit trahie – fût-ce de manière quasi imperceptible.

C'est donc essentiellement la manière dont la parole des adultes de référence s'appuiera sur le résultat du diagnostic qui lui donnera soit une dimension de carcan conceptuel, soit une valeur de parole-repère soutenante. Il relève de la responsabilité des professionnels et des parents de demeurer vigilants quant au risque permanent de faire porter à l'enfant le poids des peurs familiales et institutionnelles. En outre, la prise en compte de ces peurs permettra d'examiner la manière dont se transmettent certaines fragilités. Citons à ce propos le psychanalyste et psychiatre Serge Tisseron : « Les émotions, loin d'être d'emblée naturelles ou de refléter la personnalité profonde de celui qui les éprouve, sont d'abord le produit de sa participation émotionnelle à ce que son entourage ressent[8]. »

8 Tisseron Serge, *Vérités et mensonges de nos émotions*, Le Livre de Poche, 2011, p. 19.

Nous conviendrons qu'il s'avère parfois bien difficile de distinguer ce qui relève de la pathologie ou de la manière singulière, unique, dont un enfant est susceptible de poursuivre sa saine croissance. Pour ce faire, le parent ne pourra réellement se fier qu'à son intuition et ses perceptions, à condition que de telles facultés ne se retrouvent pas trop parasitées par des peurs et des croyances. Il est d'autres peurs qui, à l'inverse, résultent dans une large mesure de la perception directe que « quelque chose cloche » réellement. Que celles-ci soient diffuses ou aient pour objet des situations précises, clairement identifiées, elles alertent au sujet de l'existence de vraies difficultés tant au niveau du corps physique que psychique. En d'autres termes, elles sont la conséquence de la perception intuitive, par des processus en grande majorité inconscients[9], d'une nuisance véritable. Là encore, seule la voie de l'introspection accompagnée permettra de démêler au sein de chaque peur les perceptions des projections, et d'identifier ainsi les angoisses qui relèvent plus d'un phénomène que de l'autre.

C'est en ces termes qu'une mère témoigne de son vécu : « Mon fils est né par césarienne pour des raisons médicales avec quinze jours d'avance. Il pleurait énormément, et souvent. J'étais âgée de 40 ans et c'était alors mon premier enfant. Différents médecins et pédiatres ont pris mon inquiétude pour la seule cause de ses pleurs, et pour l'unique symptôme qui méritait d'être traité : ils ont cru que mon enfant et moi étions pris dans une spirale où plus mon bébé pleurait plus j'étais anxieuse, et plus j'étais anxieuse plus mon bébé pleurait. J'ai ainsi entendu de leur part des propos tels que : "C'est votre stress qui déteint sur le bébé" ; ou bien : "Vous

9 Activés au sein de notre système limbique, dans la région de l'amygdale.

êtes une mère primipare, âgée de 40 ans qui plus est, et, à 40 ans, c'est bien connu, vous savez, les mères s'inquiètent pour tout"; ou encore: "Mais les nourrissons ont des colites, ne le saviez-vous donc pas?"; comme tant d'autres petites phrases culpabilisantes et longs sermons qui n'avaient de cesse d'appuyer douloureusement sur mon impression d'incapacité. J'aurais pu simplement les croire, et me morfondre dans mon impuissance et mon impression d'insuffisance; mais c'était sans compter la force de mon désir de voir cesser la souffrance de mon enfant, et la confiance que j'avais acquise en mon intuition. J'ai donc continué à chercher. Or, il s'est avéré un jour qu'une maman d'une petite fille ayant souffert de graves problèmes de santé, avec laquelle je discutais, m'a indiqué les coordonnées de la pédiatre qui l'avait soutenue et accompagnée dans un parcours de soins attentifs. J'ai alors pris rendez-vous dès la fin de la conversation avec la doctoresse Claudine Baissière. Et j'ai pu effectivement constater que cette médecin alliait compétence et humanité. En faisant confiance à mon ressenti, cette praticienne m'a prodigué un soutien indéfectible. Elle a su, sans *a priori*, détecter ce qui relevait de l'intuition ou de la projection car elle questionnait de manière très fine le moindre aspect de ce qu'elle observait. Une semaine plus tard, le petit ne pleurait plus: elle avait compris qu'il était intolérant aux protéines de lait de vache et, sitôt ce diagnostic posé, j'ai pu faire le nécessaire pour qu'il recouvre sa nature d'enfant tendre et tranquille. Nature dont j'avais d'ailleurs déjà connaissance durant ma grossesse, car le fœtus qu'il était bougeait alors avec douceur. Je savais que les raisons de ses pleurs étaient autres que mes propres peurs, certes existantes. »

Cette doctoresse, au-delà du « supposé savoir », eut confiance, tout au long de cet accompagnement, au-delà même de l'auscultation et des constats de base qu'elle pouvait effectuer, en cette connaissance perçue, intuitive et connectée, que peut avoir un parent. Cette alliance permet de dévoiler la « vérité », qui se fonde sur la rencontre entre deux savoirs : celui que détient la personne sur elle-même et son environnement, et celui acquis par le praticien. Elle constitue une ouverture à l'altérité, irremplaçable fondement de la guérison.

« Le réel, c'est ce qui résiste », affirmait d'ailleurs le philosophe russe Alexandre Kojève à propos de l'échec auquel est inexorablement vouée toute tentative de se saisir à travers nos concepts, notre pensée et notre langage d'un savoir qui se voudrait absolu. Le réel, c'est l'impossible, ce qui résiste à la rationalité, ce qui est hors d'atteinte.

Citons l'exemple de la famille de Paloma, 15 ans, atteinte d'une neurofibromatose de type II, maladie génétique rare et très invalidante. Face aux innombrables difficultés rencontrées, la volonté et l'ingéniosité des parents à trouver des solutions pour accompagner au mieux leur fille est remarquable. Ils ont notamment fondé une association, Princesse Paloma, pour subvenir aux frais liés à sa maladie et lui offrir du bien-être.

Profondément touchés par leur combat au quotidien, deux artistes, Aurore Illien et François Anton, réunis par Pierre Capelle (professeur de chant au grand cœur qui s'adapte au mieux pour permettre à Paloma de chanter), ont offert, au profit de l'association, un concert exceptionnel qui a fait salle comble. Outre l'aide concrète apportée à la famille, cet événement a particulièrement ému les spectateurs, les parents et Paloma, par la générosité, la qualité artistique, la solidarité, le partage humain qu'il représentait. La situation de Paloma, si difficile soit-elle, aura permis de relier de nombreuses personnes et de créer une beauté réjouissante pour chacun. Ce soir-là, ce fut le triomphe de l'amour et de la capacité à transcender une telle épreuve.

Cet exemple démontre que la différence, même lorsqu'elle est douloureuse, peut être source de richesse, en tant que reflet de l'incroyable diversité et infinie complexité du réel. Les facultés intellectuelles ne peuvent ni saisir la globalité et la subtilité nécessaires à l'acceptation de faire avec « ce qui est » ni dévoiler la beauté infinie du cœur dans le partage.

Des projections et croyances aux peurs parentales

Il est indispensable que les parents prennent leur place, acquièrent et entretiennent une aptitude à « être » véritablement avec leur enfant en prenant conscience des inévitables projections qui interfèrent avec leurs facultés de perception. Ainsi ils seront plus à même de reconnaître les capacités comme les difficultés de leur enfant et de déployer des trésors d'ingéniosité pour le soutenir dans son élan vital et l'accompagner dans l'exploration du monde. Lorsqu'ils manquent de recul et se sentent démunis face à certaines situations, il importe que soit reconnue leur liberté de chercher l'aide qui leur convient, car il n'existe pas de solution universelle. Quant à l'analyste ou au thérapeute, il est de son devoir d'aider le parent à déconstruire les représentations sociales comme références uniques.

Certaines peurs sont en grande partie issues de croyances dont le mental s'empresse de s'emparer en créant une réalité qui correspond à ces dernières. Tous les stimuli, toutes les informations qui nous parviennent, sont en effet filtrés par le prisme de notre activité mentale, elle-même imprégnée de tous les conditionnements issus de notre éducation, notre culture, nos relations familiales, notre savoir, ainsi que des idéologies, superstitions, représentations sociales et mémoires collectives qui nous sont transmises. Nos expériences vécues, observées ou apprises, s'inscrivent dans les profondeurs de notre mémoire individuelle, de sorte que toute pensée que nous faisons nôtre donne lieu à une interprétation toute personnelle du réel, en fonction de laquelle nous allons orienter nos actions et interactions futures. Prendre conscience de la nature véritable des peurs, repérer les croyances profondes et les projections sur lesquelles celles-ci se fondent, demeurent essentiels pour s'en détacher.

Les peurs projetées peuvent d'ailleurs être extrêmement variées. Nous pourrions par exemple évoquer l'inquiétude qu'éprouvaient deux parents venus consulter car ils craignaient que leur enfant ne fût concerné par l'autisme. En effet, il existait au sein de cette famille une personne qui en était affectée. Or, il s'agissait en réalité d'un enfant très observateur, qui éprouvait le besoin de prendre connaissance de nombreux éléments de son environnement avant d'agir. Le regard que portaient les parents sur de tels traits était biaisé, de telle sorte qu'ils ne retenaient de leurs observations que ce qui validait leurs peurs. À l'inverse, il est fréquent que d'autres parents se réjouissent de constater que leur enfant prend le temps de considérer l'ensemble des données de son environnement avant d'interagir avec celui-ci : ces derniers en ont la capacité car ils n'éprouvent tout simplement pas la crainte qui était celle des deux parents reçus en consultation.

À l'occasion de la communication d'un diagnostic, il est fréquent que l'un des deux parents prenne conscience qu'il porte en lui des particularités, sensibilités ou modes d'organisation psychique similaires à ceux qui ont été mis en évidence chez leur enfant. Un tel éclairage sera susceptible de bouleverser sa propre représentation de lui-même et de son histoire. Il lui sera alors essentiel de porter son attention sur la différence qui peut exister entre sa propre expérience et celle de son enfant. Cela lui évitera d'être envahi par la peur que l'enfant ne rencontre des difficultés et souffrances similaires à celles qu'il a lui-même endurées, ou d'imaginer que les besoins de son enfant seraient identiques à ceux de l'enfant qu'il a été. Un accompagnement thérapeutique constitue une ressource précieuse pour cheminer vers ce discernement.

C'est ainsi qu'une mère aimante et très sensible était paniquée à l'idée de voir son enfant, également doté d'une grande sensibilité, faire son entrée en classe de sixième. Cette peur – tout à fait légitime et fondée par ailleurs, compte tenu de la rudesse qui caractérise parfois les interactions au collège – était amplifiée par la résurgence de mémoires douloureuses liées, pour elle, à cette même époque car ses parents n'avaient pas su alors tenir compte de sa sensibilité.

La prise de conscience de l'existence de particularités liées à un mode de fonctionnement cognitif spécifique, une manière particulière d'appréhender le monde environnant, peut dans un premier temps soulager le parent qui, s'étant efforcé de remettre en question sa manière d'interagir avec l'enfant, se sentait dépassé et éprouvait quelque sentiment de culpabilité, au point parfois de se trouver en proie à de sérieux doutes sur sa capacité à être un « bon » parent.

Dans le cas d'un diagnostic de précocité intellectuelle, certains parents passent d'ailleurs par une phase que nous pourrions qualifier d'« euphorique ». Enfin une explication, enfin un regard positif posé sur l'enfant qui inquiétait, et qui finalement s'avère disposer de ressources insoupçonnées, d'un potentiel d'une grande richesse... comme tout individu, en réalité ! À l'inverse, un diagnostic abordant les difficultés d'adaptation que connaît l'enfant sous un angle déficitaire nécessitera l'amorce d'un travail de deuil des projections narcissiques parentales qui sous-tendaient leur représentation de l'« enfant idéal ». Néanmoins, celui-ci se révélera également d'une aide précieuse pour accompagner l'enfant en mettant à disposition des éléments d'information permettant de mieux intégrer la réalité de la difficulté pressentie, de mieux la comprendre et ce faisant de mieux l'accompagner également.

Parfois, la tentation est grande de percevoir son enfant uniquement à travers le filtre de sa spécificité diagnostiquée et de justifier ainsi tous ses comportements. Par exemple, un papa disait de son fils qu'il était normal que celui-ci refuse tout et fasse des crises puisqu'il était hypersensible. Il négligeait ainsi de poser le cadre qui aurait permis à l'enfant de surmonter les réactions induites par sa sensibilité et d'évoluer avec toutes les qualités que cette caractéristique peut à terme procurer. À l'inverse, il se livrait à un discours de complaisance vis-à-vis des difficultés importantes que connaissait son fils à réguler les émotions générées par le sentiment de frustration et la confrontation avec l'autorité. C'est tout le comportement de l'enfant qui s'en trouvait ainsi implicitement cautionné. Il s'agit là d'un espace d'absence de pensée. Croyant agir dans l'intérêt de son enfant en s'attachant à lui éviter toute douleur, ce père favorisait en réalité par son attitude la cristallisation de comportements qui se seraient certainement avérés préjudiciables pour lui dans ses relations avec les autres.

Ainsi le désir de préserver son enfant doit-il faire l'objet d'une attention toute particulière : créer pour l'enfant l'illusion d'un monde sans frustration constitue une tentation des plus fréquentes. La prise de conscience d'un tel mécanisme peut permettre aux parents de s'interroger sur leur propre rapport à la frustration et sur leur capacité à prendre en compte et accepter sereinement la réalité des limites inhérentes à leur environnement[10].

Si devenir par la force des choses, au fil des lectures et des échanges avec des professionnels, un spécialiste du haut potentiel, de l'autisme, du TDAH[11], de l'hypersensibilité, etc., ne garantit aucunement l'acquisition de quelque savoir-faire permettant de guider au mieux son enfant et de lui assurer une gestion optimale de son quotidien, s'informer ouvre en revanche des pistes de compréhension qui fournissent de précieux points d'appui. À ce titre, le soutien d'associations de parents peut s'avérer d'une grande utilité. Elles donnent en outre aux parents la possibilité de sortir de l'isolement qui a affecté et affecte encore nombre d'entre eux. Néanmoins, même dans un tel contexte, un accompagnement personnalisé des parents demeurera des plus utiles pour leur donner les moyens de faire face plus sereinement à la pression normative ambiante.

Élever un enfant « hors normes » représente un véritable défi au sein de nos sociétés[12] et s'avère bien éprouvant dans la mesure où il oblige les parents à effectuer d'incessants ajustements et à opérer de constantes remises en question. Ainsi, l'extrême sensibilité de l'enfant peut se manifester sous la forme de véritables tempêtes émotionnelles et de symptômes physiologiques,

---

10 Cet aspect est approfondi dans le chapitre 5, « L'apprentissage de la frustration ».

11 Trouble du déficit de l'attention avec/sans hyperactivité.

12 Dans les sociétés dites « primitives », l'absence de normes rend les différences beaucoup plus simples à vivre.

ou bien au contraire ne s'exprimer sous aucune forme apparente et susciter un refoulement massif d'affects[13], qui émergeront à nouveau à un moment ou un autre de manière plus ou moins préjudiciable pour lui et son entourage.

Accueillir les émotions de l'enfant

Devant les raz-de-marée impressionnants que provoque le monde émotionnel de l'enfant à l'état brut, nombre de parents se trouvent bien démunis : renvoyés à leurs manques, leurs insuffisances, leur impuissance, ils doivent promptement faire face aux tensions que génèrent leurs propres difficultés émotionnelles ainsi qu'à leurs peurs concernant le devenir de l'enfant.

La manière dont les émotions de l'adulte auront été accueillies dans l'enfance et le travail personnel de prise de conscience qu'il lui aura été possible ou non de réaliser ultérieurement influent considérablement sur la qualité de la relation qu'il sera en mesure d'établir avec l'enfant lors de telles situations. Ce dernier a besoin d'être accompagné et rassuré par un adulte qu'il sent « solide » et qui saura accueillir l'expression de ses émotions sans se trouver profondément ébranlé ou fragilisé par celles-ci. Il ne s'agit pas pour autant d'occulter la réalité des conséquences potentielles et effectives de ces débordements sur son entourage.

C'est donc bien la qualité d'accompagnement que prodigue l'adulte qui lui montrera comment « être avec » ses émotions. Respecter le ressenti de l'enfant en reconnaissant la légitimité de celui-ci, valider ses émotions même lorsqu'elles semblent

13 États affectifs élémentaires ressentis traduisant une pulsion.

disproportionnées va dans un premier temps l'apaiser. L'aider ainsi à passer du monde pulsionnel à celui de la parole, à mettre des mots et des images sur ce qu'il éprouve, à s'arrêter quelques instants sur son propre état afin de nommer ce qui « bouillonne » lui permettra de ne pas se sentir démuni face à la pesanteur ou l'intensité de ce qu'il peut ressentir. Cela implique souvent pour l'adulte la verbalisation de ses propres émotions, puis de celles de son enfant afin d'encourager ce dernier à en faire autant. Ces mots seront d'autant plus justes que l'adulte aura su ressentir « avec lui » et non « à sa place », et ne tentera pas de seulement rationaliser la situation. L'adulte pourra utiliser la formulation « J'imagine... » afin de laisser l'espace à l'enfant pour prendre du recul et s'approprier ou rectifier la proposition.

Les mécanismes sous-jacents qui déterminent et orientent les comportements des enfants ne sont pas toujours des plus évidents. Lorsqu'une forme ou une autre d'élaboration permet de les identifier, cela s'avère bien évidemment réconfortant. Mais lorsque ce n'est pas le cas, on gardera à l'esprit qu'il existe une raison, même lorsque celle-ci demeure inconnue. L'enfant ne fait rien de manière absurde, insensée, tout comportement a une raison d'être, en tant que langage qui « dit » quelque chose et révèle la présence de contenus inconscients non symbolisés[14].

Ce processus, nommé « symbolisation » en psychanalyse, consiste à ne plus mettre directement en acte les émotions mais à intégrer l'information qu'elles recèlent pour agir, c'est un apprentissage

14 Freud, pour qui le symptôme a un sens à rechercher dans l'inconscient, réalise un parallèle entre symptôme et structure du rêve. Lacan reprend la thèse freudienne en ajoutant que le symptôme est structuré comme un langage, et qu'il est donc analysable. Il se construit à travers le processus métaphorique du langage, en tant que formation de l'inconscient, à l'instar du rêve, du mot d'esprit, du lapsus.

primordial qui empêche d'être le jouet de ses propres émotions. « Symboliser et comprendre les émotions » ne signifie en aucun cas les refouler ou les empêcher. Il importe également, lorsque nous verbalisons nos émotions, de veiller à bien opérer la distinction entre le comportement de l'enfant et l'enfant lui-même. Ainsi, plutôt que de s'exclamer : « Tu me déranges, là ! », il est préférable de lui dire : « Je suis fatigué·e, donc le bruit que tu fais avec ton jouet me dérange. ».

Au sein de certaines familles, les émotions de l'enfant ne sont prises en compte et reconnues que lorsque celles-ci se manifestent de manière bruyante et donnent lieu à des comportements dérangeants. L'enfant risque alors de se forger la croyance selon laquelle il doit nécessairement surexprimer ses émotions pour être entendu. Il lui faut être et demeurer dans le regard de l'adulte à tout prix, fût-ce en tant que « mauvais sujet ». Le cercle vicieux est alors scellé : ce comportement pourra susciter agacement et lassitude, générer un épuisement qui nuit à la disponibilité affective et émotionnelle de l'adulte excédé.

En outre, d'autres facteurs environnementaux liés au mode de vie, aux habitudes de consommation, peuvent également altérer sa capacité à maîtriser ses émotions : il en va ainsi de la consommation excessive de sucre, des variations trop importantes de la glycémie au cours d'une journée pouvant provoquer l'alternance de phases d'hyperactivité avec des phases d'épuisement nerveux. Certains colorants alimentaires favorisent également l'hyperactivité. Le manque de mouvement, les heures passées devant les écrans, etc., provoquent un surcroît de stress physiologiques et d'agitation nerveuse qui renforcent l'intolérance aux frustrations.

Par ailleurs, lorsqu'un enfant n'a aucune envie d'obéir, la manière dont les adultes verbaliseront les règles à respecter l'aidera à tolérer sa frustration sans qu'il ne lui faille éprouver ni peur ni culpabilité. Par exemple, si un enfant de 4 ans à qui l'on demande de cesser de jouer pour aller se laver les dents manifeste son mécontentement, il sera plus bénéfique et avantageux de lui dire : « Je comprends que tu sois déçu de devoir arrêter de jouer, cela semble vraiment difficile pour toi, je sais que jouer est important. Néanmoins, maintenant, c'est le moment de te laver les dents » plutôt que : « C'est l'heure de se laver les dents, tu sais bien que sinon elles seront toutes abîmées. »

Gardons à l'esprit que le jeu libre[15], souvent dénigré, considéré comme une activité futile, constitue pourtant l'une des tâches de construction les plus essentielles de la petite enfance. Il contribue au développement de l'ensemble de ses capacités cognitives et favorise la pensée créative. L'enfant jouant et rejouant à l'envie les scénarios qui ont suscité son plaisir comme son déplaisir s'approprie son histoire en symbolisant ses propres expériences, agréables comme désagréables. Toutefois, la nécessité de préserver sa santé et sa sécurité ainsi que les contraintes inhérentes à la vie familiale et sociale requièrent parfois l'interruption de ce type d'activité. Lors de tels moments, il peut être utile de lui expliquer le bien-fondé d'une telle règle en ces termes : « Si tu fais quelque chose d'agréable, tu aimerais que cela ne s'arrête jamais. Une partie de toi est pleine d'énergie et ne donnera le signal d'arrêt qu'à l'épuisement. Mais ton corps, lui, a besoin de repos. En grandissant, tu sauras faire avec tout ça, mais pour le moment, c'est mon rôle de t'aider à prendre en compte tes propres limites. »

15 « L'enfant construit son individualité, développe sa créativité propre, son initiative d'homme de demain dans le jeu libre d'aujourd'hui » (Rudolf Steiner).

Le fait est que, dans l'univers du petit enfant, arrêter ses occupations, aller se coucher ou s'y préparer en se lavant les dents évoque l'approche du moment de la séparation avec les parents et d'une plongée brutale dans l'obscurité, autant d'éléments qu'il est enclin à assimiler confusément à une sorte de mort. Les enfants, en dépit de la vie très préservée que nous tentons de leur garantir, ont besoin d'intégrer, et parfois de surmonter, ce qu'ils vivent ou ressentent dans la journée ; et ce particulièrement au coucher ou lors de réveils nocturnes, quand ils se retrouvent seuls face à leur intériorité. L'objet des craintes présentes chez l'enfant au moment du coucher évolue au fil des années, mais cette contrainte peut représenter à tout âge une source d'angoisse, qu'il lui faudra peu à peu apprivoiser. Interrompre le « vivant » de la journée, décider de cesser une activité agréable en considérant qu'une telle clôture lui est bénéfique relève d'un apprentissage complexe. Nos besoins physiologiques – besoins de repos, de nourriture et de maintien de notre hygiène – demeurent une réalité incontournable, commune à tous les êtres humains, et ceux-ci devront être inlassablement rappelés afin d'être intégrés et acceptés comme des limites inhérentes à notre condition d'êtres humains. L'exception de certains yogis, saints ou mystiques, tels Balayogi ou Marthe Robin, pourra être évoquée... ultérieurement !

L'intensité de l'émotion qu'éprouve l'enfant est proportionnelle à sa sensibilité, qui peut se trouver exacerbée par l'émergence de mémoires liées à des expériences antérieures, et non uniquement au fait en lui-même observable au cœur de la situation présente. Ainsi, un enfant ayant souffert d'une séparation précoce avec la figure principale d'attachement[16] – la plupart du temps

16 La théorie de l'attachement a été élaborée par le psychiatre et psychanalyste John Bowlby en 1978. Elle postule que l'enfant vient au monde avec ses savoir-faire

la mère – au cours des tout premiers mois de sa vie pourra éprouver un surcroît d'anxiété à l'approche du moment de se séparer de son parent de référence pour aller à la crèche ou à l'école. De telles situations seront alors pour lui l'occasion d'évacuer la charge traumatique que comporte l'empreinte de cet événement douloureux, à condition qu'il soit bien accompagné par les adultes. Toute nouvelle expérience est susceptible de réveiller des peurs plus anciennes, mais aussi de contribuer à l'atténuation de l'impact des expériences passées en invitant l'enfant à s'approprier et développer de nouvelles ressources et habiletés pour faire face aux situations vécues comme difficiles et par là même accéder à une meilleure confiance en soi.

Ce n'est que lorsque l'enfant sent que l'adulte accueille avec bienveillance la réalité de ce qu'il vit, avec tous les états qu'il traverse, qu'il se trouve en mesure d'apaiser ses tensions et de réguler ainsi ses émotions et leur expression. C'est en effet le soutien que l'adulte peut apporter à l'enfant lors des moments de détresse émotionnelle qui va permettre à ce dernier de ressentir l'amour et la confiance qui lui sont portés. Au cœur de la tourmente, il a, plus qu'en n'importe quelle autre circonstance, besoin du calme intérieur de l'adulte afin d'éviter de se retrouver non seulement submergé, mais coupable d'emporter son parent avec lui. En miroir

innés qui lui permettent d'entrer en relation avec autrui. Le jeune enfant a besoin, pour connaître un développement social et psychoaffectif sain, d'initier une relation d'attachement avec au moins une personne qui prend soin de lui et dont il dépend pour la satisfaction de ses besoins vitaux. C'est cette personne qui s'occupe le plus souvent de l'enfant qui va devenir la figure d'attachement principale. Par la constance de sa présence, sa disposition à lui prodiguer bien-être, réconfort, repères, soins divers, tendresse, et à partager avec lui des moments privilégiés, cette dernière nourrit le sentiment de sécurité intérieure de l'enfant. La qualité de la relation que l'enfant entretient avec la principale figure d'attachement permettra à celui-ci d'explorer le monde qui l'entoure en toute confiance.

de ce sentiment de culpabilité peut exister celui qu'éprouve l'adulte lorsqu'il se trouve démuni face aux remous internes auxquels est en proie sa progéniture.

Apprivoiser la culpabilité

Rester figé dans la culpabilité est à la fois un piège désespérant et une voie d'évitement de toute remise en question et progression, une manière de conserver l'illusion d'un contrôle sur le réel. Il est bien plus constructif de concevoir la culpabilité comme un indicateur qui nous exhorte à la plus grande vigilance car elle nous informe qu'une attitude ou une action se trouve en inadéquation avec notre éthique personnelle et que quelque chose doit être modifié dans notre manière d'être ou d'agir. Le décryptage du sentiment de culpabilité devient alors un formidable propulseur de changement évolutif nécessitant de réels efforts, car améliorer de manière profonde et durable nos comportements requiert courage et persévérance.

Un parent bienveillant mais exaspéré qui, à bout de ressources, aura malheureusement hurlé sur son enfant sera sans doute envahi par un grand sentiment de culpabilité. Il importera alors qu'il soit en mesure de différencier sa propre réaction pulsionnelle, qu'il regrettera de ne pas avoir pu contrôler, de la qualité de la relation qu'il entend entretenir avec son enfant. Le réflexe de se confondre en excuses sera tout aussi préjudiciable que celui qui consiste à lui lancer un : « Tu l'as bien cherché ! » Dans les deux cas, le parent recherche un coupable plutôt que de se poser en observateur de la situation en s'interrogeant sur ce qui a provoqué en lui cet état. La réponse interne pourrait être par exemple : « J'éprouve un sentiment de forte frustration dans ma vie professionnelle »,

« Je n'accepte pas mon enfant tel qu'il est », « Je reproduis un schéma relationnel auquel j'ai été confronté·e durant mon enfance », ou tout simplement « Je suis fatigué·e », « Je me sens parfois dépassé·e par la complexité et l'ampleur de la tâche qui consiste à élever un enfant ». Une fois seulement l'intensité de l'émotion et la tension nerveuse atténuées, le parent pourra dire à l'enfant : « Tu as dû avoir peur lorsque j'ai crié, n'est-ce pas ? Face à ton comportement, j'ai été débordé·e par l'énervement ; je ne suis content ni de moi ni de la situation. » Il pourra en outre formuler, au-delà de la compréhension directe des mots, les propos suivants : « J'ai été embarqué·e par une pulsion, et je ne veux pas que ce soit cette pulsion qui décide, je vais être vigilant·e à comprendre avant de réagir. As-tu envie d'exprimer ce qui s'est passé pour toi dans cette situation ? » L'enfant ne connaît pas nécessairement la signification de concepts abstraits tels que « pulsion », en les utilisant dans la conversation l'adulte lui permet d'en découvrir le sens à partir de ce qu'il perçoit et ressent émotionnellement. Au-delà des mots, l'enfant comprend l'énergie dont ces termes sont porteurs, qu'il combine avec les impressions sensorielles de toutes sortes d'associations sonores, musicales, et avec les impressions que lui procure le climat qui est celui de son environnement dans les contextes où les termes complexes sont prononcés.

Chaque être humain peut observer ce fait incontestable : les pulsions qui nous animent nous rendent capables du pire comme du meilleur. Plus rapide que nos processus mentaux mêmes, la pulsion demeurera inéluctablement le mouvement le plus prompt à se manifester[17]. Néanmoins, si nous pouvons considérer

17 La pulsion, en confrontant l'individu à cette part de lui-même qui met en échec toute prétention de maîtrise absolue du « moi » (Freud écrivait

la pulsion comme source d'information et non plus seulement comme un mouvement interne tyrannique auquel nous serions inéluctablement soumis, il sera possible de prévenir certaines de nos réactions en y substituant une parole consciente. C'est donc cette possibilité de « penser » la pulsion qui nous permet de créer les conditions d'une nécessaire distanciation[18].

La relation à soi-même et le dialogue intérieur ainsi instaurés, l'individu sera davantage en mesure de choisir véritablement les actes qu'il posera. Si le parent s'autorise à porter son attention sur la force de destruction qu'il porte en lui et à mettre des mots sur la manière dont elle se manifeste (par exemple, oser se dire « Qu'est-ce que j'ai envie de hurler ! »), il réalise de ce fait un travail de symbolisation de la pulsion qui n'aura ainsi plus nécessairement besoin de se manifester concrètement. Par ce passage d'un mode réactionnel à un acte de symbolisation, l'individu acquiert une plus grande liberté vis-à-vis de ses propres processus internes, ce qui est source de joie intime.

Oser ressentir des envies de destruction, en comprenant que derrière celles-ci se cache un désir de paix et d'harmonie, permet de recontacter avec vigueur ce désir. Chercher à basculer

justement que « le Moi n'est pas maître en sa propre maison »), fait justement partie de ces concepts qui permettent à la psychanalyse de plaider pour une réappropriation du sujet et de sa dignité d'être de désir. La découverte de la « pulsion » au sens freudien du terme procède en effet, ainsi que le précise l'auteur, « du refus des sujets à se laisser réduire à une fonction d'organe corporel, comme à l'instrument fabriqué par l'échiquier social ». Elle nous invite à prendre conscience « que l'individu lui-même n'est pas unifié. Que ce moi auquel la raison et la morale libérale font si généreusement appel pour mieux le gouverner représente un monde extrêmement multiple »…

18 Le mot « distanciation » désigne d'ailleurs à l'origine un procédé théâtral défini par l'attitude d'un comédien qui, en se détachant volontairement de son personnage afin de provoquer une prise de conscience critique chez les spectateurs, rompt l'illusion narrative.

de la jouissance provoquée par la réaction pulsionnelle à l'apaisement que procure le libre choix de rester aimant au cœur même de la colère, de la frustration, du mécontentement et du désaccord constitue le point de départ d'une véritable et profonde transformation intérieure. À l'inverse, croire que la paix s'obtient en guerroyant est une erreur historique qui perdure inlassablement. Chaque fois que, dans une situation d'interaction donnée, subsistent un perdant et un gagnant se profilent déjà à l'horizon les préparatifs de la prochaine guerre. Aucune paix durable ne peut faire l'économie de notre paix intérieure.

Ainsi, un parent reprochait vivement à son fils aîné d'initier toutes sortes de disputes avec son frère cadet, au point d'éprouver l'envie de recourir à la violence pour le stopper net. Derrière cette colère se trouvait le besoin impérieux de voir se tisser des relations sereines entre ses enfants et, de manière plus générale, au sein de son foyer. Il était donc confronté à plusieurs deuils à réaliser : celui de vouloir l'harmonie constante entre ses enfants et celui de son pouvoir à instaurer celle-ci. Une fois ces prises de conscience effectuées en analyse, il put changer de posture, arrêter les reproches fréquents adressés à l'aîné et accepter leur statut d'enfant, se détendre et s'interroger sur le propre exemple qu'il incarnait. De ce fait, la fréquence et l'intensité des disputes diminua.

L'éducation vise notamment à permettre à l'enfant de parvenir progressivement à respecter les règles de vie familiale, et à fournir les bases des apprentissages qui favoriseront son intégration dans la société. Pour ce faire, parents et accompagnants devront soutenir son appropriation des ressources nécessaires pour canaliser la pulsion, l'aider à trouver des voies d'expression faisant appel aux ressources de la symbolisation (expression verbale, créativité...), tout en lui donnant les moyens de développer une confiance dans sa liberté de sentir, de nommer ce qu'il ressent et de développer sa pensée propre. Reconnaître ses émotions et ses besoins, y répondre en posant les mots et actions appropriées, lui permettront progressivement d'éviter l'envahissement pulsionnel. L'acquisition de la capacité de comprendre, observer et se distancier du monde pulsionnel constitue un processus long et complexe, tant pour les parents et éducateurs que pour les enfants. Le chemin est certes parsemé d'obstacles, mais si passionnant lorsque l'on accepte de l'emprunter...

Poser le cadre

Souvent, les demandes qu'adresse l'enfant à son entourage semblent aux yeux des adultes un véritable puits sans fond. Il appartient à chaque parent de se mettre à la recherche de la réponse qui l'empêchera de se laisser envahir, tout en évitant à l'enfant de se sentir rejeté. Pour ce faire, la création d'un environnement sécurisant, à la fois sur le plan matériel et sur le plan humain, comportant des limites claires, posées dans un climat de bienveillance, apparaît indispensable, car c'est de cette manière seulement que l'enfant se sentira à la fois contenu et accueilli dans l'expression de son élan de vie. À ce propos, il importe de différencier la notion de besoin de celle d'envie, souvent difficiles à distinguer dans nos sociétés caractérisées par le règne d'une surconsommation où l'entretien d'une telle confusion apparaît comme garant de la pérennité du système économique sur lequel elles reposent. Seule l'observation attentive et factuelle de l'enfant nous donnera les moyens d'opérer cette différenciation. Par exemple, lorsqu'il s'agit de repos, certains, préférant poursuivre une activité de jeu déjà bien lancée, refuseront catégoriquement de faire une sieste alors même qu'ils manifestent des signes visibles de fatigue, alors que d'autres n'auront effectivement pas besoin d'observer une telle phase de repos.

La mise en place d'un tel cadre, conçu comme un espace de rigueur et non de rigidité, où l'état psychique de chacun peut être pris en considération, constitue une tâche des plus ardues. Un tel environnement « contenant » évoluera bien entendu au fil des étapes de sa maturation, et en fonction des variations naturelles de son état énergétique, afin de tenir compte de sa réelle capacité à « faire avec » le cadre.

Lorsqu'un enfant, quel que soit son âge, est fatigué ou couve une maladie, le « pulsionnel » occupe à nouveau le premier plan. Il n'est alors plus en mesure de maîtriser ses réactions. De telles situations peuvent être, au-delà de la difficulté, considérées comme des opportunités de développer notre patience et notre créativité : il est alors possible de découvrir des capacités insoupçonnées à inventer des réponses sur mesure et faire preuve de flexibilité vis-à-vis des règles habituelles, tout en conservant une cohérence de fond dans notre attitude. De toute façon, il s'avérera parfois nécessaire de renoncer à des activités initialement prévues, car l'enfant ne sera pas toujours en état physique ou émotionnel de faire face sereinement à des situations qu'il est censé apprécier ou tolérer, ou bien d'accomplir ce que l'on est d'ordinaire en droit d'attendre de lui.

Ainsi, un enfant âgé de 4 ans devait respecter la règle consistant à ranger ses jeux dans le salon avant de se coucher. Un soir où il était particulièrement fatigué, sa mère, comprenant qu'il n'était pas en mesure de satisfaire à une telle exigence, lui dit qu'elle avait envie de l'aider. L'enfant put alors le faire avec elle, de ce fait une probable crise paroxystique fut évitée.

Les anciens systèmes d'éducation fondés sur le principe de « punition-récompense » ne fonctionnent pas ; ils sont souvent non seulement inefficaces, mais contre-productifs. En outre, notons que les enfants les plus sensibles rejettent viscéralement de tels systèmes éducatifs. Le mode de relation qu'ils impliquent est en effet fondé sur l'exercice d'un rapport de pouvoir, alors que ces enfants, plus encore que tous les autres, ne peuvent prendre part sereinement à des interactions qu'à la condition expresse que celles-ci soient fondées sur des valeurs de responsabilité et de bienveillance. Aussi importe-t-il d'expliquer à l'enfant, quand bien même il serait nécessaire de répéter inlassablement les mêmes paroles, que le désir de l'adulte est de l'aider à se construire et que pour cela des limites sont posées.

Pour un jeune enfant, il est préférable de ne poser qu'un nombre modeste d'interdits, afin d'éviter de le couper dans son élan d'action, tout en veillant à la constance des proscriptions qui lui sont adressées afin d'édifier pour lui des repères fiables. Pour que l'enfant se sente plus libre dans ses actions de découverte et d'exploration du monde environnant, il est possible de préparer l'espace que celui-ci s'apprête à investir, par exemple en retirant les objets précieux ou les éléments pouvant représenter un danger pour sa sécurité. L'enfant n'est pas un adulte miniature. Le temps que requiert sa maturation physiologique, neurophysiologique et psychoaffective est long.

Comme le démontrent de nombreuses études relevant du domaine des neurosciences affectives[19], le développement des cortex préfrontal et frontal, structures cérébrales, joue un rôle prépondérant

19 Les neurosciences affectives et sociales concernent l'étude des mécanismes neuronaux de l'émotion. Ce domaine interdisciplinaire, né à la fin du XXe siècle, associe les neurosciences à l'étude psychologique de la personnalité, des émotions et de l'humeur.

dans la régulation des émotions de l'enfant. C'est en effet l'activation à bon escient de ces structures qui permettra à l'enfant d'éviter de se laisser happer par le cerveau archaïque, encore appelé cerveau « reptilien », et par le cerveau dit « émotionnel » ou cerveau « limbique ». Or, les cortex préfrontal et frontal sont totalement immatures avant l'âge de 6 ans. La maturité complète de ces structures anatomiques n'advient qu'entre 20 et 25 ans. Ainsi, tant que le cerveau n'a pas atteint ce stade de son développement, le contrôle des affects n'est pas complètement fonctionnel. Aussi les difficultés que peut éprouver l'enfant à maîtriser ses réactions émotionnelles ou affectives sont-elles tout à fait compréhensibles. De plus, s'il expérimente un excès de stress dans son quotidien, cette maturation en sera perturbée.

Honorer la force de vie et de créativité de l'enfant

Les enfants adorent entendre les adultes relater des événements liés à leur propre enfance ; ce plaisir est lié à un besoin particulier : celui de se sentir reliés aux lignées d'ancêtres qui les ont précédés. Par des récits concrets, l'enfant comprend que son parent fut lui aussi un enfant. Ainsi, plutôt que d'adopter un discours moralisateur, il est parfois judicieux pour l'adulte d'évoquer ses propres expériences durant l'enfance. Un tel partage se révélera bénéfique à la qualité de la relation. Par exemple, face à un enfant qui bougonne et peste contre la nécessité de se lever pour aller à l'école, un parent pourra évoquer ses propres souvenirs : « Je me souviens, quand j'avais ton âge, comme toi, certains matins, je n'avais vraiment pas envie de me rendre en classe, c'était tellement difficile de quitter mon lit bien douillet, surtout quand il faisait encore nuit et froid… Je devais me lever très tôt, tu sais, car nous habitions loin de l'école... » Ainsi, au sentiment de frustration se substitue alors la naissance d'un sentiment d'appartenance.

Bien entendu, l'histoire de sa famille doit être racontée d'une manière adaptée à l'âge de l'enfant. En effet, parmi les principaux conditionnements primaires auxquels est exposé l'enfant figure en bonne place le mythe familial. Tout au long de son évolution, le sujet sera amené à le questionner pour se libérer de ces conditionnements induits et sortir ainsi des répétitions transgénérationnelles[20]. Plus les adultes autour de lui se sentiront en paix avec leur propre enfance, plus ils pourront évoquer celle-ci avec aisance et de manière appropriée, avec le moins de parasitages émotionnels possible.

Les contes, légendes et autres histoires, à l'instar du récit de sa propre histoire, constitueront de précieux appuis à la construction de l'être : ces deux dimensions lui permettront de s'inscrire symboliquement à la fois dans le registre de sa généalogie et dans celui de l'humanité[21].

Selon Maria Montessori, avant 6 ans, l'enfant perçoit le monde et se forge une représentation de celui-ci essentiellement par le biais de ses sens. Son esprit est, selon l'expression qu'elle emploie lorsqu'elle attire l'attention des adultes sur sa grande capacité à intégrer sans cesse de nouvelles informations, « absorbant » ; il découvre donc le monde dans lequel il vit à travers ses expériences, ses perceptions et l'exemple que lui donne l'adulte, qu'il imite spontanément. Le langage est saisi au premier degré. Ainsi, l'adulte est-il garant de la réalité perçue par l'enfant ; c'est lui qui, en la validant, l'aide à en appréhender toute la richesse et la complexité. Ce rôle de repère

20 Ce thème sera développé dans le chapitre 8, « Le système familial ».

21 Nous développons l'intérêt des contes pour les enfants au-delà de 6 ans dans « S'appuyer sur les contes et les arts », chapitre 7.

s'avère d'autant plus important à notre époque que les enfants sont amenés à grandir dans un monde où le virtuel est de plus en plus prégnant. C'est pourquoi les contes et histoires fantaisistes avec des êtres surnaturels (ogres, fées...) ne nous semblent pas adaptés pour les plus petits, au risque de générer des angoisses qui se manifesteront sous forme de peurs et de cauchemars.

Pour autant, lire des histoires ancrées dans le réel, dont le contenu se rapproche de ce que le jeune enfant vit, en inventer, n'en demeure pas moins épanouissant pour ce dernier : il s'agit de moments importants de partage et de transmission, *a fortiori* lorsque l'adulte aime les livres et les histoires. En outre, de tels échanges permettent à l'enfant de se trouver plongé dans un bain de paroles à une période clé de l'acquisition, de la maîtrise et du perfectionnement du langage. Néanmoins, comme Maria Montessori l'a remarquablement démontré, le jeune enfant a surtout besoin d'être actif avec ses mains (instruments de l'intelligence) et d'utiliser tous ses sens[22] à travers des activités concrètes afin de développer sa motricité fine, ses connexions neuronales, sa concentration, sa capacité d'abstraction...

On pourra aussi inventer ou co-inventer des histoires avec l'enfant, par exemple en choisissant des thématiques en lien avec les questionnements ou les difficultés rencontrées par ce dernier. C'est une façon d'aborder avec délicatesse des thématiques fondamentales, car il est primordial de ne pas chercher à modifier sa vision par la force ou la persuasion. L'empêcher d'appréhender la multiplicité et la relativité des points de vue constitue un abus intellectuel.

---

22 « Rien dans notre intelligence qui ne soit d'abord passé par les sens » (Aristote) ; « La main est la partie visible du cerveau » (Emmanuel Kant).

Par exemple, un garçon de 5 ans, après avoir mangé avec l'un de ses parents dans un *fast-food*, refusait toute autre nourriture. Ses parents, séparés, n'avaient plus que très peu de terrain d'entente au sujet de l'éducation ainsi que de l'alimentation de leur fils, chacun ayant une vision très extrême. L'un d'eux souhaitait lui faire plaisir à tout prix et se montrer « aimable », parfois au détriment de la santé de l'enfant. L'autre, manquant parfois de légèreté, essayait vainement de lui faire comprendre que cette nourriture n'était pas bonne pour lui. Et l'enfant répondait à chaque fois : « Mais si, elle est très bonne cette nourriture ! » En consultation, l'analyste, après avoir écouté l'histoire, se mit à dessiner des aliments, décrivant à haute voix l'intérêt de chacun d'un point de vue nutritif... À l'issue d'un temps d'observation, l'enfant s'approcha et se mit à regarder le dessin, puis son regard se dirigea vers l'analyste. Alors pointant l'index dans la direction du croquis, il s'exclama : « Toi, tu es en train de vouloir m'expliquer qu'il y a des adultes qui fabriquent de la nourriture qui n'est pas bonne pour la santé des enfants ! Mais alors quand je serai grand, je serai très fâché ! »

Lorsque l'enfant entrera dans une autre phase de son développement[23] dans laquelle il sera prêt à se lancer dans des activités qui lui permettront une plus grande ouverture au monde, son imaginaire, soutenu par un langage plus riche et diversifié, pourra alors être nourri. Des contes se référant à des épreuves, des valeurs, des archétypes, des symboles pourront alors représenter une nourriture des plus appréciables pour son inconscient

23 Maria Montessori a observé que l'enfant passe dans un nouveau plan de développement à partir de 6 ans, où il devient capable d'abstraction et où son imaginaire se développe.

qui y fera son marché. Le plaisir d'entendre l'adulte raconter une histoire se trouvera alors à son apogée.

Le contact que noue l'enfant avec sa propre force de vie est à respecter et à honorer. L'adulte qui se sentira profondément animé par cette quête d'accompagnement, sans pour autant chercher à incarner un être omniscient, représentera pour l'enfant un point d'ancrage positif par sa simple qualité de présence. Une parole vraie constitue l'antidote du traumatisme[24].

L'enfant qui ressent toute la plénitude et la charge vitale de cette parole vraie s'en trouve apaisé, que ce soit dans le confort ou l'inconfort. Issue de la dimension du cœur, elle le guidera vers une plus grande paix et une plus grande détente. Au-delà du « vouloir » sans but ni profit, elle n'a pas pour vocation d'amener celui qui l'entend et l'accueille vers quelque destination que ce soit, mais elle lui permet d'accéder à une dimension de pure et simple présence à soi-même. Plus l'enfant est sensible, et plus cette parole authentique se révélera vitale pour sa construction et son élan.

Porter un regard ouvert sur l'enfant

Aucune étiquette ni aucun diagnostic ne peuvent contenir l'histoire et le projet de vie unique de chacun.

Prendre conscience de la nature véritable des peurs, repérer les croyances profondes et les projections

Ne pas chercher à apaiser les angoisses et les peurs par l'intellectualisation coupée du ressenti.

24 Lorsqu'un événement déborde les capacités d'élaboration du sujet, on parle d'un événement « traumatique ». Le caractère traumatique vient de la nature de cet événement combinée à la structure psychique du sujet.

Accompagner et montrer comment « être avec » les émotions

- Respecter le ressenti de l'enfant et en reconnaître la légitimité : ses émotions sont proportionnelles à sa sensibilité et peuvent être exacerbées par l'émergence de mémoires.
- Verbaliser ses propres émotions et celles de l'enfant, **ressentir *avec lui* et non pas *à sa place*.**
- Mettre en place un cadre conçu **avec *rigueur* et non *rigidité*,** où l'état psychique de chacun peut être pris en considération.

Apprendre à utiliser l'information que recèlent les émotions

Reconnaître les émotions et les besoins, y répondre en posant les mots et actions appropriées, permet d'éviter l'envahissement pulsionnel.

Permettre à l'enfant d'appréhender la multiplicité et la relativité des points de vue

Ne pas l'y autoriser constitue un abus intellectuel !

Développer une parole authentique, voie d'accès à une dimension de pure et simple présence à soi-même et à l'autre

Plus les adultes se sentiront en paix avec leur propre enfance, plus ils pourront évoquer celle-ci de manière appropriée.

CHAPITRE 2

UN ENVIRONNEMENT SÉCURISANT COMME BESOIN IMPÉRIEUX

« La capacité d'être seul est basée sur l'expérience d'être seul en présence de quelqu'un et si cette expérience est insuffisante, la capacité d'être seul ne parvient pas à se développer[1]. »

Donald W. Winnicott

Il nous semble essentiel de garder à l'esprit qu'évoluer au sein d'un environnement sécurisant constitue pour l'enfant un besoin des plus impérieux. Le sentiment de sécurité constitue un préalable indispensable au développement d'un sentiment de confiance suffisant pour lui permettre d'explorer sereinement son environnement et d'être disponible pour effectuer toutes sortes d'apprentissages.

Le besoin fondamental d'attachement

Un jeune enfant est un être vulnérable car immature et totalement dépendant des adultes qui l'entourent pour sa survie,

1 Winnicott Donald W., *La capacité d'être seul*, Payot, 2015.

son bien-être et son développement. L'attachement est un besoin primaire chez tout jeune mammifère. Au cours de l'évolution, cette nécessité a rempli un rôle important dans la survie des espèces. Aussi bien les humains que les animaux exprimeront nécessairement un comportement d'attachement envers leur parent ou le congénère qui s'occupe d'eux, même si celui-ci est maltraitant.

Le petit construit avec la personne qui s'occupe de lui un lien particulier dit d'« attachement primaire », grâce auquel il sera capable de nouer des relations avec d'autres congénères. Il manifeste un besoin de proximité avec cet être, notamment par des vocalisations de détresse s'il le laisse seul, qui prévaut même sur celui d'être nourri[2]. En l'absence de la présence sécurisante de sa figure d'attachement ou d'un substitut suffisamment sécurisant, le jeune ne manifeste pas de comportement exploratoire et ne cherche pas à interagir avec ses semblables. Il tente alors de rejoindre la personne de référence ; en l'absence de cette possibilité, il restera prostré. Dans tous les cas, sa disposition à cheminer progressivement vers son autonomie s'en trouve perturbée, voire compromise.

Lorsque le besoin exprimé par le bébé de se trouver auprès d'un adulte réconfortant n'est pas suffisamment pris en considération, cela peut entraîner de graves conséquences sur son développement affectif et cognitif. Nombre d'animaux ne laissent jamais leurs petits seuls, et ceux qui le font répondent immédiatement

---

2 Démontré par la pédiatre et psychopédagogue Emmi Pikler dans les orphelinats hongrois, où la valeur d'une relation affective privilégiée est parvenue à combattre efficacement l'hospitalisme (dépérissement tant physique que psychique) dont étaient victimes une grande partie des enfants élevés en institution, recevant des soins de manière anonyme et privés totalement de liens affectifs.
L'expérience de Harlow sur des bébés macaques séparés de leur mère a montré qu'entre un biberon rempli qui leur fournissait l'alimentation adéquate et une peluche qui ressemblait à un macaque adulte n'ayant aucun type de nourriture à offrir, le bébé choisissait la peluche.

aux cris de détresse, s'ils le peuvent. Ainsi laisser pleurer un enfant exprès « pour son bien » sous prétexte de casser la « relation fusionnelle » est non seulement contre-intuitif, mais dangereux. C'est au contraire une relation sécurisante qui va permettre au petit d'aller à la rencontre du monde et de s'éloigner progressivement.

Entendre la demande de l'enfant et accepter qu'il demeure durant de longues années un être vulnérable peut devenir difficile et susciter de la part de certains adultes des réactions pulsionnelles qui peuvent être causées par une sensation d'étouffement, l'impression que cela n'aura jamais de fin et que l'espace personnel disparaît. L'apparition de cette sensation est à accueillir, et la réaction pulsionnelle qu'elle peut induire à travailler. Tant qu'une violence n'est pas reconnue comme telle, rien ne peut l'empêcher de se perpétuer.

Reconnaître ses propres limites pour mieux accompagner l'enfant

Dans son besoin viscéral de sécurité, l'enfant s'emploiera inconsciemment à traquer sans relâche les sources d'insécurité potentielles. Parmi elles figurent notamment les zones de fragilité psychique de ses parents. Il saura appuyer sur celles-ci pour tester la solidité de l'adulte, perçue comme seule garante de sa protection et de sa survie. De telles fragilités ne constituent pas nécessairement un problème en soi, si elles parviennent à faire l'objet d'une prise de conscience, à la suite de laquelle elles pourront être assumées comme telles et verbalisées. « Notre mission est le dialogue avec d'autres êtres humains et avec le vivant sur terre[3]. »

3 Cheng François, interviewé par Bernard Pivot dans l'émission « Double je », 17 août 2018.

L'enfant ressent de manière très fine les moindres variations de l'état émotionnel dans lequel se trouve l'accompagnant. C'est souvent lorsqu'il le sentira perturbé et éprouvera de ce fait un sentiment d'insécurité qu'il le poussera dans ses retranchements les plus profonds. Or, lorsque l'adulte refoule certains de ses conflits internes, l'enfant n'aura plus d'autres solutions que d'exprimer à travers ses comportements les tensions intérieures réprimées par l'adulte. Un tel mécanisme s'active d'autant plus volontiers que l'enfant est jeune. Par la vivacité de son inconscient[4] déployé en toutes directions au service de sa pulsion d'autoconservation, il perçoit sans équivoque, au-delà de la signification des mots prononcés, l'état psychologique dans lequel se trouve celui qui les adresse. Les parents se doivent de protéger ce lien privilégié qu'entretient l'enfant avec l'inconscient en le validant, car le réel y est saisi dans sa globalité.

Pour illustrer notre propos, prenons l'exemple de cet enfant de 11 ans qui percevait que la relation entre ses parents était devenue toxique même si ces derniers feignaient devant lui que tout allait bien. Il finit par demander à sa mère de l'emmener vivre ailleurs. La mère prit alors conscience de la réalité de la nocivité de l'ambiance familiale. Sa volonté de préserver son fils lui permit de rassembler son courage pour acter la décision qui s'imposait. Lors de son travail analytique, l'enfant put exprimer son ressenti et comprendre progressivement que, malgré son intervention, la séparation de ses parents ne relevait pas de sa responsabilité.

---

4 L'inconscient est une notion psychologique et psychanalytique qui renvoie à des phénomènes échappant à la conscience. Les lois qui structurent l'inconscient se retrouvent dans la chaîne du discours : l'inconscient est structuré comme un langage (Lacan). L'inconscient peut être le discours de l'autre incorporé. Jung a ouvert plus large le champ de l'inconscient avec les notions d'archétype et d'inconscient collectif.

Les fluctuations de la posture de l'adulte, si elles sont importantes et habituelles, peuvent se révéler anxiogènes et déstabiliser durablement l'enfant. En effet, il est fréquent que le parent éprouve l'envie sincère de donner le meilleur de ce dont il est capable, mais que son attitude change radicalement lorsque son épuisement l'emporte sur ses bonnes intentions. La moindre marge de tolérance lui fait alors cruellement défaut, car il est allé au-delà de ses propres possibilités. C'est ainsi que le parent exaspéré peut finir par manifester une attitude de rejet envers l'enfant trop perturbateur, trop demandeur, trop fatigant, trop c'est trop... creusant alors bien involontairement une faille dans l'estime de soi de l'enfant et dans la sienne propre.

Aussi s'avère-t-il nécessaire pour l'accompagnant de reconnaître l'existence de ses propres limites ou d'affiner la conscience qu'il a déjà de celles-ci, et de les énoncer le plus clairement possible pour les traduire sous forme de règles explicites à respecter. Poser le cadre en fonction de telles limites, tout en questionnant la pertinence de celles-ci, constitue l'un des fondements d'une éducation à la fois bienveillante et consciente. Nous n'insisterons jamais assez sur ce point : un adulte n'a pas besoin d'être parfait, ni de le paraître aux yeux de l'enfant. Ce n'est qu'en se montrant tel qu'il est réellement, aimant, lucide quant à ses propres fragilités et inévitables imperfections, mais aussi en s'amusant de ces dernières, qu'il permettra peu à peu à l'enfant d'accepter également les limitations qui sont les siennes.

Le parent doit demeurer attentif à son propre état psychologique, physique, énergétique, à l'endroit où il se trouve de son cheminement personnel. De toute façon, ce mirage de perfection, tout être humain est appelé tôt ou tard à y renoncer. En général, le besoin qu'éprouve l'adulte de refléter un tel idéal s'est installé subrepticement au cours des premières années de la vie. Il résulte souvent de la somme des critiques prononcées par les adultes désemparés ou méconnaissant la vulnérabilité d'un psychisme immature.

Communiquer avec authenticité

La confiance que l'adulte entend exprimer verbalement envers l'enfant n'a de valeur que si elle est réellement éprouvée. Aussi proche qu'elle puisse être des modèles véhiculés par la littérature sur la « parentalité positive », la formulation ne suffit jamais. Si l'adulte recourt à certaines tournures verbales issues de ces préceptes sans pour autant être en mesure de les incarner, voire utilise celles-ci de manière superficielle, la dichotomie entre les mots prononcés et le discours non verbal se révélera pour l'enfant hautement préjudiciable. En effet, la dissonance que présentent de tels doubles discours[5] génère en lui une confusion délétère. Le très jeune enfant dont le « moi[6] » n'est pas clairement diffé-

---

5 On nomme « double contrainte » une paire d'ordres explicites ou implicites intimés à quelqu'un qui ne peut satisfaire l'un sans exclure l'autre. À ces deux ordres impossibles à exécuter en même temps s'ajoute un troisième ordre qui interdit la désobéissance et tout commentaire sur l'absurdité de cette situation d'ordre et de contrordre. Sans cette troisième contrainte, ce ne serait qu'un simple dilemme, formulé de manière plus ou moins absurde.

La notion de double contrainte a été développée par l'école de Palo Alto dans les années 1950 et a apporté une vision interactionnelle de la « maladie mentale », qui a ouvert la voie à la thérapie familiale et systémique.

6 Le « moi » dans la conception freudienne est facteur de liaison des processus psychiques au contact de la réalité extérieure et différencié du « ça » et du « surmoi ». Considéré comme médiateur au profit de la totalité de la personnalité, le moi a une autonomie toute relative. Cette instance que Freud distingue du ça (pulsionnel) et du surmoi (introjection des interdits), dépendant de ces deux autres instances et des exigences de la réalité, est chargé des intérêts de la totalité de la personne avec une autonomie relative.

rencié du monde extérieur ne peut par conséquent que se sentir prisonnier des contradictions présentes dans ce type de discours. Les doubles discours récurrents font partie des ingrédients orientant le psychisme vers un mode de structuration[7] pouvant aller jusqu'à la schizophrénie[8].

Par exemple, un parent qui exprime verbalement sa volonté de proximité avec son enfant tout en adoptant simultanément une conduite non verbale d'éloignement et d'évitement livre un double message. L'enfant est alors condamné à osciller entre deux exigences contradictoires auxquelles il ne peut répondre en même temps, et qu'il ne peut commenter ou discuter. Quelle que soit la réponse qu'il adopte, il est piégé et ne se sent pas « à la hauteur ».

Par ailleurs, aux yeux d'un enfant, l'adulte détient la vérité : il est celui qui « sait ». Si ce qu'il ressent vient à contredire le message qui lui est verbalement adressé par l'adulte, il remettra en question la réalité de ses propres perceptions. Ce manque de confiance en ses ressources intuitives pourra le conduire à imaginer non seulement que c'est lui qui fait erreur, mais qu'il « incarne » lui-même une erreur : le problème, au fond, ce serait lui. Il pourra alors se sentir stupide, incapable, ou même fou. Parfois, il ira jusqu'à se couper de ses propres ressentis, et donc d'une partie de lui-même, afin d'éviter d'éprouver un tel malaise : c'est ce que l'on nomme

---

7 Selon le psychiatre et psychanalyste Jean Bergeret, la structure du psychisme est une organisation profonde et stable. Il existe deux grands types de structures (névrotique, psychotique) et une « astructuration » (organisations limites), bien que cette notion soit controversée. Cette structuration du psychisme permet une prédiction du risque de troubles psychiques et de leurs formes. Elle détermine les modalités de réaction aux événements, et la nature des mécanismes de défense.

8 Maladie psychiatrique caractérisée par une grave division de la personnalité et la perte du contact avec la réalité.

le « phénomène de dissociation[9] ». La construction de sa personnalité s'en trouvera considérablement affectée. L'individu paie le prix fort de l'adoption d'un tel fonctionnement psychique, en tant qu'il y sacrifie une authenticité fondatrice d'un rapport sain à la réalité. Chaque fois que nous recevons en consultation des patients confrontés ou ayant été confrontés à des doubles messages, nous ne pouvons que constater l'étendue des ravages causés par ceux-ci.

Les techniques spécifiques de communication telle la communication non violente[10] ont leur valeur en tant que rampe de lancement vers des espaces où peuvent s'exercer nos facultés d'empathie et où peut s'élargir notre champ de conscience. Par contre, il est nécessaire d'être vigilant quant à l'outil de manipulation qu'elles peuvent devenir si elles sont dévoyées. Comme nous

9 Séparation fonctionnelle entre des éléments psychiques et mentaux habituellement réunis, qui donne lieu à une inhibition de la réalité du vécu (pensée, jugement, sentiment), de façon temporaire ou durable, pour supporter un traumatisme par exemple, mais aussi de manière plus générale une effraction dans le psychisme du sujet quelle qu'en soit sa nature.

10 Élaborée par le psychologue américain Marshall Rosenberg dans les années 1970. La formulation « non violente » se réfère au terme sanskrit *ahimsa*, issu de *hissa*, qui signifie « blesser, ôter la vie », et *a*, au sens privatif, soit « abstinence de causer la souffrance à quiconque, absence de toute hostilité ». Popularisé par M. K. Gandhi, ce terme désigne non seulement un respect profond de la vie dans toutes ses manifestations, mais également un espace vaste et tranquille où le cœur demeure ouvert. La communication non violente est un concept reposant sur la bienveillance et l'empathie. Elle comporte quatre étapes : l'observation, le sentiment, le besoin et la demande. La première étape consiste à observer et décrire une situation sans jugement. La seconde étape est centrée sur les sentiments : il s'agit de formuler ce que l'on ressent véritablement face à une situation. Vient ensuite l'expression du besoin. Ces besoins sont universels, et garder cette réalité à l'esprit permet une meilleure compréhension et acceptation de l'autre. Enfin, la dernière étape consiste à formuler une action concrète et précise.

l'avons vu précédemment, le désir de « bien faire », l'aspiration à mieux communiquer, s'ils se fondent sur un vouloir crispé, s'avèrent invariablement contre-productifs. Ces belles aspirations ne donnent lieu à une amélioration de la qualité de la relation accompagnant-enfant qu'à la condition expresse de relever d'un désir sincère d'accroître sa souplesse intérieure.

Ce serait donc un espace en perpétuelle expansion, à la fois désirant et dénué de toute volonté de maîtrise, qui se donne à vivre. Aucune communication ne crée la compréhension totale. Seule l'existence d'un désir sincère d'introspection sera à même de favoriser celle-ci. Or, notre compréhension du monde est par nature limitée. Il est d'ailleurs intéressant de remarquer que ce terme dérivé du latin résulte de la combinaison des racines *cum* et *prehendere*, qui signifient respectivement « ensemble », « avec », « en totalité » et « saisir » : ainsi son étymologie reflète-t-elle la dimension profonde « d'accueil de ce qui est ». Un accueil qui se nourrit d'humilité, car aucune véritable compréhension n'est possible si elle n'englobe pas une conscience aiguë de nos irréductibles limitations, notre incapacité à saisir totalement le réel : l'autre est donc et demeurera un mystère.

Par ailleurs, sous prétexte d'établir une communication transparente, la tentation est grande pour certains parents de soumettre l'enfant à une contrainte de confidence qui constitue un abus, car elle maintient l'adulte dans une position de toute-puissance qui encourage la violation de l'intimité. Là encore, il est important que les rythmes de l'enfant soient respectés, et qu'il puisse se sentir en droit de choisir de s'exprimer ou non. La reconnaissance de ce droit par son entourage constitue le fondement de la possibilité pour lui de concevoir son intimité comme légitime, d'investir cet espace privé de croyances, pensées, rêves et projets qui lui appartient en propre et que nous avons coutume d'appeler

« bulle » ou « jardin secret ». C'est ce que la psychanalyste Piera Aulagnier nomme le « droit au secret ».

Lors de son analyse, un adulte qui souffrait de voir se détériorer la qualité de ses relations avec son entourage s'est souvenu que sa mère exigeait de lui durant son enfance la plus parfaite des transparences : « Tu dois tout dire à maman », telle était l'injonction délétère qui, enfouie au plus profond de sa mémoire, n'avait jamais eu de cesse d'opérer tout au long de sa vie. Il avait tendance à exprimer ce qu'il ressentait ou percevait sans pouvoir prendre en compte les besoins et la sensibilité d'autrui, ce qui nuisait considérablement à la stabilité de sa vie sociale. Ce n'est qu'au détour de cette prise de conscience qu'il put concevoir la possibilité d'adapter son discours à ce que l'autre pouvait entendre, et de reconnaître comme légitimes les limitations dont pouvaient faire preuve ses interlocuteurs. En outre, il décida de s'interroger le plus souvent possible sur ce qu'il s'apprêtait à dire afin de s'assurer que son propos s'avère utile ou agréable ; dans le cas contraire, il s'efforçait de se taire afin de censurer son pulsionnel.

L'enfant pourra alors constater qu'il n'est pas aussi transparent qu'il le croyait, qu'il dispose d'une pensée autonome et qu'il est libre de la partager ou non avec son entourage. « Ce n'est pas la vérité qui est sacrée mais la quête de sa propre vérité[11]. » Dans cette perspective, la découverte de la possibilité de nier, dissimuler ou travestir la réalité constitue une stratégie pour se différencier des autres et renforcer la conscience de son individualité.

11 Yalom Irvin, *Et Nietzsche a pleuré*, Galaade éditions, 2010, p. 105.

Dans ce cas, « mentir » peut donc permettre à l'enfant de se sentir à l'abri d'intrusions et apparaître comme une expérimentation saine et naturelle de son développement.

À noter que « mentir » peut être soit un mode de défense contre l'intrusion, soit une tentative de ressentir une puissance le coupant inévitablement d'une relation véritable avec les autres et avec lui-même. Cela peut relever chez l'enfant d'une tentative de réaliser un délicat compromis, en protégeant comme il peut son intimité dans une situation d'abus réel, tout en acceptant de répondre à la demande parentale, afin d'éviter le risque de rejet ou d'abandon. Par ailleurs, il pourra être amené à cette contorsion interne pour tenter de protéger la fragilité et l'anxiété de ses parents à ses propres dépens. Ce comportement devient « pathologique » quand il s'installe dans la durée.

Impact de l'état psychique des parents

Lorsqu'un enfant perçoit chez son parent des signes évocateurs d'un état dépressif, il se sent naturellement dans l'obligation de combler le « trou », la carence, la béance qui envahit l'espace psychique de celui-ci, allant jusqu'à parasiter parfois le cours de sa propre pensée. Un tel « trou » ne saurait être considéré comme un véritable vide ; il s'agit plutôt d'un espace d'absence de pensée, et c'est précisément cet « impensable » que l'enfant va percevoir, et qu'il va se sentir obligé de porter. En effet, du fait qu'il cause un manque de disponibilité énergétique, mentale ou affective, celui-ci représente aux yeux de l'enfant, dont le besoin de sécurité prédomine, un danger pour sa survie. Aussi se sent-il dans l'obligation, pour combler celui-ci, de renoncer à l'insouciance qui caractérise les toutes premières années de la vie et qui, en permettant le déploiement de son élan vital dans d'infinies directions, le met en relation avec la dimension inaltérable de son être profond. Au lieu de s'ouvrir à la découverte de nouveaux possibles et soutenir l'épanouissement de ses potentialités, son psychisme en cours de maturation va se trouver envahi par celui du parent, et ses choix ne seront que l'écho de ce trou lié à une histoire qui ne lui appartient pas en propre. Il tentera alors par tous les moyens possibles de préserver le parent dépressif, le protéger, le sauver, quitte à se couper de ses propres ressentis en se sacrifiant.

Aussi se doit-on de demeurer vigilant concernant la demande implicite ou explicite qui lui est souvent adressée de « faciliter la vie » de ses proches, en renonçant à faire de lui un parfait petit soldat, afin qu'il puisse explorer, à l'intérieur d'un cadre contenant, l'infinie richesse de son monde intérieur. C'est à cette condition qu'il se trouvera en mesure, une fois adulte, de faire en sorte que ses actes ne soient pas uniquement déterminés par ce qu'il percevra des besoins ou états psychiques émotionnels d'autrui, par la croyance qu'il serait responsable de ces derniers. La meilleure manière de protéger l'enfant et de préserver ses possibilités de cheminer vers une individuation saine et sereine consiste sans doute à oser nommer son propre état de « mal-être » – de toute façon perçu par l'enfant – en toute sincérité, en distinguant l'information transmise de la charge émotionnelle qui l'accompagne[12], et à rassurer l'enfant en l'informant des soutiens adultes que l'on sollicite ou sollicitera. « Oui, ce que tu ressens est juste, je rencontre des difficultés, ce sont les miennes et c'est à moi de m'en occuper en trouvant l'aide dont j'ai besoin auprès d'autres adultes. »

12 Précisé dans « Impact des secrets de famille et de la perversion », chapitre 8.

Ainsi, une mère qui souffrait depuis de nombreuses années de dépression, observant que sa fille âgée de 7 ans, dotée d'une grande sensibilité, avait naturellement tendance à s'inquiéter au sujet des conséquences possibles des états qu'elle traversait, décida de lui dire, lorsque son état émotionnel était source d'importantes difficultés : « Je vois que tu éprouves de la peine quand tu me vois pleurer et que tu aimerais pouvoir me soulager. C'est bon de sentir ta compassion. Tu sais, il y a des adultes qui me soutiennent : des amis d'abord, à qui je parle, et ça me fait du bien parfois, et puis aussi une personne dont c'est le métier d'aider les autres. Et là tout de suite, en te regardant, je ressens la joie d'être vivante car cela me permet d'être ta mère. » C'est ainsi que, confiante dans le fait que le « moi souffrant » de sa mère n'était pas assimilable à la totalité de son être, il a été possible pour l'enfant, lors d'un goûter rassemblant quelques adultes proches de sa famille, de répondre à une jeune femme qui, face à la tristesse qu'exprimait sa maman, avait tenté de la rassurer par un « Ça va aller, tu sais, on est toutes là », avec un grand sourire et sur un ton très posé : « Oui, maman sait que vous êtes là. C'est comme le soleil : même quand il pleut, le soleil est là, derrière les nuages. » Malgré la survenue chez la mère d'un grand nombre d'épisodes dépressifs, la fillette a pu chercher les ressources nécessaires pour réussir à ne pas exister uniquement à travers l'état dépressif de sa mère.

Se libérer des entraves du passé et lâcher les prêt-à-penser

Le parent qui a été malmené durant son enfance n'a pas la possibilité de se référer au modèle que pourrait représenter son propre vécu. Aussi risque-t-il de s'embourber dans la répétition de schémas délétères, ou bien, à l'inverse, de vouloir couvrir de pétales de roses le chemin de vie de son enfant. Soucieux de préserver ce dernier de tout excès potentiellement nuisible, il pourrait être tenté de se raccrocher à des « modes d'emploi » extérieurs, des prêt-à-penser, des recettes. Or, rien ne pourrait exonérer un parent de l'éprouvant périple qui consiste à traverser à nouveau les zones de turbulence auxquelles il a été exposé. Et ce d'autant plus que certaines blessures subies durant l'enfance sont souvent réactivées au moment où son enfant atteint le même âge. Tout se passe alors comme si le traumatisme[13] passé se présentait à nouveau à lui et qu'il tentait de remédier à celui-ci. L'adulte répond alors au besoin de l'enfant qu'il a été, et non au besoin de son enfant actuel. De telles réminiscences parasitent bien souvent sa perception du réel et émoussent son discernement. Bénéficier d'un accompagnement qui lui permette de se frayer un passage vers la création de sa propre parentalité, au-delà des théories et des préceptes, pourra s'avérer d'un précieux soutien.

Par exemple, un père éprouvait une inquiétude extrême confinant à la panique chaque fois que son enfant se trouvait dans un état fiévreux. Or, cet homme avait lui-même été gravement malade durant son enfance. Un travail de remémorisation avec un analyste lui permit de sortir de la confusion en distinguant les résurgences de peurs qui le concernaient en propre d'une saine vigilance de l'état de santé du moment de son enfant.

Il est également possible que certaines blessures refassent surface lors de situations conflictuelles. Ainsi, une mère excédée

13 *Cf.* note 24, p. 65.

par le désordre qui régnait dans la chambre de son adolescent est parvenue elle aussi, à l'aide d'un travail d'introspection en analyse, à réaliser ce qui se jouait pour elle. À la racine du désespoir qu'elle ressentait dans une telle situation se trouvait non point la perception du désordre en tant que telle, mais un sentiment profond de solitude et d'impuissance, dont les origines remontaient à l'enfance. Sans doute le jeune garçon percevait-il inconsciemment en elle cette fragilité, ainsi que celle – secondaire – qu'induisait le refus de se confronter à une telle zone de souffrance. En acceptant de traverser des zones dévastées de son espace psychique auxquelles le capharnaüm créé par son adolescent la renvoyait, elle mit en lumière l'existence d'une croyance, un discours intérieur tel que : « J'en ai marre de me retrouver toujours seule face à cela. »

Renouant avec l'écoute de ses ressentis les plus subtils, dont la colère et le désespoir n'étaient en réalité que les paravents, elle prit la mesure de l'inquiétude immense que lui inspirait la persistance d'une fatigue intense[14], une lassitude profonde, aux origines très anciennes. C'est ainsi que la perception du réel derrière l'émotion apparente lui permit d'attribuer à l'état de désordre qui caractérisait bel et bien la chambre de son adolescent une bien moindre importance. Elle comprit en outre que, face à cette situation

14 À propos de cette fatigue profonde dont fait mention cette patiente, notons que, ainsi que le souligne le lama tibétain et enseignant Tenzin Wangyal Rinpoché, il semblerait que dans nos sociétés la fatigue constitue un problème majeur (comme le montre le nombre croissant de *burn out*). Dans l'une de ses conférences données en Suisse en juillet 2019, il explique dans quelle mesure nous souffrons d'une carence de ce qu'il appelle « actions spontanées ». Le souci de conserver une bonne image auprès des autres afin d'éviter d'être rejetés, incompris ou pénalisés conduit à mobiliser une quantité d'énergie démesurée dans le maintien de l'équilibre et de la pérennité des relations. Une grande partie de la force vitale et de la créativité sont ainsi perdues. L'épuisement ne vient pas uniquement du fait d'en faire trop, mais de la manière dont on agit, qui implique trop d'efforts pour nous sentir aimés, respectés, appréciés, valorisés…

répétitive, la réponse automatique dont elle était coutumière, qui consistait à réagir par de la colère et blâmer les autres, l'empêchait d'aller chercher le soutien dont elle avait besoin pour faire face à son propre mal-être. Elle appréhenda que le désordre visible dans la chambre était la manifestation d'un état psychique interne de désorganisation et que la colère n'y changerait rien.

Une telle prise de conscience lui permit d'accepter plus sereinement les conséquences de l'existence de certains processus de remaniement du psychisme à l'œuvre durant l'adolescence : il est en effet fréquent que l'état de chaos interne qu'induisent ces restructurations se traduise par un désordre flagrant. L'écoute fine des impressions, sensations et ressentis à l'origine des émotions décuple les possibilités de se distancier de celles-ci. Le processus de désidentification[15] est une condition d'avènement à une véritable alliance à soi-même. Elle constitue le meilleur antidote possible au sentiment de solitude et d'impuissance, et comporte l'avantage de simplifier considérablement l'expression de toute demande d'aide extérieure, qui aura alors de plus grandes chances d'être entendue.

15 L'identification désigne, en psychanalyse, le processus par lequel une personne se transforme, de façon provisoire ou permanente, en assimilant un trait ou un attribut, partiel ou total, d'une autre personne. C'est un processus clé de la formation de la personnalité. Or, lorsque des émotions de colère et de tristesse, des états récurrents de fatigue, de lassitude et le sentiment de désespoir sont assimilés par certains sujets, la plupart du temps de manière inconsciente, à des attributs permanents du « moi » auxquels ils s'identifient, comme c'est le cas par exemple chez nombre de personnes dépressives, cette identification s'avère une cause de souffrance particulièrement intense et persistante.
La désidentification est possible si nous disposons des ressources nécessaires pour porter notre attention sur l'expérience qui se déploie au moment présent, sans la juger. En effet, notre tendance naturelle est de rechercher les aspects plaisants de nos expériences et de rejeter, minimiser ou nier les aspects déplaisants. Il est nécessaire de ne pas céder à la tentation de rechercher absolument un état physique ou psychologique agréable.

Se positionner avec clarté et tranquillité

L'enfant éprouvera naturellement le besoin de tester le cadre instauré par l'entourage afin de s'assurer de la stabilité intérieure de l'adulte. Puisse chaque parent ou accompagnant établir son autorité avec sérénité et tenir le cap en apportant à l'enfant les explications nécessaires à une compréhension juste des principes qui le sous-tendent, sans pour autant se lancer dans des exposés compliqués.

Ainsi que nous l'avons vu lors du précédent chapitre, il faudra sans doute répéter inlassablement et patiemment les mêmes consignes, afin de signifier clairement à l'enfant la persistance des règles et du positionnement de l'accompagnant. L'enfant ne s'en trouvera que plus apaisé. Car au fond, ce qu'il redoute le plus, ce n'est pas la frustration, mais l'absence de sens des expériences qu'il pourrait vivre ou des messages qui pourraient lui être adressés. C'est pourquoi un ascendant fondé uniquement sur l'âge et le statut de la personne peut être ressenti par l'enfant comme injuste, générant alors un surcroît d'anxiété. Il n'acceptera l'autorité[16] dont l'adulte entend faire preuve qu'à condition qu'il lui soit possible de percevoir que celle-ci est en mesure de le soutenir dans le développement de son autonomie et de son potentiel inné. Cette qualité de présence qu'il aspire à rencontrer chez l'adulte, l'enfant peut être amené à la réclamer à cor et à cri ; en effet, celle-ci est à ses yeux garante de la santé psychologique de ses parents, et donc de son sentiment de sécurité.

16 « Autorité » vient étymologiquement du verbe latin *augeo*, qui signifie « augmenter ». La véritable autorité ne peut être posée et acceptée que si les deux parties se sentent augmentées lorsqu'elle est à l'œuvre. *Cf.* « De la confusion vers le réel et la joie partagée », chapitre 9, p. 320.

Expliquer n'est pas justifier, négocier ni céder. Lorsque l'enfant sent qu'il détient le pouvoir au sein de la relation qu'il entretient avec les adultes, le cadre n'assure plus sa fonction de « contenant » sécurisant ; ce n'est en effet qu'en se sentant « contenu » qu'il pourra envisager d'explorer le monde, découvrir et apprendre, en déployant l'infinie richesse de toutes les facettes de sa personnalité. À l'adolescence, cependant, se profilera la nécessité de redéfinir ce cadre en intégrant la négociation avec la reconnaissance de la capacité dont dispose chacun à développer sa propre pensée et prendre en compte celle de l'autre.

Les enfants regorgent d'habileté à relever avec justesse et rapidité les moindres incohérences et les disparités pouvant exister dans la prise en compte de situations similaires. Pourvus d'une intuition des plus désarmantes, ils sauront mieux que quiconque appuyer sur toutes nos zones de vulnérabilité avec une redoutable efficacité ; aussi est-il fréquent pour les parents de se sentir déstabilisés au point de douter de leur capacité à se positionner. C'est à de telles occasions que se profile la possibilité d'accomplir le deuil de l'illusion d'omnipotence. Renvoyé brutalement aux limitations propres à sa condition d'être humain, à ses multiples imperfections et zones d'ombre, l'adulte devra alors admettre ses contradictions sans se sentir ni vexé ni humilié, valider la pertinence de la perception dont lui fait part le jeune, et lui signifier verbalement cette reconnaissance. La possibilité de faire l'expérience d'une telle situation participe du développement du discernement, de la capacité à accepter l'autorité lorsqu'elle fait sens et de la confiance en soi, qui constituent autant d'atouts précieux pour tout être en construction.

Néanmoins, elle comporte bien évidemment un risque : celui de voir l'enfant, ainsi grisé par un tel aveu d'imperfection, retirer un pouvoir de ces interactions et tenter de manipuler à son avantage l'appréciable capacité de son parent à se remettre en question.

Tout parent doit donc demeurer un éducateur : certes, l'égalité d'être est plus qu'une valeur, un principe, elle constitue un fait ; toutefois, celle-ci ne saurait occulter la nécessaire différenciation des rôles au sein de la relation. Un positionnement clair est garant de sa protection, et, malgré les apparences, l'enfant le sait au plus profond de lui. Lorsque l'enfant se trouve en lien avec cette conscience, émerge au sein des interactions une nouvelle ressource : celle de la métacommunication[17] ; la richesse des échanges et des partages s'en trouve décuplée. Ainsi, un enfant demanda un jour à sa mère : « Est-ce que tu as peur de me dire "non" ? Tu sais, moi, je vais toujours continuer à demander... »

Répéter sans cesse agace souvent les parents, de sorte que l'enfant peut en concevoir une certaine amertume et s'en trouver vexé. Si nous nous appliquions à trouver, face à cette indéniable réalité à laquelle tout parent se trouve confronté, des chemins de traverse pour apporter à une telle contrainte une touche de légèreté ! Certains parents s'accordent ainsi avec leurs enfants sur un code complice et ludique pour rappeler à leur esprit une consigne, à l'instar de ce papa qui, au lieu de rappeler constamment à sa fille qu'elle devait mâcher en fermant la bouche, esquissait en souriant un geste du pouce, favorisant ainsi l'acceptation de la demande. Chaque fois que ce petit geste de connivence apparaissait, la relation entre ce père et sa fille gagnait en complicité. En effet, une fois balayé l'agacement causé par cette tâche fastidieuse que représente la répétition, la joie et la bienveillance de fond, à l'œuvre au sein de la relation, n'en deviennent que plus évidentes, plus palpables. Elles sont l'expression d'un retour à l'essentiel : l'amour manifesté.

17 La métacommunication est l'art de communiquer sur la communication. Le terme a été introduit par l'anthropologue, psychologue et épistémologue américain Gregory Bateson en 1935.

De même, une maman qui désespérait de voir son enfant comprendre un problème de mathématiques en arriva un jour à taper machinalement sa tête d'un geste de la main au fur et à mesure que sa tension intérieure augmentait. À la troisième reprise, l'enfant fit remarquer à sa mère : « Mais enfin, maman, tu te rends compte de ce que tu fais, juste pour un exercice de maths ? » La mère, observant alors son propre fonctionnement à l'œuvre, et faisant le choix de se distancier de celui-ci, se mit alors à rire aux éclats, introduisant une récréation par autodérision. Le recouvrement d'une salutaire légèreté lui permit aussitôt de se montrer plus soutenante face aux apprentissages et à l'enfant d'être plus réceptif. De manière générale, quelle que soit l'origine des difficultés que peut rencontrer un enfant, l'emportement n'est jamais bénéfique, car il résulte de la mise en acte du pulsionnel et non du choix ajusté d'un positionnement ferme.

La conscience accrue que développera l'adulte de la nécessité de se positionner avec fermeté et tranquillité l'amènera à apprendre à accepter les stimulations de ses fragilités, régulièrement initiées par l'enfant. Pour ce faire, il devra différencier au mieux les exigences apparentes que l'enfant s'attache à exprimer de manière souvent très vive et intense (« Je veux ») de son véritable désir.

En effet, lorsque la dimension du désir[18] se trouve confinée dans le monde pulsionnel, la jouissance[19] s'empresse d'envahir tout l'espace du psychisme. La notion de joie est souvent confondue

18 Le « désir » est la force qui nous meut : c'est notre puissance d'exister. Selon Aristote : « C'est parce que nous désirons que nous sommes notre "propre moteur" [de l'âme] » – III. 10. Pour Spinoza, le désir est même l'unique force motrice : « Le désir est l'essence même de l'homme » – Spinoza, *Éthique*, « Définition des sentiments », I, Folio, 2005.

19 La « jouissance », en psychanalyse, désigne l'action de profiter ou de tirer parti de quelque chose, alors que le terme « jouir » se rapporte habituellement à l'orgasme sexuel. Jacques Lacan fait de la jouissance un concept à part entière, distinct

avec celle de la jouissance: la joie, qui se situe du côté du désir, est bénéfique à chacun et à la santé du lien social; elle anime, relie, honore le vivant présent en chacun de nous. À l'inverse, la jouissance ne laisse aucune place à la dimension de l'altérité: l'autre n'existe plus en tant que sujet, seule la satisfaction de la pulsion importe; elle est le mode de rapport au monde et à l'autre dominant dans la perversion[20]. Elle devient d'ailleurs, dans le cas extrême où le psychisme est amené à se structurer sur le mode de la perversion, le seul schéma de rapport à l'autre et au monde possible; il ne s'agit plus alors d'honorer la vie en chaque être, mais de s'approprier celle-ci, l'instrumentaliser et, éventuellement, lorsque se posent des obstacles trop importants à la satisfaction immédiate de la pulsion, la détruire. Or, une fois la satisfaction de la pulsion obtenue, le plaisir sera toujours de bien courte durée. C'est alors qu'un autre «Je veux» apparaîtra à son tour, et ainsi de suite, dans une boucle sans fin ni faim réelle. Seule une qualité de la relation où la dimension de l'altérité peut exister et se manifester dans la joie[21] partagée est en mesure d'enrayer ce processus chez le petit enfant.

du plaisir et du désir. Il opposera plaisir et jouissance, qui implique une transgression de l'interdit, comme un défi. De ce fait, elle s'inscrit dans une logique de perversion.

20 Le mot «perversion» vient du latin *pervertire*, qui veut dire littéralement «retourner, renverser, mettre sens dessus dessous, faire mal tourner» (*Dictionnaire historique de la langue française*, 1998).

21 «Plaisir en mouvement de l'âme» pour Épicure, la joie est une satisfaction momentanée de tout l'être, un acquiescement à soi et au monde. C'est notre guide et notre règle, elle est ressentie par tout l'être: c'est l'étoile du berger de l'âme. La joie est le sentiment qui accompagne en nous une expansion, ou une intensification, de notre puissance d'exister et d'agir. C'est le plaisir – en mouvement et en acte – d'exister plus et mieux.

Tenir compte de l'autre

Accepter les limites de chacun et leurs inévitables fluctuations constitue, pour l'enfant comme l'adulte, un défi continu. Espérer que l'autre soit disposé à répondre parfaitement à nos besoins, instant après instant, est non seulement illusoire, mais dangereux, car la persistance d'une telle attente mène parfois à l'adoption de comportements nuisibles à soi comme à autrui, tels que la victimisation ou la révolte.

Inversement, croire que l'on peut ou doit répondre parfaitement et entièrement à la demande d'autrui conduit fréquemment à se suradapter à son environnement. Aussi le renoncement à de tels mirages et, par la même occasion, la poursuite des idéaux de toute-puissance qu'ils confortent constituent-ils une étape incontournable du parcours qui mène progressivement l'enfant vers son autonomie. Il va sans dire que tenir compte autant de l'état de l'autre que du sien propre s'avère souvent chose peu aisée au sein de toute relation. Mais l'accueil bienveillant des émotions d'autrui tout comme la conscience que nos besoins peuvent aussi trouver satisfaction ailleurs, à d'autres moments ou auprès d'autres personnes – fussions-nous la seule personne au monde capable d'y répondre – font partie des ressources qui peuvent nous aider à entrevoir la possibilité d'une telle liberté.

Lorsque nous comprenons qu'un besoin que nous ressentons peut en cacher un autre plus profond surgit alors la question suivante : s'agit-il ou non d'un véritable besoin ou de la volonté de faire plier le réel à notre bon vouloir ? En effet, admettons que nous confondions parfois exigences du moi et besoins de l'âme. Le « moi » est un tyran : il souhaite être reconnu et, à ce titre, n'a de cesse d'exiger, revendiquer, déplorer l'inadéquation fondamentale qui existe entre nos ambitions et la réalité. La vision de l'« autre » en tant que sujet s'estompe peu à peu, jusqu'à disparaître parfois ; à l'inverse, l'âme a besoin de sens, de lien, d'unité. Par exemple, l'énoncé « J'ai besoin de temps pour moi » peut signifier : « J'ai besoin de m'adonner à la contemplation, de me détendre, de me ressourcer, de me sentir penser. » Mais cet espace où je me sens en lien avec moi-même peut être investi et vécu tout en conservant des capacités d'ouverture à l'autre ; il n'exclut pas le partage, il en constitue même le socle. En outre, au sein d'une relation, tout comportement égocentré porte une signature énergétique bien particulière qui invite les autres à se replier dans une posture incompatible avec le moindre élan de sincère générosité.

Ainsi, une adolescente dont les parents étaient séparés et entretenaient des rapports très tendus refusait de passer le dîner de Noël en compagnie de ses grands-parents paternels, comme elle avait toujours eu coutume de le faire ; elle n'éprouvait nulle envie de subir à nouveau ce long repas gargantuesque qu'on lui avait imposé durant tant d'années. Contrariée par cette réponse défavorable qu'elle ressentait comme un outrage, la grand-mère préféra lui rétorquer qu'il appartenait à ses parents seuls de prendre une telle décision plutôt que de questionner les ressorts de son désir. L'attitude de l'aïeule supprimait ainsi le déploiement des possibilités de communication.

Or, il s'avéra que cette adolescente était capable de percevoir la manipulation à laquelle sa grand-mère tentait de se livrer lorsque celle-ci utilisait la tradition comme alibi à sa volonté, tout en prétendant de surcroît faire porter à sa mère une part de la responsabilité de ce qui demeurait pourtant sa décision propre. Cette conscience aiguë de la toxicité des jeux psychologiques et des rapports de force que la grand-mère avait trouvé l'occasion d'initier permit à la jeune fille de tenir sa position de manière relativement tranquille.

Si, à l'inverse, sa grand-mère lui avait tendrement signifié à quel point sa présence lui était précieuse et s'était mise avec elle à rechercher une solution, il y a fort à parier que l'adolescente aurait changé d'avis. En outre, si cette dernière n'avait pas disposé de la ressource nécessaire pour identifier les manœuvres auxquelles s'adonnait sa grand-mère, elle se serait sentie coupable de ne pas satisfaire sa demande, ou révoltée de ne pas voir la dimension de son individualité prise en compte. Finalement, l'adolescente se sentit réellement soulagée d'avoir été en mesure de se positionner. Elle put ainsi s'extraire de l'emprise de sa grand-mère afin de ne plus subir ses injonctions, tout en étant attristée de constater que son désir ne pouvait être ni compris ni même accueilli.

Un tel exemple pose la question des moyens qu'il est possible de mettre en œuvre pour trouver l'équilibre entre coutume familiale et relation. Il met en évidence l'avantage que comporte le choix de la négociation, essentiel pour que chacun se sente pris en compte et respecté. Le fait est que peu d'adolescents sont enthousiastes à l'idée de demeurer à table durant des heures en compagnie d'adultes faussement joyeux. À un âge où le refus de « faire avec » constitue un mode privilégié d'affirmation de soi, seuls les liens véritables, où leur maturité croissante est reconnue, stimuleront leur désir de participer aux rituels familiaux. Par ailleurs, ainsi que nombre d'adultes l'ont constaté, imposer à un adolescent des règles arbitraires est le meilleur moyen de s'assurer de la naissance d'un rapport de force qui, au bout du compte, se révélera des plus stériles.

Dans son parcours de construction identitaire, d'autonomisation et d'exploration de ses propres valeurs, l'adolescent, en dépit des apparences, continue à désirer au fond de lui la présence d'un cadre sécurisant dont la pérennité serait assurée par des parents éprouvés comme « solides », tout en rejetant tout ce qui contrevient à son besoin d'autonomie et d'affirmation, ce qui peut être vécu par les parents et par l'adolescent lui-même comme un paradoxe. Ce paradoxe, il est important que les parents le tolèrent, car, face à la crise identitaire qui le traverse et à l'angoisse de l'avenir que celle-ci induit naturellement, le jeune va chercher les limites de l'adulte. En l'absence de modèles consistants, certains se tourneront vers des idéologies politiques ou religieuses rigides et extrêmes, véhiculées par des leaders qui en profiteront pour leur fournir des réponses toutes faites et des solutions simplistes aux problèmes de notre époque.

L'adolescent, en cessant d'idéaliser ses parents, est plus que jamais confronté aux limites des autres, mais aussi aux siennes propres. Il parachève donc son acceptation du principe de réalité. Or, sous l'impulsion du développement hormonal, l'identité est malmenée par les fluctuations de ses capacités d'apprentissage et d'adhésion sereine à la règle ainsi que par la découverte d'un corps nouveau, en perpétuelle mutation, qu'il ne reconnaît plus. Tout ce qui a été vécu depuis la conception va être mis à l'épreuve et rejoué, donnant ainsi l'occasion d'assimiler son histoire et d'aller vers son identité. Cette meilleure connaissance de lui-même l'aidera dans toutes ses interactions avec les autres.

Se référer à la loi

Pour adhérer aux règles de vie en société, l'être humain a naturellement besoin de sentir que celles-ci découlent de lois universelles reflétant l'intelligence du cœur, et qu'elles sont appliquées avec rigueur, cohérence et bienveillance. Cette éthique est ainsi définie par les psychanalystes Marie-Claude Defores et Yvan Piedimonte, dans leur ouvrage intitulé *La Constitution de l'être*, en ces termes : « L'éthique est inscrite dans l'inconscient, mémoire de l'âme. Elle est connaissance des conditions d'humanisation. Elle est l'intériorisation chez l'homme des lois cosmiques qui deviennent lois symboliques. Leur respect est essentiel à la structuration de l'être. Ces lois sont universelles et fondatrices de l'identité humaine. » L'éthique a pour fondement l'acceptation de l'unicité de l'autre et, à ce titre, se réfère à l'interdit qui frappe toute forme d'emprise, que celle-ci s'exerce sur un plan physique, psychique ou spirituel.

La règle, lorsqu'elle relève d'une éthique véritable, permet de s'inscrire dans une relation plus vaste au monde, puisqu'elle est essentielle à toute vie en communauté. L'enfant, surtout lorsque sa sensibilité le conduit à élargir éperdument son champ de conscience et génère en lui un besoin accru de demeurer en lien avec sa propre pensée, se sentira profondément apaisé et reconnaissant envers les adultes lorsqu'il sera invité à adhérer à des règles et rituels qui résonnent comme des possibilités d'alliance à une altérité qui le dépasse, au-delà des dogmes et des conventions.

Il est d'ailleurs intéressant de remarquer que, dans les écoles dites « démocratiques », où les enfants sont invités à cocréer leurs propres règles, nombre de ces dernières sont naturellement respectées et suivies par l'immense majorité des enfants en tant que réponses collectives et consensuelles à des besoins bien identifiés. Lorsqu'il arrive qu'elles soient remises en question, elles ne génèrent que rarement des réactions de rébellion. Par exemple, souvent, dans les écoles Montessori, on propose aux enfants de lire les règlements établis par les anciens élèves durant les années précédentes. Chacun peut les approuver, ou suggérer une modification. Les enfants n'hésitent d'ailleurs pas à se rappeler les règles mutuellement. Le sens de la responsabilité individuelle et collective s'en trouve consolidé. Ces règles créent le « contenant » dans lequel ils peuvent se sentir en sécurité et s'épanouir en confiance.

Les règles sur lesquelles doit s'appuyer l'adulte sont donc celles qui font office de tiers symboliques représentant la loi[22]. Or, nos sociétés libérales postmodernes recèlent des mirages d'égalité et d'horizontalité des statuts qui ne rendent le rapport à la loi que plus difficile à appréhender et à accepter pour l'adolescent. À la répétition des choix professionnels des parents s'est substitué un élargissement du champ des possibles souvent fondé sur la valeur de « mérite » individuel, d'un accroissement des exigences de « réussite » et d'un affaiblissement des interdits. La construction de liens affectifs très fortement individualisés dans l'ensemble de la vie en collectivité constitue une évolution fort appréciable, tant que celle-ci se trouve équilibrée par un ensemble d'interdits structurants. Or, de nos jours, la protection structurante de l'interdit, aussi bien dans les familles qu'à l'école ainsi que dans le monde du travail, est affaiblie au profit de l'exigence de performance. C'est ce qui pourrait en partie expliquer les comportements d'opposition et les actes antisociaux de certains adolescents.

22 « La loi est l'intériorisation chez l'homme des lois cosmiques qui deviennent lois symboliques. Leur respect est essentiel à la structuration de l'être. Ces lois sont universelles et fondatrices de l'identité humaine. Elles se donnent sous forme d'interdits : l'interdit du parasitage, l'interdit du cannibalisme physique mais surtout psychique ; le troisième, le plus connu, conséquence des deux premiers, l'interdit de l'inceste » (Defores Marie-Claude, Piedimonte Yvan, *La Constitution de l'être*, *op. cit.*, p. 207).

Amener chaque enfant à mettre sa pensée, avec toute l'originalité et la créativité qui caractérisent celle-ci, au service de l'acceptation des limites propres à notre humanité et du principe de réalité, l'aider à s'interroger sur les fondements d'une règle afin qu'il se l'approprie, c'est là l'un des rôles majeurs de l'adulte. Ce qui ne l'empêchera pas de transgresser malgré tout celle-ci, afin d'observer ou d'expérimenter ce qui se produira alors. Cela fait partie intégrante du processus d'attribution de sens à la loi. Il est parfois pertinent alors qu'il soit prévenu de l'existence de ces limites et des conséquences que comporte le dépassement de celles-ci. C'est ce processus d'appropriation de la règle par la pensée qui offrira la possibilité à l'humain en devenir de déceler les règles qui sont fondées sur l'éthique, et d'identifier celles qui ne le sont pas.

Le fait est que l'adulte devra appréhender avec finesse l'inaliénable « absolu de l'être profond[23] », et distinguer soigneusement celui-ci de la personnalité « en devenir » de l'enfant vulnérable et dépendant de son entourage. Certes, l'enfant, en tant qu'âme, n'a pas d'âge, mais parallèlement à cette incontournable réalité, il a néanmoins « l'âge qui est le sien », et c'est bel et bien inéluctablement aux adultes qu'incombe le rôle délicat de poser des règles en adéquation avec leurs valeurs. Il arrive souvent que certaines règles familiales deviennent pesantes pour l'adolescent. Un tel ressenti, en alimentant son désir de créer son propre environnement, pourra l'aider à « décoller du nid ».

23 « La suprême réalité, sans âge, incomparable, immaculée, manifestée une fois pour toutes, la réalité originelle non née, au-delà de l'illusion mais jouant le jeu de l'illusion, voilà ce qui constitue l'essence de ton être » (« Histoire de la reine Tchoudala », *Yoga Vasishtha*).

Éviter la torsion de la justice

Les enfants – *a fortiori* les enfants particulièrement perceptifs – sont extrêmement sensibles à l'injustice, définie comme la toute-puissance arbitraire d'une personne occupant une position de pouvoir, et cela sous toutes les formes et expressions qu'elle prenne.

Ainsi une patiente s'était-elle souvenue lors de sa thérapie qu'un professeur avait décidé de ne jamais lui mettre plus de 15/20, simplement parce qu'il estimait que le fait d'être très douée ne devait pas l'exonérer de fournir autant d'efforts que les autres dans l'acquisition des compétences et connaissances qu'il enseignait. Le professeur entendait ainsi prendre le contrepied de la règle de l'Éducation nationale qui consiste à ne valoriser que le « résultat ». Le problème est que cet enseignant se fondait alors sur un seul principe – totalement utopique –, qui était celui de l'égalité absolue.

Or, l'application aveugle et uniforme du principe d'égalité érigé en valeur suprême est vécue de manière particulièrement douloureuse par les enfants et les adolescents. Ce type de situation met en exergue la nécessité d'une réflexion approfondie et d'une vigilance accrue quant à la manière d'élaborer une règle et de l'appliquer.

Autre exemple, une mère de deux garçons, nés à trois ans d'intervalle, était obsédée par la poursuite d'un idéal d'égalité parfaite de traitement entre ses deux fils, au point qu'elle comptait les petits pois qu'elle mettait dans l'assiette de chacun, déposait une fève dans chaque part de galette des rois, et leur offrait exactement les mêmes cadeaux, allant même parfois jusqu'à fêter leur anniversaire en même temps. Elle niait par là même leur différence d'âge et de position dans la fratrie, mais également la réalité de leurs besoins respectifs. Comme si leurs spécificités et tout ce qui faisait d'eux des êtres uniques dotés d'une histoire et d'expériences de vie qui n'appartenaient à nul autre n'avaient pas lieu d'être, et que la dimension de leur subjectivité ne devait pas exister. De tels comportements s'étaient construits en réaction à la préférence qu'elle portait à son plus jeune fils, préférence qui faisait l'objet d'un déni massif ; cette mère avait elle-même souffert de différence de traitement entre elle et les membres de sa fratrie.

Cette attitude avait conduit l'aîné à haïr son frère cadet au point d'avoir envie de le voir disparaître. Il eût été préférable que la mère reconnût qu'elle s'entendait mieux avec le plus jeune, du fait qu'il était plus adaptable et que la relation qu'elle entretenait avec lui était plus simple. La politique d'égalitarisme forcenée qu'elle avait instaurée générait en effet entre elle et son fils aîné d'inévitables tensions : doté d'une grande capacité à débusquer ses incohérences et ses contradictions, celui-ci ne laissait rien passer, exprimant fréquemment sa colère de manière intense. Il endossait ainsi le rôle du révolté, tandis que le cadet jouait le rôle du consolateur.

Tout parent aspirant à demeurer au plus près de lui-même et de ses enfants devra donc inévitablement se confronter à cette simple réalité : nous ne pouvons pas être le même parent avec chaque enfant. Chaque fratrie est différente, chaque individu qui la compose également. Les particularités propres à chaque enfant – sa place dans la fratrie, son caractère... – mettront en évidence les zones d'ombre et de vulnérabilité qui existent au sein de la sphère familiale. Si ces fragilités sont ignorées ou niées, chaque enfant adoptera un rôle dont la fonction sera à la fois de le révéler et de lui permettre de s'y adapter, mais dans lequel le risque est grand également de s'enfermer. Dans le cas de ces deux enfants, l'adoption par l'aîné d'un fonctionnement « contre la mère » et par le cadet d'un fonctionnement « pour la mère » les conduisait à se cantonner chacun à un rôle fixe, rigide, et à porter ainsi un « masque » auquel ils s'identifiaient, les empêchant de se rencontrer véritablement. À l'instar des « réactifs », ces composés qui, en chimie, se comportent de façon caractéristique au contact d'une autre substance et permettent d'en attester la présence, les enfants sont les indéfectibles révélateurs des secrets, dénis, compromis invisibles, et de toutes les dynamiques inconscientes qui opèrent au sein du groupe familial[24]. Reconnaître qu'ils puissent percevoir ce qui nous échappe est une bénédiction pour la relation.

Établir une relation sécurisante avec l'enfant

- Un positionnement ferme et clair est protecteur (à bien distinguer des réactions pulsionnelles autoritaires).
- Renoncer à faire de l'enfant un parfait petit soldat.
- Accepter les limites de chacun et leurs inévitables fluctuations.

Faire face à ses limites et à ses fragilités

- L'enfant teste inconsciemment la stabilité intérieure de l'adulte en appuyant sur ses zones de fragilité psychique.
- Les fragilités ne constituent pas un problème en soi si elles sont assumées et sous-tendues par une intention de les dépasser.

24 Notion développée dans le chapitre 8 portant sur le système familial, à partir de la p. 267.

Travailler ses réactions pulsionnelles

- Tant qu'une violence n'est pas reconnue comme telle, rien ne l'empêche de se perpétuer !
- Les fluctuations importantes et répétées de la posture de l'adulte sont anxiogènes pour l'enfant.
- Lorsque l'adulte refoule certains de ses conflits internes, l'enfant n'a plus d'autres solutions que de les exprimer à travers ses comportements.

Prendre la responsabilité de son état interne

- Nommer son état de « mal-être » en distinguant l'information à transmettre de la charge émotionnelle.
- Risque pour le psychisme de l'enfant de se retrouver envahi par celui d'un parent dépressif.
- Certaines blessures subies durant l'enfance par le parent sont réactivées au moment où son enfant atteint le même âge.

Faire confiance à l'enfant et respecter son « droit au secret »

- La confiance exprimée envers l'enfant doit être réellement éprouvée. Si ce qu'il ressent est contredit, il remettra en question ses propres perceptions.
- Soumettre l'enfant à une contrainte de confidence constitue un abus.

Mettre en place l'apprentissage du respect des règles

- Les règles doivent relever d'une éthique véritable et être appliquées avec cohérence et bienveillance.
- Apporter à l'enfant les explications nécessaires à une compréhension des principes qui sous-tendent une règle : expliquer n'est pas justifier, négocier ni céder.
- Amener chaque enfant à mettre sa pensée au service de l'acceptation du principe de réalité.

- Répéter patiemment les mêmes consignes, afin de signifier clairement à l'enfant la persistance des règles.
- L'application uniforme du principe d'égalité est vécue douloureusement par l'enfant. Nous ne pouvons pas être le même parent avec chaque enfant.

Protéger le lien privilégié qu'entretient l'enfant avec l'inconscient car le réel y est saisi dans sa globalité

Les enfants mettent en évidence les zones d'ombre et de vulnérabilité de chacun. Si ces fragilités sont ignorées ou niées, l'enfant endossera le rôle à la fois de les révéler et de s'y adapter, au risque de s'y enfermer.

Zoom sur l'adolescence

- L'adolescent est plus que jamais confronté aux limites de ses parents et aux siennes propres.
- L'adolescent, tout en continuant à désirer la présence d'un cadre sécurisant, rejette ce qui contrevient à son besoin d'autonomie et d'affirmation.
- Imposer à un adolescent des règles arbitraires mène à un rapport de force stérile.
- Tout ce qui a été vécu depuis la conception va être mis à l'épreuve et rejoué pour qu'il aille vers son identité.

CHAPITRE 3

UN POSITIONNEMENT D'ADULTE PENSÉ ET CLAIR

« Les parents devraient apprendre à reconnaître, comme nous analystes, derrière l'amour de transfert, soumission ou adoration, de nos enfants, patients, élèves, le désir nostalgique de se libérer de cet amour opprimant. Si on aide l'enfant, le patient ou l'élève à abandonner cette identification, et à se défendre de ce transfert pesant, on peut dire que l'on a réussi à faire accéder la personnalité à un niveau plus élevé[1]. »

Sándor Ferenczi

Il est essentiel de penser l'environnement et son positionnement en tant qu'adulte pour favoriser l'autonomie et offrir à l'enfant la possibilité de trouver ses propres ressources, tout en respectant son rythme en fonction de son âge et de sa maturité, très variable d'un individu à l'autre. Parmi tous les domaines au sein desquels cette autonomie pourra s'exercer, la sphère affective

1 Ferenczi Sándor, *Confusion de langue entre les adultes et l'enfant*, Payot, 2016, p. 48.

est sans doute celle dans laquelle cet exercice s'avérera le plus délicat. Il s'agira pourtant d'un enjeu primordial conditionnant l'épanouissement de l'être ; sans autonomie affective, nul véritable sentiment de liberté ne peut être espéré.

L'autonomie n'est pas une finalité en tant que telle mais un chemin vers la confiance en soi pour agir et penser la relation de cause à effet, en incluant sa propre responsabilité. La progression de l'enfant vers son autonomie dépendra fortement de certaines expériences précoces relevant de son vécu infantile archaïque. Par exemple, chez un enfant né par césarienne, le besoin d'aide pour initier une action sera souvent prégnant et il aura peut-être besoin de soutien plus longtemps. Notons à ce propos que le fait même de savoir demander de l'aide ou du soutien relève de l'autonomie, l'interdépendance constituant une caractéristique incontournable de la condition humaine et, bien au-delà, du mouvement propre à la vie même.

De manière générale, tout ce que nous faisons à la place de l'enfant lorsque celui-ci est lui-même capable de le faire s'apparente à de l'emprise. Il est tout aussi abusif de ne pas lui laisser la possibilité d'accomplir certaines actions que de l'abandonner face à une tâche qui serait pour lui difficilement surmontable. La manière dont un enfant obéit à une règle ou répond à une demande influera également sur sa capacité à cheminer vers son autonomie : cette dernière est entravée lorsque l'enfant obéit de façon « mécanique » ou qu'il est mû par la peur au lieu d'être enraciné dans le désir profond de collaboration inhérent à l'être humain.

Soutenir l'autodiscipline

Dans cette optique, Maria Montessori propose une approche révolutionnaire de l'obéissance qui rompt radicalement avec les habitudes de son temps. Elle s'avère toujours d'un grand intérêt aujourd'hui. Cette pédagogue engagée considère l'obéissance comme le fruit d'une collaboration bénéfique au sein de laquelle les compétences et l'expérience de l'accompagnant se trouvent au service de l'enfant. En tant que créatrice d'une méthode pédagogique testée en milieu éducatif, sa réflexion a porté principalement sur l'environnement matériel et humain dans lequel l'enfant évoluait. Cependant, il convient de garder à l'esprit que ce dernier est également porteur d'un bagage imprégné de conditionnements familiaux et de mémoires relevant d'influences plus vastes[2]. Aussi nous semble-t-il important de renoncer à cet irréel que constitue le fantasme d'un « contexte idéal ». Quand bien même ce dernier existerait, il ne saurait nullement générer quelque utopique perfection chez l'enfant. Néanmoins, plus l'environnement est pensé avec conscience, plus l'enfant sera en relation avec la sienne propre.

La pédagogie Montessori a pour objectif premier de favoriser l'accès à la concentration, conçue comme une forme de méditation qui soutient l'enfant dans son désir profond de se relier à son intériorité et à la dimension de son âme. Elle constitue à ce titre une authentique démarche de pacification, en soi déjà thérapeutique. Le développement de l'attention est donc intimement lié à celui de la vie intérieure. Il éveille le sens social ; en effet, nous pouvons observer chez les enfants qui en font l'expérience

2 Influences d'ordre phylogénétique, ontogénétique (notamment embryonnaire), social, culturel, civilisationnel...

que ces moments de concentration prodiguent sérénité et ouverture aux autres.

Dans son essai *L'Esprit absorbant de l'enfant*[3], Maria Montessori évoque les répercussions délétères de la croyance persistante selon laquelle il serait nécessaire de plier la volonté propre de l'enfant pour y substituer celle de l'adulte. Bien au contraire, celle-ci invite parents et éducateurs à aider l'enfant par tous les moyens à développer sa propre volonté – c'est du renforcement de sa volonté même que découlera l'obéissance.

Ainsi la volonté ne conduit-elle ni au désordre ni à la violence – symptômes de déviation et de souffrance –, mais mène-t-elle au contraire tout être en devenir à entreprendre des actions bénéfiques pour lui-même et pour autrui. En définitive, l'obéissance résulte d'une sublimation de la volonté individuelle, conséquence naturelle du développement de l'âme humaine. Cette approche requiert de la part de l'accompagnant une aptitude à distinguer le désir de la jouissance, et la volonté de la pulsion.

Maria Montessori avait justement observé que les enfants développaient la conscience de leurs actes grâce au choix spontané et à la répétition d'une activité engageant le corps, et notamment les mains : « L'organe moteur qui caractérise l'homme, c'est la main au service de l'intelligence[4]. » Dans les écoles Montessori, on peut constater que les enfants ne font pas ce qu'ils veulent, mais veulent ce qu'ils font ! Ils sont invités à se soumettre non point à une discipline fondée sur la peur, mais à ce que Maria Montessori appelait leur « maître intérieur ».

3 Montessori Maria, *L'Esprit absorbant de l'enfant*, Desclée de Brouwer, 2003, chapitre VII.

4 *Id.*, *L'Enfant*, Desclée de Brouwer, 2018, p. 75.

Elle distinguait « trois degrés d'obéissance » et de progression vers l'acquisition de la capacité à intérioriser une règle ou une contrainte, chaque stade s'appuyant sur le précédent. Loin de suivre un tracé linéaire, cette évolution se caractérise par une certaine souplesse : elle peut comporter des allers-retours entre les différentes phases, ainsi que des chevauchements, des superpositions...

Le premier stade correspond à la phase durant laquelle l'enfant n'obéit qu'occasionnellement, non point en raison d'une quelconque mauvaise volonté, mais par manque d'habileté. Ne parvenant pas encore à suivre sa propre volonté, le jeune enfant n'est pas toujours en mesure d'obéir à celle d'autrui. En effet, ainsi que le démontrent les neurosciences du développement, le cortex préfrontal, dont l'une des fonctions principales consiste à mettre en relation les centres de contrôle perceptuel, émotionnel et moteur et à permettre ainsi l'activation de processus d'autorégulation comportementale, n'est pas encore assez mature.

Progressivement, l'enfant acquiert une conscience plus aiguë de ses actes et une meilleure maîtrise de ses mouvements, de sorte que, au second degré, il n'y a plus d'obstacle dépendant du stade de son développement, il devient capable d'autodiscipline et parvient à suivre des consignes ; de ce fait, son obéissance gagne en constance.

Enfin, au troisième degré, l'enfant accepte l'autorité émanant d'une autre personne qu'il admire et avec laquelle il ressent la possibilité d'une alliance. Lorsque sa considération et sa confiance pour cette personne sont telles qu'il lui obéit promptement et avec grand enthousiasme, exerçant alors sa volonté pour agir et s'empêcher d'agir, il est heureux d'être en mesure de satisfaire sa demande, et déçu s'il échoue.

Face à cet investissement massif dont peut faire preuve l'enfant, il conviendra pour l'adulte de s'efforcer d'observer une éthique rigoureuse, en exerçant une vigilance particulière en direction de toute pulsion susceptible d'induire la tentation d'abuser de sa position d'autorité. Cette éthique, Maria Montessori en résume ainsi le principe : « N'est pas un chef celui qui a un sentiment profond de son autorité, mais de sa responsabilité[5]. » En outre, il incombe à l'éducateur de garder à l'esprit à chaque instant que la sagesse et la discipline sont là en puissance dans l'être profond de l'enfant, et que sa tâche consistera à le guider sur cette voie.

En effet, chaque fois qu'il se trouve dans l'incapacité de répondre aux attentes de son entourage, l'enfant souffre. Aussi importe-t-il de lui signifier que l'on perçoit son désir d'y parvenir. Derrière les comportements que l'on observe chez l'enfant – dont certains s'avèrent parfois déroutants à nos yeux – existe, du moins la plupart du temps, un désir immense de répondre aux demandes implicites ou explicites qui émanent des adultes dont il dépend, quitte parfois à se sacrifier pour y parvenir.

Ce désir de satisfaire les attentes de l'adulte s'avère, dans certains cas, tellement prégnant que ce dernier peut croire que l'enfant a intériorisé les règles et préceptes posés, alors que son obéissance procède simplement d'une suradaptation. Happé par le désir de contenter ceux qu'il affectionne et dont il dépend, ou par peur d'une sanction, il n'a pas, en réalité, intériorisé l'intérêt de ces recommandations pour lui. Cependant, certains enfants dont la volonté se trouve parasitée, entre autres, par des jeux de loyauté familiale qui les dépassent ne parviennent pas à accéder à ce désir profond de collaboration.

---

5 *Id.*, *L'Esprit absorbant de l'enfant*, *op. cit.*

Dans une telle approche de l'obéissance, la punition en tant que châtiment n'a donc plus lieu d'être. L'explication des raisons qui sous-tendent toute consigne doit se fonder sur la confiance profonde que, au fond, quels que soient ses manques, ses failles, ses carences, le seul désir de l'adulte demeure celui de soutenir le développement de toutes les potentialités que recèle l'enfant. Car au-delà des mots et des actes, c'est bien l'intention située en arrière-plan que les humains perçoivent, et ce quel que soit leur âge.

Citons l'exemple d'un père dont le fils de 2 ans n'avait de cesse de rejeter ses consignes et de crier « Non, pas papa » chaque fois qu'il lui était proposé de partager une activité avec lui. Ce père se sentait extrêmement blessé par un tel comportement de rejet. Or, l'attitude de l'enfant était le reflet d'un script inconscient qui reflétait l'histoire de son père, lui-même jadis très rejetant envers son propre père, notamment par loyauté à l'égard de sa mère qui l'avait élevé seule.

Dans cette situation, il se sentait extrêmement triste, et son enfant extrêmement étouffé. Prenant conscience de ce qui se jouait au sein de sa relation avec son fils et réalisant que ce dernier rejetait non point sa personne en tant que telle, mais le caractère impérieux que revêtait son besoin, le père décida alors de tempérer l'intensité émotionnelle avec laquelle il exprimait sa demande d'affection et d'apprendre à respecter le temps nécessaire à l'enfant pour intégrer et désirer sa présence. Ainsi affranchis d'une tension qui les dépassait tous deux, le père et l'enfant purent renouer avec le désir profond qui avait toujours été le leur : celui de partager un amour exempt de ce parasitage émotionnel que produisent les peurs liées à des mémoires refoulées.

L'un des problèmes récurrents auxquels se trouvent confrontés de nos jours les parents en matière d'obéissance est celui des comportements addictifs auxquels sont sujets leurs enfants lorsqu'ils se consacrent aux jeux vidéo. Quelle que puisse être la réaction du jeune lorsque le parent se positionne de manière ferme face à l'exposition trop prolongée à ceux-ci, il est essentiel de rappeler la réalité des risques qu'ils comportent pour la santé (fatigue oculaire, troubles de l'accommodation, voire déformation du globe oculaire, troubles importants de la concentration, augmentation préjudiciable de l'impulsivité, troubles physiologiques dus à la sédentarité, troubles du comportement alimentaire, etc.) et des conséquences immédiates (telle l'augmentation manifeste de l'irritabilité) que comporte une telle utilisation excessive. En outre, le flot d'images qui défilent sur les écrans induit un état hypnotique auquel il est peu aisé de mettre un terme.

À l'instar de toute autre activité susceptible de générer une addiction, les jeux vidéo sont conçus de telle sorte qu'il est très difficile, voire impossible, pour le jeune joueur d'interrompre lui-même le jeu. Aussi le parent doit-il faire preuve d'une grande détermination, au risque de susciter une vive réaction de mécontentement, en gardant à l'esprit que la colère exprimée alors constitue une tentative de détournement du problème de fond, celui d'une dépendance. L'adolescent refuse bien souvent d'admettre cette réalité, alors même qu'il sent bien qu'il a été capté par son jeu. Comme dans toute addiction, le déni en signe la première manifestation et c'est l'occasion d'identifier ensemble ce mécanisme.

Dans de telles situations, l'adulte peut rencontrer des difficultés à maintenir une position d'autorité. Il devra néanmoins conserver ce juste alignement interne qui lui permet de réaffirmer sa foi en la légitimité de sa demande et demeurer confiant dans la capacité de l'enfant d'adhérer à sa demande au-delà de sa frustration. Autrement, l'enfant percevra de manière très subtile la présence d'une faille dans laquelle il s'empressera de s'engouffrer, consciemment ou non.

Par exemple, il n'est pas rare que, tout en prenant soin d'énoncer sa consigne, l'adulte se mette soudainement à douter du bien-fondé de celle-ci : « Peut-être suis-je trop exigeant envers lui », « Son père le délaisse tellement », « Le pauvre, il a eu une dure et longue journée, il devrait bien avoir droit à quelque moment de détente », « Sa mère est trop rigide avec lui, je dois compenser », « De toute façon, c'est perdu d'avance, il va refuser d'accéder à ma demande »..., autant de prétextes que nous accorde trop facilement et en abondance notre mental lorsque le maintien de notre positionnement s'avère épuisant ; la tentation est alors grande de nourrir l'espoir – que nous savons au plus profond de nous totalement vain et irréaliste – que le jeune fasse montre d'autodiscipline.

Ainsi, nous insisterons sur la nécessité d'éviter, par tous les moyens possibles, la voie de la peur. Contrairement à la soumission obtenue par la contrainte, la menace, l'humiliation ou le chantage affectif, l'obéissance participante se fonde sur des valeurs universelles qui rendent possible un respect mutuel. À l'instar des enfants, les adultes peuvent se trouver en proie à des pulsions qui nourrissent (consciemment ou non) des fantasmes de toute-puissance et qu'il leur incombe de contenir pour accéder à cette dimension.

Il est fondamental que nos demandes se situent dans la « verticalité du père[6] », au sens symbolique de la référence à l'éthique[7],

---

6 Verticalité du père : ensemble de valeurs fondées sur le respect de soi et de l'autre manifesté par un positionnement et une parole éthique.

7 Defores Marie-Claude, Piedimonte Yvan, *La Constitution de l'être*, *op. cit.*, définition p. 42.

pour que les enfants suivent les indications qui leur sont données. Lorsque cela fait défaut, certains prendront l'habitude d'une obéissance passive, ou bien, à l'inverse, d'autres se réfugieront dans une révolte totale. Ces deux stratégies induiront une difficulté à poser des choix car la réaction habituelle pulsionnelle masquera toute possibilité de décision en lien avec leur véritable désir.

Malgré tout, nous devrons garder à l'esprit que la liberté absolue n'existe pas : en tant qu'êtres incarnés et, à ce titre, soumis aux contraintes de l'espace et du temps, nous devons composer avec toutes les limitations propres à notre condition d'êtres vivants dans la matérialité du monde phénoménal dans lequel nous prenons place et évoluons. Nous retrouvons d'ailleurs en filigrane cette notion de limites inhérentes à la réalité de notre incarnation dans les trois degrés d'obéissance identifiés par Maria Montessori. C'est alors aux parents et adultes référents d'assister l'enfant dans l'expérience de la relativité de cette liberté à laquelle il aspire. L'acceptation de cette limite crée le calme d'où peut naître le désir, et, en suivant ce désir, l'enfant s'acheminera vers ce qui est bon pour lui et pour les autres, en intégrant à la fois limite et liberté. Dans cette perspective, la liberté se trouve aux antipodes d'actes désordonnés ou de la jouissance d'enfants livrés à eux-mêmes. L'objectif de tout éducateur consiste à libérer les enfants des obstacles qui les empêchent d'obéir à leur « maître intérieur ». En cela liberté et discipline sont indissociables.

Il sera également essentiel d'apprendre à opter en pleine conscience pour l'adaptation au réel[8] (plus facile à dire qu'à faire, nous

8 Nous distinguons le réel, qui est l'absolu de « ce qui est », et la réalité, que chacun de nous construit.

en convenons !), sans être dupes des imperfections et des dysfonctionnements du monde dans lequel nous vivons, et sans non plus les cautionner. Ainsi les enfants doivent pouvoir conserver leur droit inaliénable à une pensée absolue sans avoir à courber l'échine devant l'arbitraire ni faire un compromis avec leur âme. Notons que, pour la personne avec autisme, transiger sur cette dimension est tout simplement impossible ; son éthique absolue fournit à l'ensemble des êtres humains des indications précieuses pour mieux comprendre les directions vers lesquelles tend notre âme, mais entraîne dans son cas une difficulté souvent douloureuse à vivre le compromis.

Il ne s'agit pas d'atteindre une norme ni une illusoire perfection, mais tout simplement d'envisager une vie joyeuse, guidée par la conscience. Cette dernière se situe bien au-delà de l'idée de « ce qui devrait être » et des jugements que surimpose notre mental au réel – mental dont la fonction consiste à trier et diviser pour rendre intelligible. La conscience existe bien au-delà du « moi », bien au-delà de l'histoire qui est la nôtre. Elle est joie. Elle est amour. Lorsque c'est elle qui est à l'œuvre au sein de la relation, les tensions liées à l'identité se dissolvent, et le jugement s'éclipse.

À ce propos, le philosophe Josef Schovanec, qui se définit lui-même comme une « personne avec autisme », évoque lors d'une interview le cas d'une petite fille, avec autisme également, qui n'avait de cesse de s'emparer de toutes les lunettes qu'elle apercevait tant elle était fascinée par un tel objet. Si seulement, au lieu de tenter de lui inculquer les notions de propriété ou de vol, il était possible d'accompagner son intérêt en satisfaisant sa curiosité ! Et pourquoi pas en l'emmenant visiter une verrerie, un atelier de fabrication de montures, un magasin d'optique pour introduire du sens au lieu de condamner, la relation entre l'enfant et son entourage serait tout autre.

Encore et encore, inlassablement, nos enfants nous enjoignent d'innover, de les aider à répondre à leurs interrogations et d'accompagner leurs actes par une parole qui ne soit pas formatée par l'idée de ce qui « devrait être », mais par la perception et l'acceptation de leurs besoins singuliers. Face à un tel défi, l'adulte devra se recentrer sur l'essentiel : au-delà du jugement, au-delà de la colère et des manifestations de peur, au-delà de la crainte, dont sont saisis nombre de parents, que leur enfant ne se situe pas dans la norme, faire circuler l'amour apporte un apaisement profond.

Accompagner l'apprentissage de la solitude

Lorsqu'ils se sentent angoissés, les enfants tendent souvent à se réfugier dans le cocon que peut représenter une relation avec un adulte de leur entourage. À l'opposé, il peut arriver également que certains se retranchent dans l'isolement. L'équilibre délicat entre présence et absence de l'adulte ne pourra s'obtenir sans d'une part une observation attentive de l'état émotionnel de l'enfant et d'autre part une réelle disponibilité psychique du parent. L'adulte devra redoubler de vigilance concernant ses propres fonctionnements. Par exemple, une blessure d'abandon dont il aurait souffert dans sa propre enfance pourrait le conduire à projeter sur l'enfant sa fragilité, l'empêchant alors de percevoir le ressenti de l'enfant, et de répondre aux besoins de ce dernier par une attitude adaptée.

Si l'adulte se montre omniprésent, il empêche l'enfant de développer sa capacité à trouver ses propres ressources et contacter son désir. Comme nous l'avons vu précédemment, agir sans cesse à la place de l'enfant est tout aussi préjudiciable pour lui que le laisser dans le désarroi lorsqu'il n'est pas en mesure de mener une action. En outre, un adulte sacrificiel qui consacre la totalité de son temps à son enfant s'offre ainsi en pâture, ce qui bien évidemment ne s'avère bénéfique ni pour lui ni pour l'enfant. Pris au piège dans une situation insoluble par ce qui semble de la gentillesse de la part de son parent, l'enfant n'a d'autres choix que d'adopter un statut de victime s'il obtempère, ou bien de bourreau s'il s'oppose.

Un tel parent conforte l'enfant dans une illusion de toute-puissance, avec pour éventuel revers l'induction sournoise d'un sentiment d'écrasante culpabilité : comment, en effet, pourrait-il accepter que, pour lui, son parent ait renoncé à ce qui aurait pu le rendre heureux (une carrière, l'amour, la santé, etc.) sans imaginer, consciemment ou non, que son existence même aurait gâché sinon sa vie entière, du moins une grande partie de celle-ci, sans en souffrir et se sentir redevable de sa présence à ses côtés ? En opposant le bonheur de l'enfant à celui des parents, le positionnement « sacrificiel » ouvre la porte à des rapports de pouvoir et à des jeux psychologiques délétères.

Nombre de parents attribuent – la plupart inconsciemment – à leur enfant une fonction réparatrice ou consolatrice. Par exemple, un parent, qui ne parvient pas à se remettre d'une séparation, peut à son insu transformer l'enfant en consolateur en émettant des messages implicites tels que : « Quand tu es là, ma vie a du sens, je me sens mieux » ou « Ne prends pas de risques inutiles, je ne supporterais pas qu'il t'arrive quelque chose ». L'enfant les capte et y répond, car tout est suggéré et imposé sans qu'il puisse s'en défendre ni s'y opposer, d'autant plus qu'il est prêt à tout pour se sentir en sécurité. L'« enfant-doudou » est alors à la fois victime et sauveur ou en révolte ; il se retrouve prisonnier d'un jeu d'acteurs sans fin. La croyance consistant à attribuer une importance vitale à sa fonction consolatrice entrave la possibilité d'accéder à sa liberté d'être.

Lorsque le discours adulte ne relève pas de la dimension du cœur, chaque geste, attitude, parole finit par se cristalliser autour d'un ou plusieurs pôles de la relation triangulaire où s'articulent les rôles de bourreau/victime/sauveur, renforçant les jeux psychologiques qui s'en nourrissent, et enfermant l'enfant comme l'adulte dans des scénarios répétitifs si préjudiciables à la qualité et à l'authenticité de la relation.

Dans de telles interactions, il suffit que l'un des protagonistes opte pour l'un des rôles de ce « triangle dramatique » pour que les réactions se déclenchent automatiquement et créent une boucle d'autorenforcement qui enferme dans des mécanismes répétitifs et de plus en plus rigides, sortes de prisons invisibles.

Les comportements inconsciemment adoptés par chacun sont si codifiés et en viennent à devenir si habituels qu'ils en paraissent naturels et fondés (le naturel est alors confondu avec l'habitude et le pulsionnel). Chaque fois que se trouvent renforcés les contours de ce cercle vicieux, enfant et adulte se manipulent eux-mêmes l'un l'autre. La manipulation peut durer tout au long de la vie si les systèmes de croyances qui la sous-tendent ne sont pas conscientisés et déconstruits. Exprimer clairement et tranquillement ce que nous acceptons ou refusons, observer nos propres pensées, comprendre la manière dont elles peuvent nous conduire à adopter des rôles fixes et prédéfinis peut créer des portes de sortie salutaires pour la préservation de notre liberté et celle de l'enfant.

En cela, la communication non violente est un excellent outil pour désamorcer les conflits et enrayer la spirale de la violence verbale en identifiant les besoins non satisfaits derrière un jugement ou un reproche.

Dans le parcours qui le mène vers l'individuation, l'enfant devra tout naturellement faire face à des moments de solitude. Il parviendra d'autant mieux à apprivoiser ces derniers que ses interactions avec ses parents ne l'enfermeront pas dans des rôles rigides et sclérosants.

Ainsi que l'affirme le philosophe et écrivain Paul Tillich[9], « l'isolement exprime la douleur d'être seul et la solitude la gloire d'être seul ». La peur de l'isolement et de l'abandon est souvent présente chez les très jeunes enfants. Pour apprendre à composer avec la solitude, l'enfant doit bénéficier d'un environnement rassurant. Ainsi, pour le psychanalyste Donald W. Winnicott, « la capacité d'être seul repose sur l'existence, dans la réalité psychique de l'individu, d'un bon objet [...][10] ». Totalement dépendant de sa mère durant les premiers mois de sa vie, le bébé fait progressivement l'expérience de sa capacité à faire quelque chose en dehors d'elle, rassuré par sa présence. Au fur et à mesure qu'il grandit, la mère devient naturellement moins disponible. L'expérience de moments de solitude est bénéfique et structurante. Elle favorise la découverte de soi, permet de laisser émerger son désir, se ressourcer et, ultimement, se trouver en « bonne compagnie »... Car, ainsi que l'affirme la chanteuse Naomi Judd, « la solitude est le meilleur ami de la créativité, elle restaure l'âme ».

9 Paul Tillich est un philosophe et un théologien protestant allemand et américain (1886-1965).

10 Le bon objet : mère « suffisamment bonne ».

Au départ, l'enfant éprouvera souvent le besoin d'être accompagné pour initier quelque activité que ce soit. Cet accompagnement constitue pour lui une clé d'accès au monde extérieur qui laissera progressivement place à une exploration plus autonome de son environnement. Ainsi portée par la relation, une telle expérience laissera une empreinte positive dans sa mémoire, qui lui permettra de poursuivre ses découvertes et expérimentations en toute confiance et autonomie. Tout en s'adonnant à ses propres occupations, l'accompagnant demeure présent symboliquement ainsi que dans son champ de vision si nécessaire.

La maturation des petits humains est longue, très longue. Joie intense à la perspective de la voir advenir et découragement face à un chemin qui semble sans fin peuvent se mêler au cœur de ce périple à la fois si exaltant et si déroutant à bien des égards.

Il est fréquent que le jeune enfant rencontre des difficultés à l'endormissement ou se réveille en pleine nuit. S'endormir revient en effet à se séparer de ce qui rassure et stimule l'enfant, à savoir les parents, ses jouets préférés, ses repères, etc. Aller se coucher implique également de passer d'un environnement animé et mobilisateur à un univers sombre et solitaire (intime) – la chambre –, dans lequel l'enfant se retrouve seul, dans la pénombre, face à ses rêves, ses angoisses, mais aussi éventuellement ses cauchemars.

Le lâcher-prise nécessaire à l'endormissement requiert un profond sentiment de sécurité et le renoncement à des occupations joyeuses qui lui semblent encore possibles. Lorsque ce n'est pas le cas, celui-ci réclame une présence qui, pour être vécue comme véritablement rassurante, ne peut être fondée que sur une disponibilité psychique et attentionnelle réelle de la part de l'adulte. Or, le caractère éminemment pressant de ses sollicitations peut amener les parents à éprouver une fatigue et une lassitude accrues, en particulier à la fin d'une longue journée, lorsqu'ils éprouvent le besoin de se reposer. Fatigue certes toute légitime, mais qui peut s'avérer anxiogène pour l'enfant, qui la perçoit avec acuité, surtout s'il la ressent comme une forme de « rejet ». En outre, sa perception est souvent susceptible de réveiller la peur que son ou ses parents vivent des choses difficiles et éventuellement puissent mourir. Ces situations s'avèrent souvent très délicates pour les parents, qui souhaitent tout naturellement répondre aux signaux et remédier à la détresse de leur enfant sans pour autant sacrifier leur espace d'intimité.

Aussi importe-t-il pour ceux-ci d'éviter que l'enfant ne s'endorme systématiquement à leur côté dans leur lit, afin que celui-ci apprenne à introjecter[11] leur présence, ce qui ne pourra advenir que s'il lui est possible d'intégrer la réalité de leur périodique absence effective. Pour ce faire, la création de repères sécurisants tels que les rituels pouvant accompagner le coucher s'avère d'une aide précieuse.

Certains de ces rituels peuvent même être instaurés dès la grossesse : il en va ainsi, par exemple, d'une musique écoutée durant les moments de repos que s'octroierait la future maman, qui sera ensuite utilisée pour coucher le bébé. Si de telles actions n'ont pas été mises en œuvre, il sera toujours possible de les initier ultérieurement, par exemple en choisissant la musique en question avec l'enfant. Dans tous les cas, c'est l'intériorisation des supports extérieurs, leur appropriation en tant que ressources intimes accessibles en toute autonomie, qu'il pourra évoquer et réévoquer à l'envi, qui lui permettra de conserver en lui le souvenir de l'état

11 Introjection : représentation intériorisée des figures de référence.

induit par une expérience agréable et de faire face plus sereinement à l'épreuve du manque. Par exemple, le jour où il ne pourra écouter cette musique, il lui sera toujours possible de chantonner celle-ci, ou simplement de se la remémorer. Toute absence provoque un manque. C'est lorsque l'objet du manque ne peut être intériorisé puis symbolisé que ce manque devient souffrance.

De même, partager chaque jour avec les « plus grands » un temps durant lequel chacun évoquerait un moment qui lui fut précieux dans la journée, tout en revivant l'état de bien-être ressenti à cette occasion, constituera une ressource très appréciable pour l'enfant comme pour l'adulte. Lorsque nous y prêtons attention, nous réalisons en effet que de telles expériences se présentent indéniablement chaque jour, par exemple sous la forme de l'échange de sourire avec une personne inconnue, l'observation d'un oiseau se baladant de branche en branche, le ronronnement d'un chat...

En intériorisant un tel partage, impliquant une réelle écoute de l'autre, en prenant l'habitude de se remémorer ces instants de grâce, l'enfant construira et investira un espace intérieur d'une richesse infinie. Pour pouvoir goûter le moment présent, il faut acquérir la faculté de se distancier de ses propres projections. Or, cela n'est pas toujours aisé, auquel cas il est néanmoins possible de convoquer le souvenir d'un moment joyeux qui ouvre la possibilité d'habiter ce présent ; un espace où résonnera ainsi, bien au-delà des tribulations de l'activité mentale et des fluctuations des émotions, une authentique joie d'être, et qui n'aura de cesse de célébrer « le vivant ».

L'enfant qui rechigne à dormir seul peut être en proie à des peurs qu'il n'arrive pas à surmonter. La difficulté d'endormissement peut être considérée comme un symptôme ne lui appartenant pas totalement, du même type que d'autres (colères, énurésie tardive, mutisme...). Ces faits peuvent être anxiogènes pour les parents, surtout s'ils présupposent que les choses devraient être différentes dans l'immédiat. Or, il peut être intéressant de ne pas l'aborder directement mais de porter un regard plus large sur la vie de l'enfant et de sa famille. Parfois aussi, l'enfant est plus ou moins consciemment utilisé comme prétexte pour masquer une difficulté dans le couple ; il est amené à jouer un rôle dans une situation où il n'a pas sa place, devenant l'instrument d'un règlement de compte entre les parents, comme, par exemple, celui d'éviter une sexualité non désirée.

Ainsi, un patient adulte en consultation rapporta le souvenir d'une interaction avec sa mère au cours de laquelle celle-ci lui avait rappelé des propos qu'il avait tenus au moment du divorce de ses parents : « Papa était jaloux et c'est moi qui ai gagné. » Elle s'en amusait. Le discours et les actes de la mère ne validaient donc en aucune manière la fonction de tiers séparateur que le père est censé d'ordinaire assurer. Or, une telle fonction est garante de l'impossibilité, salutaire pour l'enfant, de concevoir et d'entretenir avec sa mère une relation fusionnelle au sein de laquelle celui-ci demeurerait l'unique objet capable de combler son désir de protection.

La perspective d'une absence d'obstacle à la réalisation d'un tel fantasme de fusion peut se révéler pour l'enfant une source d'angoisse intense. Face à celle-ci, il peut parfois développer un sentiment inconscient de culpabilité ou bien figer son psychisme dans une intolérance à toute frustration, une incapacité à développer son propre sentiment de sécurité et par conséquent à toute authentique altérité.

Tant dans son rôle de père que dans l'ensemble de ses relations avec ses proches, cet homme oscillait successivement sans transition aucune entre un besoin de fusion et une attitude de rejet massif. Ainsi, chaque fois que survenait le moindre désaccord, celui-ci réagissait de manière impulsive, parfois très violente, avec toutes les répercussions délétères que pouvaient avoir de telles fluctuations pour lui et pour son entourage. En outre, sa vision des interactions humaines était imprégnée de la croyance selon laquelle toute dissension était vouée à déclencher une bataille à l'issue de laquelle il devait toujours y avoir un gagnant et un perdant ; il n'y avait donc pour lui aucune autre alternative que celle consistant à se confondre avec l'autre ou l'emporter sur celui-ci. La prise de conscience d'un tel fonctionnement lui permit d'acquérir la capacité « d'être avec l'autre », de supporter l'existence de voix discordantes et d'accéder à des possibilités d'échange réel, sans que la perspective de voir s'effondrer un mirage d'unité et d'harmonie totale ne génère plus en lui de tensions extrêmes.

Ne donnons pas à l'enfant l'illusion qu'il n'a pas à apprendre à être seul. « Être adulte c'est être seul », dit Jean Rostand, dans le sens « non fusionnel » avec l'autre, et c'est un long apprentissage qui commence dès la plus tendre enfance. Plus l'enfant aura été materné durant les tout premiers mois de sa vie par la principale figure d'attachement qui pourvoit à ses besoins physiologiques et affectifs fondamentaux, s'occupe de lui et développe avec celui-ci une relation privilégiée, plus son environnement sera à même de lui prodiguer un sentiment de sécurité, et plus il disposera de ressources de qualité pour tolérer les situations de séparation. Tout parent devra s'efforcer d'évaluer au mieux, grâce à ses facultés d'observation et son intuition, l'intensité de l'angoisse que ressent son enfant afin d'adapter son positionnement.

Favoriser l'individuation

Toute vie humaine s'origine dans la symbiose. Toute notre vie durant se manifestera une tension entre désir de retour à cet état primordial et cet appel que nous ressentons à devenir un être distinct, appel qui résonne comme une exigence inhérente à l'incarnation, une évidence portée par le mouvement de la vie elle-même. Ce cheminement incontournable qui mène de la fusion vers l'altérité est jalonné de deuils successifs par lesquels nous apprenons à « penser le manque », de sorte de percevoir, au cœur même de chaque perte, la perspective d'un gain (ainsi en va-t-il de la « perte » du sein maternel, que contrebalance la découverte de nouvelles saveurs, textures et couleurs...). C'est la manière dont seront traversés les tourments internes générés par tous ces renoncements qui déterminera la capacité à « s'individuer », à suivre l'élan de vie qui donnera la force de quitter le confort de son univers familier pour s'adonner avec enthousiasme, ou du moins avec courage, à l'exploration du monde environnant.

Il s'agit là bien évidemment d'un long et lent parcours, qui comporte des allers-retours, des mouvements de recul, des sursauts de régressions, la survenue d'instants de rencontre avec soi où s'affine la conscience d'incarner un être à la fois nettement séparé de l'autre tout en étant relié à celui-ci. Seule l'intégration de la dimension de l'altérité permet à l'amour de circuler. En effet, nous ne pouvons aimer que si nous distinguons moi et un autre. Plus encore, l'amour est l'altérité même...

Il importe d'accepter que l'enfant franchisse à son rythme et de sa propre initiative les étapes qui marquent un tel parcours, et d'envisager sereinement la survenue d'éventuelles régressions, en résistant à la tentation de concevoir celles-ci comme des échecs. Loin de témoigner d'une quelconque involution des capacités de l'enfant ou de quelque rétrécissement du champ de ses compétences, ces mouvements de retour vers des stades antérieurs de son développement, lorsqu'ils ont lieu, font partie intégrante des fluctuations naturelles que peut connaître sa disposition à s'initier à de nouveaux apprentissages et adopter de nouveaux comportements.

Il arrive en effet très fréquemment que l'enfant éprouve le besoin d'acquérir une plus grande assurance avant de s'élancer à nouveau en toute confiance vers de nouveaux défis. Il est d'ailleurs fréquent qu'il traverse de telles phases à l'occasion de périodes de transition, qui impliquent des bouleversements de la routine qui rythmait la vie familiale, telles que l'arrivée d'un nouveau venu dans la fratrie, l'entrée à la maternelle ou à l'école primaire, une séparation des parents, un deuil ou un déménagement... L'enfant a alors simplement besoin de temps pour s'adapter à une nouvelle situation. Revenir à une étape de développement connue et parfaitement maîtrisée constitue un moyen pour lui de se sentir en sécurité.

Bien entendu le parcours qu'aura accompli l'adulte vers l'acquisition de sa propre autonomie influera considérablement sur la manière dont l'enfant vivra sa propre maturation. En réalité, ce parcours est un processus d'évolution qui dure tout l'espace de notre vie.

Lorsque l'enfant paraît, l'adulte peut être ébloui par l'expérience d'un état de complétude extatique, recherchant lui-même une relation fusionnelle. S'il cherche le moyen de la faire perdurer au-delà de la période symbiotique, il entrave le bon déroulement du processus d'individuation de l'enfant. De la même manière, un parent qui, happé par un fantasme d'immortalité, projette son identité sur son enfant exerce sur celui-ci une forme de vampirisme, empêchant alors l'avènement de son altérité. Donner naissance à un enfant implique la conscience douloureuse de notre mortalité et de la possibilité de la sienne. Cette vérité peut être sous-entendue par la phrase attribuée à Jean le Baptiste parlant de Jésus nouvellement baptisé : « Il faut qu'il croisse et que je diminue[12]. »

À l'opposé, un adulte qui adopte une attitude de rejet plus ou moins consciente vis-à-vis de son enfant figera celui-ci dans une demande de fusion. Cette recherche se perpétuera au cours de sa vie adulte, dans ses relations amoureuses ou amicales, voire dans celles qu'il établira avec ses propres enfants tant que son besoin, mais aussi les défaillances parentales qui ont empêché sa satisfaction, n'auront pas été nommés. Ce n'est qu'à condition de bénéficier, de la part de l'accompagnant, d'une certaine qualité de présence à la fois réelle, constante et non invasive, permettant la prise en compte de son altérité, que l'enfant pourra, à terme, partager son intimité sans risquer ni l'intrusion ni la peur de l'abandon, et communier sans craindre d'être englouti par l'autre.

Même dans les familles aimantes, le piège du fusionnel peut également être tendu au sein de l'organisation de la vie familiale dans l'espace et le temps. Ainsi le « tout faire ensemble » peut-il constituer un obstacle au déroulement sain du processus d'autonomisation de l'enfant. Il est en effet essentiel que chaque parent tisse une relation personnalisée avec chaque enfant, et qu'une partie de l'espace dévolu au couple parental ne soit pas accessible aux enfants. De cette manière, ces derniers seront

---

12 Évangile selon saint Jean, chapitre III, verset 30.

en mesure de réaliser que les adultes mènent eux aussi une existence qui leur est propre, en dehors de celle qu'implique leur rôle de parents, et au cours de laquelle ils se consacrent à des activités épanouissantes en prenant soin de leur propre bien-être. Cela leur donnera l'envie de grandir, d'accéder au statut de « grandes personnes », afin de profiter un jour de ces instants à eux, qui s'avéreront d'autant plus tentants qu'ils semblent très précieux. Ils comprendront également qu'ils peuvent s'offrir eux-mêmes ces instants privilégiés, ici et maintenant, sans qu'il ne leur faille attendre de devenir adultes : ils prendront alors conscience que chaque membre du cercle familial est un individu à part entière, doté d'une personnalité, de centres d'intérêt, de besoins et de désirs différents.

À ce titre, ils réalisent que les parents ne leur vouent pas l'intégralité de leur existence et ne sont pas en permanence et instantanément disponibles pour eux comme lorsque leur condition de nourrisson exigeait de leur part le déploiement d'une attention de tous les instants. Progressivement, inciter l'enfant à délimiter son propre champ d'action, distinguer ce qui dépend de lui de ce qui n'est pas de son ressort, lui permettra de développer une réflexion qui lui appartient en propre ainsi que sa capacité à prendre des décisions en se confrontant aux conséquences de ses actes. L'acquisition de la notion de responsabilité l'aidera ainsi à se percevoir comme un être à part entière, différencié de ses parents.

Transmettre le sens de la responsabilité

Ainsi que nous l'avons vu précédemment, le cerveau du jeune enfant est beaucoup plus immature, malléable et fragile qu'on ne voulait bien le croire jusqu'alors, ce qui le rend très vulnérable et sensible à toute forme de stress. Comme le souligne la neuropédiatre Catherine Gueguen, chaque relation s'imprime profondément dans son cerveau et modifie les molécules cérébrales, les neurones, les circuits cérébraux, les structures cérébrales et même l'expression de certains gènes. Une étude menée par Jeewook Choi[13] conclut que les paroles blessantes, humiliantes, méprisantes empêchent l'enfant de comprendre ce qu'on lui dit. Celles-ci altèrent en effet le fonctionnement de circuits neuronaux et de zones participant à la compréhension du langage.

Lorsque le cadre fixé n'est pas respecté, il est donc recommandé que l'accompagnant conduise l'enfant à assumer, dans la mesure de ses capacités et de ses possibilités, les conséquences et les répercussions de ses comportements. Les paroles violentes et les comportements répressifs, lorsqu'ils sont adoptés par les adultes, paralysent la pensée de l'enfant, le blessent dans son estime de lui-même et le figent dans une attitude passive, craintive ou révoltée vis-à-vis de l'autorité. À l'inverse, les actes visant à encourager l'enfant à exercer sa responsabilité permettront à celui-ci de demeurer en lien étroit avec la réalité de l'impact des siens propres, et ainsi d'intégrer la relation de cause à effet.

Un tel apprentissage donne à l'enfant la possibilité d'envisager une éventuelle réparation du préjudice causé par son comportement. Il comprendra alors qu'il est certes impossible de remonter le cours du temps et de modifier ce qui est advenu, mais que les répercussions de ses actes sur la qualité de la relation peuvent être sublimées. Il sera ainsi en mesure de développer sa compassion, ses facultés d'empathie, et de se libérer du sentiment de culpabilité que peut générer la croyance dans le caractère irrémédiable de toute faute

13 « Preliminary evidence for white matter tract abnormalities in young adults exposed to parental verbal abuse », *Biol Psychiatry*, 65 (3), février 2009, p. 227-234.

commise. Cette démarche de retour vers la dimension du cœur lui permettra d'alimenter une profonde et réelle estime de soi. Par exemple, il pourra s'investir dans un acte symbolisant son désir de rectification, tel que la rédaction d'une petite lettre, l'exécution d'un dessin, l'offre d'une aide concrète pour effectuer une tâche ménagère, ou toute autre forme de réparation qui émane du cœur.

C'est en faisant lui-même l'expérience de la loi de causalité que l'enfant réalisera que chaque acte engendre, à plus ou moins long terme, une conséquence. D'une manière générale, plus la prise de conscience de l'incidence de nos actes est retardée et plus les répercussions des comportements et des actions défaillants risquent de s'étendre et s'amplifier, induisant des situations qui pourraient par la suite sembler inextricables. Car, ainsi que l'affirme saint Augustin : « Se tromper est humain, persister dans son erreur est diabolique[14]. »

Par exemple, au moment du coucher, face à un jeune enfant dont l'état d'agitation persisterait malgré la demande de calme que lui auraient adressée ses parents, et malgré l'invitation de ces derniers à leur faire un câlin pour s'apaiser, il serait possible de tenir les propos suivants : « Tu sais, quand tu te comportes comme cela, je ressens de la fatigue et de l'agacement, et mon envie de te lire une histoire diminue et risque de disparaître, alors que j'aime tellement partager ces moments avec toi. » Il importe que les parents demeurent lucides et vigilants quant à leurs réelles intentions vis-à-vis de l'enfant, car leur ressenti profond dans de telles situations transparaîtra dans l'intonation et la vibration

14 *Sermons* (164, 14) : « *Humanum fuit errare, diabolicum est per animositatem in errore manere.* »

de leur voix. C'est bien l'intention avant tout que percevra l'enfant. La frustration, le mécontentement, la colère et la fatigue ouvrent une faille dans laquelle s'infiltrent les pulsions destructrices. Pour honorer des valeurs relevant de l'écologie psychique et relationnelle, il apparaît fondamental de reconnaître la présence en chacun d'entre nous d'un tel mécanisme de décharge pulsionnelle et de se mettre en quête de ressources pour transmuter celui-ci. Comme l'exprime Hannah Arendt : « Les émotions que je ressens ne sont pas plus faites pour être montrées à l'état pur que les organes internes qui nous font vivre[15]. »

Par nature, les enfants sont des êtres à la fois intensément pulsionnels et éminemment vulnérables. En tant que tels, ils stimulent fortement les forces de vie comme les forces de destruction à l'œuvre dans notre psychisme adulte. La préservation de leur intégrité psychique implique de la part des adultes une attention constante quant au risque de se laisser envahir par des pulsions. Nous ne pouvons que remercier chaleureusement dame Nature qui induit chez les mamans de bébés des décharges massives d'ocytocine et la stimulation de notre système limbique face à la vulnérabilité touchante des plus petits de sorte à solliciter directement notre instinct de protection et des élans de tendresse !

Penser les demandes adressées à l'enfant

Les adultes souhaitent souvent, par souci d'économie d'énergie, que les enfants accèdent à leurs demandes rapidement et avec la plus grande constance possible. Toutefois, il importe que l'adulte soit en mesure de distinguer autorité et autoritarisme, et de déterminer

15 Arendt Hannah, *La Vie de l'esprit. La pensée, le pouvoir*, PUF, 2013, p. 53.

une marge de souplesse et de tolérance face aux inévitables manquements ou actes de désobéissance aux règles et principes qui régissent la vie familiale et collective.

Par exemple, exiger des formules de politesse machinales du type « merci » ou « pardon » n'a aucun sens éducatif. Il sera bien plus productif d'être vigilant à sa propre utilisation des règles de courtoisie que l'on souhaite transmettre et que l'enfant absorbera dès le plus jeune âge. En outre, plutôt que de lancer un « On dit merci ! », on pourra amener l'enfant à penser en lui demandant par exemple : « Qu'as-tu ressenti quand la dame t'a tenu la porte ? Lui adresser un "merci" rend compte du fait que tu as trouvé que c'était agréable, gentil, attentionné... »

Si l'enfant doit respecter les consignes, nul n'est pour autant tenu d'obéir instantanément au moment même où la demande lui est adressée, sauf en cas de danger imminent. Il est donc nécessaire pour tout parent désireux d'œuvrer à la préservation de la qualité de sa relation avec l'enfant de favoriser une appropriation consciente et responsable des règles de vie instaurées pour le bien de tous, de respecter son rythme, et de comprendre le besoin qui est le sien de se préparer à l'initiation de certaines actions. Chez un enfant, la notion du temps est en effet fort différente de celle que nous autres adultes avons intégrée pour nous conformer et nous adapter aux exigences de notre société : son rythme est celui joué par la mélodie de son intériorité, riche de l'assimilation progressive de tout ce qui se déroule en lui et autour de lui.

Il est fréquent que les adultes se trouvent piégés dans des rythmes déjà trop soutenus pour eux-mêmes, qui ne leur permettent pas d'observer les mouvements qui les animent, les pensées et les émotions qui les traversent[16]. Observer ce qui nous anime pour y mettre de la conscience passe par un ralentissement. C'est d'ailleurs ce qu'exprime le sociologue Richard Sennett, pour qui « nous sommes dans l'impossibilité de vivre des valeurs de long terme – fidélité, engagement, loyauté – dans une société qui ne s'intéresse qu'à l'immédiat et dans laquelle les exigences de flexibilité généralisée empêchent d'entretenir des relations sociales durables et d'éprouver un sentiment de continuité de soi[17] ».

Ce n'est qu'en respectant les rythmes propres à l'enfant que celui-ci pourra peu à peu accepter les inévitables moments d'urgence liés au fonctionnement de notre société telle qu'elle est, par exemple lorsqu'il s'agit de s'adapter aux horaires de l'école. Notons toutefois que le cercle familial constitue un espace où la notion d'urgence est parfois instrumentalisée à des fins de manipulation.

Ainsi certains parents sont-ils tentés d'invoquer l'urgence lorsqu'ils adressent une demande à un enfant, dans l'intention de s'assurer d'obtenir toute son attention ainsi que son obéissance effective sans avoir à planifier un éventuel rappel de la tâche

16 Mutation singulière de notre rapport au temps, décrite par le médecin et psychanalyste Christian Gallopin en ces termes : « Le système actuel chassant la grille de lecture temporelle ne se fonde plus que sur la performance de rentabilité économique. C'est la fin de la durée. La temporalité réduite à l'immédiateté ; d'ailleurs, il serait temps d'aller un peu plus vite encore, et de supprimer définitivement cette durée qui n'est qu'un paramètre inutile. Toujours plus et tout, tout de suite, doivent pouvoir se réduire dans l'instant. L'instant, nouvelle mesure du temps, nouvel étalon paradigmatique d'une société toute donnée à sa consommation, jusqu'à l'indigestion, jusqu'à la mort, mais la mort tout de suite également… » Billé Michel, Gallopin Christian, Polard José, *Manifeste pour l'âge et la vie*, Érès, 2012.

17 Anne-Sophie Novel, « Nicole Aubert : "Nos sociétés ont créé des individus à flux tendus" », *Le Monde*, 6 janvier 2017.

à accomplir, alors même qu'aucun danger physique ni psychique réel ne justifie un tel comportement. Mais, au-delà de toute éventualité de manipulation individuelle, il importe de prendre en considération la manipulation collective dans laquelle sont pris les parents. Notre rapport au temps varie considérablement selon notre culture d'origine ; or, s'il va de soi que l'organisation d'une société telle que la nôtre impose des horaires dont le respect est nécessaire, la quantité d'énergie et de stress mobilisée dans cette optique s'avère parfois, en tant que reflet du tourbillon collectif issu du phénomène d'accélération incessante auquel est en proie notre économie, disproportionnée et difficilement compréhensible pour l'enfant.

Par ailleurs, l'adulte veillera à ce que ses demandes et explications soient fonctionnelles, c'est-à-dire délestées autant que possible de toute charge affective ou de toute manœuvre de culpabilisation et de victimisation telles que : « Si tu veux que je sois content... », « Sinon je serai triste », « J'ai besoin que tu me rassures », « Tu es un mauvais garçon si tu ne le fais pas », « J'ai peur que tu refuses », « Elle m'a fait une varicelle », « Il m'a ramené une mauvaise note », etc. On exprimera les consignes avec clarté et simplicité. La communication s'en trouvera améliorée, la richesse et l'authenticité des échanges accrues, et sera augmentée la motivation à écouter l'adulte et prendre en compte sa demande.

Par exemple, dans notre culture, la nourriture fait l'objet d'un investissement affectif et émotionnel particulier. En conséquence, elle devient fréquemment le théâtre où se jouent de nombreuses problématiques familiales, sources d'inquiétude pour les parents. Tenter d'instrumentaliser le rapport de l'enfant à la nourriture en lui demandant insidieusement de « faire plaisir » et « rassurer » l'adulte avant de prendre en compte son propre besoin constitue une violence affective et un abus par une inversion symbolique des rôles extrêmement anxiogène pour lui. L'enfant peut se sentir coupable de disposer de son propre corps en refusant d'ingérer la quantité ou variété de nourriture correspondant à la demande parentale. Une telle manœuvre de manipulation lui sera particulièrement préjudiciable s'il se trouve à une étape cruciale de son développement où il apprend à distinguer ses propres besoins et sensations de ceux de son entourage proche.

À l'inverse, il est possible d'inviter l'enfant à explorer de nouvelles sensations, à découvrir des saveurs nouvelles, arômes et textures et à ressentir les bienfaits que lui procurent les aliments. Au moment de la préparation des repas ou bien lorsque le parent fait ses courses en compagnie de son enfant, il pourra lui expliquer, en les lui montrant le plus possible concrètement, les étapes qui permettent aux aliments de lui fournir l'énergie et les nutriments nécessaires à sa santé et à son développement.

Par exemple, lorsque l'on présente à l'enfant une assiette de carottes, il peut être à la fois instructif et épanouissant pour lui d'avoir pris connaissance préalablement de la manière dont ces racines savoureuses et colorées sont produites depuis leur ensemencement dans les champs jusqu'à leur arrivée dans notre assiette. De telles descriptions sont en mesure d'éveiller sa curiosité dans le plaisir partagé de la transmission et de l'aider à comprendre l'organisation du vivant en général, et en particulier celle qui caractérise les sociétés humaines. Il pourra également éprouver de la gratitude pour la terre, l'eau, le monde végétal ; aussi pour le travail des êtres humains et celui des insectes qui aèrent, recyclent certaines matières organiques et enrichissent les sols... Cela aiguisera sa conscience de la diversité des êtres vivants et de leur interdépendance, et plus spécifiquement celle qui existe entre les êtres humains, lui permettant ainsi d'entrevoir l'unité du vivant, auquel il prend part, et la nécessité de respecter l'environnement. De tels échanges le prépareront à devenir un consommateur éclairé, conscient de son impact sur le monde qui l'entoure et de l'importance de chacun de ses choix.

Soigner sa qualité d'être avec l'enfant

L'accompagnant sera sans cesse confronté à la complexité de la tâche consistant à prendre en compte à la fois les besoins et affects de l'enfant, les siens propres et le rôle d'éducateur qu'il se doit d'assumer. Les perceptions d'un enfant sont à la fois subtiles et globales, relevant d'un champ très vaste. L'étendue et la richesse du champ des perceptions de l'enfant sont souvent surprenantes, mais elles ne sauraient être confondues avec sa maturité.

Il ressentira à la fois ses propres émotions et celles de l'autre, ainsi que le moindre décalage entre ce qui est énoncé et ce que vit réellement ce dernier au plus profond de lui-même. Il lui faudra accepter que, bien que ses perceptions soient fondées et qu'il puisse faire montre d'étonnantes capacités de captation de son environnement, il demeure un être vulnérable devant composer avec les limitations inhérentes à son jeune âge. À ce titre, il n'est pas en mesure de trouver des réponses à tout ce qui le préoccupe, ni de résoudre tous les problèmes qui affectent son entourage.

Accompagner un enfant constitue un défi éprouvant, en tant que cette tâche est susceptible de nous confronter plus ou moins régulièrement à nos propres blessures et frustrations, et d'occasionner l'affleurement de mémoires parfois douloureuses. Les résidus d'empreintes émotionnelles, qui demeurent sous le seuil de la conscience, imprègnent la relation de telle sorte que l'enfant peut se sentir investi de la mission de pourvoir aux besoins de l'adulte au détriment des siens propres. Nombre de parents, par ailleurs animés des meilleures intentions, souhaiteraient que leur enfant sache exprimer clairement ses besoins et s'autorestreindre dans ses pulsions. C'est pourquoi il incombe à l'adulte de prendre la responsabilité de son propre bien-être et de sa santé psychique par ses propres moyens.

Le recours à la beauté, à l'art et à l'humour sauve souvent. Le parent pourra utiliser l'autodérision mais ne pas se moquer de l'enfant, qui vit cela, à juste titre, comme une humiliation, car il s'agit bel et bien d'une prise de pouvoir insidieuse. C'est parfois difficile pour lui d'être enfant, il a besoin d'être considéré comme un être égal en substance pour se sentir aimé, aimant et aimable, là réside tout l'art de l'éducation.

Par ailleurs, une certaine vigilance est de mise car le risque est grand, sous couvert de soutenir l'enfant, de l'idéaliser et le surinvestir. Par exemple, une mère considérait sa fille comme une grande artiste, au point qu'elle ne manquait jamais de la décrire à toutes ses connaissances comme la réincarnation de Michel-Ange. Ses créations, réalisations, étaient exhibées comme des trophées. Certes, ces propos étaient prononcés sur le ton de la semi-plaisanterie, mais il n'en demeurait pas moins que derrière ces paroles se tapissait le besoin impérieux que les capacités dont elle dotait son enfant soient reconnues et validées par le regard de l'autre.

Le fait est qu'elle projetait sur sa fille ses propres idéaux narcissiques sous la forme d'un fantasme d'excellence absolue, celui d'une perfection que l'enfant savait au plus profond d'elle-même impossible à atteindre. Cette dernière était effectivement douée et très créative, et ses qualités artistiques ne pouvaient en elles-mêmes qu'attirer l'attention des adultes comme de ses camarades. Mais, à partir des compétences réelles de son enfant et des productions qui en découlaient, la mère avait construit tout un imaginaire excluant le droit à la réalité relative d'exister. Un mirage qui ne pouvait qu'engloutir ou noyer l'expression de la pulsion de vie. L'enfant ressentait avec anxiété la difficulté de sa mère à « être » avec elle et à accepter toutes les naturelles et inévitables limitations qui étaient les siennes. Il en résulta que, se sentant impuissante et inapte à satisfaire une telle attente, la fillette cessa net de réaliser la moindre création artistique. Or, durant sa propre enfance, cette mère avait été extrêmement dévalorisée et avait souffert du manque de considération de son entourage. Au fil des années, sa petite fille s'est enfoncée dans une profonde dépression. Au sortir de cette longue et douloureuse traversée, une fois devenue adulte, la transmutation de l'état dépressif en l'ouverture de nouveaux espaces de conscience lui a permis de renouer par d'autres biais avec sa créativité, au plus près de son désir.

Or, que l'entourage dévalorise l'enfant ou l'idéalise, la problématique demeure identique : les imperfections de l'enfant ne sont pas acceptées, l'enfant réel – « vivant », pourrait-on dire – n'est pas accueilli. Face au mirage d'un hypothétique enfant imaginaire, il ne peut que décevoir. Ainsi, lorsque l'on se représente son enfant uniquement à travers le filtre de sa propre histoire, le danger est grand d'entraver la vigueur de son élan créatif.

Pour nombre d'adultes, être parent ne va pas de soi, il s'agit d'un exercice complexe et délicat. Nous recevons en consultation des parents nous faisant part de leurs difficultés à éduquer, leur désarroi et leur lassitude, leur épuisement parfois. Comme il est déroutant de ne pas disposer d'un mode d'emploi ! Ce « mode d'emploi » fixe, stable et définitif, si confortable, qui nous arrangerait tant, relève du fantasme. Au lieu de cela, celui-ci se dérobe souvent, à la manière d'un livre qui se donne à réécrire en permanence. Chaque instant partagé avec l'enfant est une opportunité d'en découvrir un nouveau chapitre, toujours plus riche, plus complet, plus surprenant.

Reproduire les schémas éducatifs auxquels nous avons été exposés ou nous inscrire à l'opposé de ces derniers procèdent fondamentalement du même principe de conditionnement de notre manière d'être au monde : celui de la réaction, par opposition à la pensée et la spontanéité[18]. De tels *patterns* de répétition, dépourvus de conscience, génèrent dans les deux cas des effets similaires et ternissent la qualité de présence au sein de la relation avec l'enfant. Or, c'est pourtant bien dans cette qualité de présence que réside l'essentiel de ce que l'humain peut transmettre, à l'image de l'eau, indispensable à toute forme de vie, dont les bienfaits sont proportionnés à la pureté, mais dont quelques gouttes éparses ne suffisent pas à désaltérer. Car, de même que l'eau se transforme et se renouvelle d'instant en instant, contient en elle la mémoire de l'ensemble du vivant, chaque être humain porte en lui la mémoire des ancêtres qui l'ont précédé ; mémoire qu'il importe de purifier en séparant les résidus toxiques des gemmes brutes qui, une fois polies avec persévérance, nous permettront de créer les plus beaux joyaux. Seule notre qualité de présence à nous-mêmes et à l'autre, au monde, permettra une transmission saine de la capacité à être.

18 *Cf.* « De la réactivité à la spontanéité », chapitre 9, p. 316.

Favoriser l'autonomie de l'enfant

- Respecter son rythme pour qu'il trouve ses propres ressources.
- L'autonomie n'est pas une finalité, c'est un chemin vers la confiance en soi.
- Montrer comment les répercussions de ses actes sur la qualité de la relation peuvent être sublimées.
- L'accès à l'autonomie affective est la plus délicate, elle nécessite de l'attention et du temps.
- L'acquisition de l'autonomie est un processus qui dure toute la vie.

Allier liberté et discipline

- L'enfant est animé d'un profond désir de collaboration quand sa volonté ne se trouve pas parasitée, entre autres, par des jeux de loyauté familiale.
- La discipline résulte d'une sublimation de la volonté individuelle.
- L'objectif de tout éducateur consiste à libérer les enfants des obstacles qui les empêchent de suivre leur « maître intérieur ».
- Favoriser l'accès à la concentration permet à l'enfant de se relier à son intériorité.
- Apprendre à opter pour l'adaptation au réel sans occulter les dysfonctionnements.

Émettre des demandes éthiques

- Le désir premier de l'adulte doit demeurer celui de soutenir le développement de toutes les potentialités de l'enfant.
- Exprimer les consignes avec clarté sans charge affective ni manœuvre de culpabilisation.
- Demeurer confiant dans la capacité de l'enfant à adhérer à une demande légitime.

Soutenir l'apprentissage de la solitude

- Le cheminement qui mène de la fusion vers l'altérité est jalonné de deuils successifs.
- Le lâcher-prise nécessaire à l'endormissement requiert un profond sentiment de sécurité et le renoncement à des occupations joyeuses.
- L'équilibre délicat entre présence et absence nécessite une observation attentive de l'état émotionnel de l'enfant et de notre réelle disponibilité psychique.
- L'expérience de moments de solitude favorise la découverte de soi.

Être vigilant quant à son positionnement

- L'adulte doit considérer à la fois les besoins et affects de l'enfant, les siens propres et son rôle d'éducateur.
- Attention à l'éventuelle fonction réparatrice ou consolatrice attribuée à l'enfant.
- Le positionnement « sacrificiel » ouvre la porte à des rapports de pouvoir.
- Chaque parent tisse une relation personnalisée avec chaque enfant.
- Une partie de l'espace dévolu au couple parental n'est pas accessible aux enfants.
- Idéaliser l'enfant ou le surinvestir empêche de l'accueillir tel qu'il est.
- Reproduire les schémas éducatifs auxquels nous avons été exposés exclut une relation spontanée.
- L'essentiel de ce que l'humain peut transmettre réside dans la qualité de sa présence.

CHAPITRE 4

COOPÉRATION ET COHÉRENCE ENTRE ADULTES

« Le plus beau métier d'homme
est le métier d'unir les hommes. »

Antoine de Saint-Exupéry

La collaboration et la cohérence entre les adultes qui environnent l'enfant favorisent le développement de celui-ci. L'alliance entre les personnes responsables de son éducation offre à l'enfant un terreau de sécurité qui nourrit le profond désir de collaboration qui l'habite.

Distinguer les valeurs des croyances et des principes

Au demeurant, la pleine cohérence entre parents, grands-parents, enseignants... s'avère rare ou discontinue. Notre propos ne vise en aucun cas à culpabiliser quiconque. Il s'agit simplement de prendre la mesure de l'impact des discordances sur l'état psychique de l'enfant, en particulier quand elles sont déniées. En effet, lorsque les adultes cachent ou refoulent leurs désaccords, l'enfant risque de se retrouver pris en otage entre deux visions différentes, voire contradictoires.

Les tensions générées par les différences entre les idées éducatives seront ressenties par l'enfant et génératrices de stress. Plus celui-ci sera jeune, plus il s'en sentira responsable. Il est alors important d'en parler avec lui, de façon adaptée à son âge, en validant ses ressentis et en lui expliquant que la vision du monde de chaque humain découle de son propre vécu, de l'éducation reçue et des croyances assimilées. Si la personne est consciente que son point de vue émane d'une construction subjective et qu'il existe autant de conceptions de la réalité que d'individus, les différences de vision et d'attitude envers l'enfant poseront moins de problème. Par contre, lorsque l'enfant se retrouve face à un adulte convaincu que sa vision est la bonne, voire la seule, cela devient préjudiciable.

De plus, l'enfant s'engouffre dans tout manque d'alliance : c'est sa manière, plus ou moins consciente, de questionner la situation compte tenu du sentiment d'insécurité qui en découle. En grandissant, il pourra être tenté d'utiliser la manipulation pour obtenir de l'un ce que l'autre refuse. Si cette stratégie devient un automatisme, il sera peu enclin à obéir à la loi, notamment à l'adolescence, ayant pris l'habitude de contourner celle, si peu fiable, de la famille. En effet, ce que l'enfant vit dans sa famille devient une référence inconsciente prépondérante car elle est associée à une illusion de sécurité liée à l'habitude et au familier. Or, l'initiative d'obéir ou non à une loi implique une capacité de réflexion qui puisse s'appuyer sur des valeurs afin d'enrayer les fonctionnements répétitifs ou réactifs.

Le questionnement permettant de différencier les préceptes qui relèvent de valeurs[1] de ceux qui découlent de principes[2] ou de croyances[3] est indispensable lorsqu'il s'agit d'éducation. Plus précisément, les valeurs de son entourage constituent pour l'enfant des points d'appui solides pour sa construction, par contre les croyances brouillent ses capacités de perception et les principes peuvent être sources d'enfermement. Croyances et principes sont des conditionnements intellectuels qui éloignent d'une perception spontanée du réel et du caractère unique de chaque situation.

Dépasser l'agacement

Face au comportement parfois déroutant de l'enfant, il s'avère essentiel que les adultes optent entre eux pour la solidarité. Celle-ci demande à être distinguée d'une coalition fondée sur des croyances et des principes. La solidarité s'appuie sur la recherche commune d'un mode éducatif créatif, solide

---

1 Valeurs : le sens propre du verbe latin *valere* est « être fort ». Le mot « valeur » signifie au départ « force et courage dans le combat ». Par extension, il est utilisé pour désigner ce qui nous guide et auquel nous attachons une grande importance. Connaître ses propres valeurs et œuvrer à leur réalisation est essentiel à l'équilibre de chacun.

2 Croyance : processus mental résultant de l'adhésion à une thèse ou hypothèse considérée comme une vérité indépendamment de l'expérience vécue. Ainsi, les croyances sont souvent des certitudes sans preuve. En ce sens, elles s'opposent à la notion d'esprit critique. Elles diffèrent fondamentalement de la foi, qui résulte d'un ressenti et d'une intuition.

3 Principes : ensemble de règles prédéfinies intellectuellement ou socialement, indépendantes des circonstances.

et souple. L'enfant sent alors la réflexion bienveillante de ses parents à l'arrière-plan et prend appui sur celle-ci pour développer sa propre pensée.

À titre d'exemple, considérons la différence entre la coalition manipulatrice à l'œuvre dans l'injonction : « Tu dois faire tes devoirs en rentrant de l'école, ton père est d'accord et si tu ne les fais pas tout de suite je le lui dirai », et un constat bienfaisant pour lui : « Nous avons remarqué avec ton père que si tu commences à faire tes devoirs très tard, tu es fatigué et tu perds beaucoup de temps à ne pas vouloir t'y mettre. » Dans le deuxième cas, le positionnement de l'adulte est déterminé et découle d'une décision éducative commune et adaptée à l'enfant. D'ailleurs, concernant sa sœur, au contraire, après un temps de repos, celle-ci accomplissait son travail scolaire plus efficacement.

Autre exemple, Luc, un garçon de 10 ans, souhaite absolument aller fêter l'anniversaire de sa camarade de classe Marjorie. Elle se sait très jolie et joue un peu avec les sentiments des garçons de sa classe. Luc désire très intensément être présent à cette fête. En effet, s'il est absent, d'une part il craint de perdre sa place de « préféré » de Marjorie, et d'autre part s'amuser avec ses copains en dehors de l'école lui tient à cœur. Or le jour de la fête, ses grands-parents paternels, qu'il voit rarement car ils habitent dans une autre région, viennent en visite. Luc demande à son père s'il pourrait néanmoins aller à l'anniversaire de Marjorie et laisser ses grands-parents pour quelques heures. Celui-ci refuse, agacé par la requête de son fils, qu'il trouve « irrespectueuse et égoïste ».

Luc, obstiné, tente sa chance auprès de sa mère lorsqu'ils sont seuls tous les deux. Intriguée par la demande pressante de son fils, la mère en parle au père. Tout d'abord, ils se disent que leur fils exagère en essayant d'obtenir un accord par tous les moyens puis ils réalisent que le procédé est également signe d'intelligence. Plutôt que de le réprimander, ils décident de lui dire : « Tu es vraiment malin et c'est une qualité qui te sera très utile, cependant nous aurions préféré que tu précises à ta mère que tu l'avais déjà demandé à ton père, qui avait refusé, car la différence entre la stratégie et la manipulation est très légère. » Ce sera l'occasion de lui expliquer cette nuance essentielle et de lui demander pourquoi il tient tellement à aller à cette fête alors qu'auparavant il se réjouissait tant de la visite de ses grands-parents.

Les parents donnèrent ainsi l'opportunité à Luc d'exprimer sa peur de perdre l'affection de Marjorie et de réaliser, avec leur aide, que cette inquiétude l'empêchait de voir l'ensemble de la situation. L'ouverture de cet espace de parole s'avéra fort précieux, les parents purent lui expliquer que la peur de la perte restreint la vision et ils comprirent l'importance de cet événement pour leur enfant, ce qui leur permit de prendre une décision plus éclairée.

Ce qui compte pour le psychisme de cet enfant, ce n'est pas de se rendre à l'anniversaire ou non, mais bien davantage de saisir les raisons véritables qui l'animent au-delà de celles liées à la peur et au plaisir immédiat. Dans un tel cas, valoriser la détermination et le sens de la stratégie se révèle plus bénéfique que d'user uniquement de la critique culpabilisante d'un comportement émaillée de propos tels que : « Mais alors est-ce que tu les aimes vraiment tes grands-parents ? », « Quand un parent te dit non, c'est non ! », « Tu es irrespectueux, égoïste, sournois... ». Ce sont des paroles qui peuvent s'avérer extrêmement blessantes au regard de la vulnérabilité d'un jeune être en construction.

Il ne s'agissait en effet ni d'un manque de respect ni d'égoïsme. L'enfant était à la fois empêtré dans des jeux inconscients mis en œuvre pour conserver une place valorisante, tout en étant animé d'une réelle envie de jouer avec ses pairs. Lorsque, au-delà d'un jugement hâtif ou de l'agacement que provoque une situation ou une demande pressante, un espace de dialogue et de compréhension est offert, l'enfant peut commencer à percevoir sa motivation profonde. Parfois une demande surprenante, jugée *a priori* comme étant un « caprice », s'avère une opportunité pour élever l'enfant vers une meilleure compréhension de lui-même et de ses interactions avec les autres. Il en ressentira de la gratitude, et sa confiance envers les adultes et en lui-même s'en trouvera amplifiée. Dans chaque choix, chaque décision, le conscient et l'inconscient sont à l'œuvre. En tenir compte permet de passer de la condamnation à l'observation et au discernement afin d'émettre un avis plus juste sur une situation.

Il est essentiel que la bienveillance entre les adultes prime sur les reproches lorsque l'un d'eux est mis en défaut. La recherche de la perfection conduit à une forte sensation d'isolement et d'impuissance. Il est très largement préférable d'accepter ses propres limites comme un fait lié à la condition humaine. Néanmoins, comme nous l'avons précisé auparavant, ni les limites ni les débordements liés à une lutte de pouvoir ne sauraient être considérés comme une fatalité que l'entourage doit endurer. Prendre de la hauteur, pratiquer l'humour, mais pas l'ironie, communiquer sur ses ressentis et sur sa perception du fonctionnement de l'enfant, sont autant de manifestations d'un vrai partenariat qui permet de faire diminuer la pression sur soi et sur son coéquipier. Faire équipe, c'est oser demander à un autre adulte de prendre le relais si le niveau émotionnel devient trop fort, et cela peut considérablement alléger les difficultés et renforcer la complicité.

Faire équipe, c'est aussi s'appuyer sur les forces de l'autre et faire jouer la complémentarité quand, par exemple, l'un des parents se montre plus compétent à poser les limites. Par contre, se défausser de sa responsabilité en envoyant systématiquement l'enfant émettre une demande à l'autre parent pour ne pas être celui qui frustre relève de la manipulation.

Lorsqu'un adulte se trouve seul et dérouté face au comportement d'un enfant, il est nécessaire alors qu'il trouve des appuis internes qui seront propres à chacun. Ce peut être par exemple le recours à la conscience de son propre souffle, qui ramène rapidement au corps et calme le mental. L'utilisation du regard, de façon ciblée sur les éléments de l'environnement, permet de rester présent à la situation et d'induire un nouvel angle de vision. Il est possible aussi de se relier à un moment passé de ressenti intense d'amour pour son enfant… Des techniques acquises préalablement telles que l'utilisation du training autogène de Schultz[4], un mot de passe programmé sous hypnose, la cohérence cardiaque, la méditation… peuvent être d'un grand secours. Il est rassurant de garder à l'esprit que la crise émotionnelle s'apparente à une vague à traverser dont le pic d'intensité ne dure pas. Se laisser prendre dans la mentalisation de la difficulté en surinterprétant et dramatisant l'événement conduit dans une voie stérile et attristante.

Dans le cas d'un enfant qui, le soir venu, se met dans tous ses états pour une broutille, soit par fatigue, soit pour évacuer le stress de la journée, la mentalisation consisterait à se dire : « Oh non pas une crise maintenant », « Je n'ai pas envie de supporter

4 Méthode d'auto-induction hypnotique basée sur la décontraction neuromusculaire, qui permet d'induire à tout moment un tonus de repos apportant une détente physique et psychique.

cela », « Il ne s'arrêtera donc jamais », « Ce n'est pas normal qu'il agisse comme cela », « Il doit avoir un problème », « Qu'est-ce que j'ai raté ? », « Il est tellement capricieux »... Or, c'est dans la manifestation du refus de la réalité que réside la véritable cause de souffrance. Bien souvent, l'enfant a simplement besoin de vider un trop-plein émotionnel et il ne sait pas encore le faire autrement à ce stade de son développement.

Il arrive que l'enfant ne puisse décharger ce qui lui pèse qu'avec le parent qui lui inspire le plus de sécurité, ou alors avec celui dont il sentira une fragilité insécurisante, ou encore celui avec lequel il pourra rejouer un scénario transgénérationnel. Le parent peut en éprouver un sentiment de grande injustice : « C'est avec moi qu'il est le plus pénible, avec son autre parent il est beaucoup plus conciliant. » Le parent en difficulté a besoin de trouver du soutien soit auprès de son conjoint quand c'est possible, soit à l'extérieur afin de chercher à comprendre ce qui se déroule en coulisse, car les causes réelles des situations déstabilisantes se trament souvent en arrière-plan.

Communiquer efficacement et avec respect

« Il y a plus d'intelligence dans deux cœurs
qui essayent de se comprendre
que dans deux intelligences
qui essayent d'avoir raison[5]. »

Thomas d'Ansembourg

Pour travailler sur la qualité de sa communication, il est nécessaire de commencer par accepter l'existence inévitable d'un écart entre ce qui est vécu et ce que chacun est en mesure d'en dire, d'entendre et d'en percevoir. Dès lors, repérer le plus souvent possible les interprétations que nous posons sur des faits (dires, actions, comportements de l'autre) permet de rester au plus près du réel et fournit des indications précieuses sur nos fonctionnements et nos besoins. Il s'agit d'un exercice subtil : « Observer sans évaluer est la plus haute forme de l'intelligence humaine[6]. » La nécessité d'être à la fois à l'écoute de nos besoins et de ceux de l'autre est la pierre angulaire du processus de la communication non violente telle qu'élaborée par Marshall Rosenberg[7]. En effet, celui-ci a mis en lumière que les besoins les plus profonds sont universels et que leur écoute permet de mieux se comprendre et de se relier les uns aux autres.

Nous souhaitons cependant mettre en garde contre une éventuelle mauvaise interprétation de nos propos, car une formule comme

5 Ansembourg Thomas d', *Notre façon d'être adulte fait-elle sens et envie pour les jeunes ?*, Les Éditions de l'Homme, 2020.

6 Citation attribuée à Jiddu Krishnamurti.

7 Rosenberg Marshall, psychologue américain (1934-2015), auteur notamment de l'ouvrage *Les mots sont des fenêtres (ou bien ce sont des murs). Initiation à la communication non violente*, La Découverte, 1999.

« Moi j'ai des besoins et des limites et ils doivent absolument être nourris et respectés » ferme la porte à la communication et à une relation fondée sur le partage. Chacun se doit d'admettre que ses seuls besoins ne sont pas le centre, que c'est la relation qui importe, la relation à soi, celle avec l'autre, et au vivant dans sa globalité. Ces aspects se rencontrent dans l'écoute du moment présent.

Communiquer véritablement est l'art de l'authenticité, qui commence d'abord de soi à soi. Il s'agit de suivre l'élan du cœur, qui exclut le fait de vouloir avoir raison ou de désigner un fautif, un vainqueur et un vaincu. Car le rapport de force conduit inéluctablement à une rupture et un échec, au niveau du cœur, pour les deux interlocuteurs. La communication véritable n'est possible que si elle est portée par une intention profonde de recherche de lien et de partage avec l'autre, même dans le désaccord.

Or cette intention de fond qui consiste à privilégier la qualité de relation plutôt que le résultat à court terme risque d'être perdue de vue lorsque des besoins superficiels sont considérés comme essentiels et comme prioritaires à satisfaire. En effet, les besoins, comme les peurs, s'emboîtent telles des poupées gigognes et c'est le plus caché qui est porteur de vérité. Par exemple, s'accrocher à un besoin d'ordre et de rangement peut découler d'un besoin de repères, derrière lequel peut se nicher un grand besoin de sécurité que le rangement ne pourra nourrir que partiellement et temporairement. Par ailleurs, le besoin du besoin lui-même est avant tout d'être reconnu car il ne sera pas toujours assouvi, du moins pas systématiquement au moment où il se présente.

Prenons l'exemple d'Aurore, exténuée par les réveils répétés de son enfant. Alors qu'elle ressent un grand besoin de soutien et de temps de ressourcement, une amie arrive chez elle.

Souhaitant saisir l'opportunité de nourrir ses propres besoins grâce à la présence de celle-ci, Aurore demande instamment à son mari de partir avec l'enfant faire les courses pour qu'elle puisse souffler. Le mari, qui n'est pas très motivé par cette tâche, accepte malgré tout pour soulager sa femme. Avant de partir, il lui demande la liste des achats. Cette demande va déclencher un conflit car l'objectif immédiat d'Aurore est qu'il parte au plus tôt. Elle estime de surcroît qu'elle fait habituellement les courses sans liste préalable et qu'il n'a qu'à en faire autant. Submergée par un sentiment d'urgence à répondre à son besoin de repos, elle devient intolérante et agressive envers son mari. Elle oublie à ce moment-là que son véritable besoin est d'obtenir un temps de repos pour atteindre l'objectif correspondant à son besoin le plus essentiel : celui d'avoir l'énergie nécessaire pour être la mère et l'épouse aimante qu'elle souhaite être en trouvant un meilleur équilibre dans le partage des tâches.

La communication à visée stratégique, pour atteindre à tout prix un objectif, peut aisément déraper en tentative de manipulation ou de prise de pouvoir. Il s'agit alors de chercher à forcer l'autre à croire en une réalité biaisée ou de l'utiliser pour obtenir satisfaction sans le prendre en compte en tant que sujet, ni considérer ses besoins spécifiques. Un bon indicateur pour s'y retrouver revient à se poser la question suivante : « Suis-je prêt·e à entendre un “non” et à en tenir compte ? », ou bien : « Suis-je prêt·e à accepter que ma vision est nécessairement restreinte et différente de celle de l'autre ? » En cas de désaccord, il est souvent plus intéressant et constructif de montrer de la curiosité pour la pensée de l'autre qui diffère de la sienne plutôt que de chercher à convaincre obstinément.

Le rapport au temps est souvent le déclencheur de tensions dans la communication. Par exemple, un jeune homme en difficulté face à sa nouvelle paternité et au changement relationnel qui en découlait avec sa compagne avait décidé de pratiquer du sport tous les jours. Pour justifier son état de tension, il se plaignait de manquer de temps alors que le problème véritable était qu'il n'arrivait pas à endosser son nouveau rôle de père, qui le bousculait et le déstabilisait en profondeur. La plainte de manquer de temps le soulageait sur le moment. Il s'inscrivait dans une boucle d'agacement/plainte/soulagement, sans fin. Or l'impression de manquer de temps était liée à sa peur et à une forme de refus du bouleversement que représentait l'arrivée d'un enfant. Il avait mis au point une stratégie d'évitement inconsciente qui faisait disparaître toute possibilité de communication véritable, car effectivement l'arrivée d'un enfant demande une réorganisation du temps.

Il arrive aussi de se sentir happé par les autres et les tâches à accomplir et d'avoir peur d'y sacrifier tout son temps. Cette crainte génère souvent une contraction, un climat de tension ainsi qu'une sensation d'urgence en toute chose que l'autre va ressentir. Or, si les situations de véritable urgence existent, elles sont rares dans la vie courante – hormis pour les soins à apporter à un nourrisson ou lorsqu'un danger se présente. Faire comme si une tâche était urgente seulement parce qu'il y a une tension à évacuer au plus vite est une forme de manipulation envers soi-même et envers l'autre.

Quand la fatigue et l'énervement sont déjà là et prennent le pas, le temps et l'attention pour la communication sont difficiles à trouver. Pourtant un arrêt sur image s'impose de façon inévitable afin de retrouver le phare allumé par notre intention profonde. Prendre le temps de revenir à son intériorité permettra de percevoir et d'identifier les besoins de fond qui tentent de se faire entendre. Mais l'accès à ces besoins profonds est parfois tellement difficile et douloureux que ce sont des besoins superficiels qui sont ciblés pour apaiser l'angoisse. Revenir à soi pour rechercher l'origine de ses sentiments et de ses ressentis demande du courage et de l'attention.

Dans la capacité à traverser sa tristesse, son désarroi, son impuissance en acceptant sa part de vulnérabilité réside le chemin vers soi, garant d'une communication de qualité. Fuir des moments de vague à l'âme en ayant recours à des prétextes pour les cacher, ou bien afficher une joie de façade par peur de sa vulnérabilité, ne fait que repousser un processus incontournable d'acceptation. De même que se précipiter pour soulager la tristesse d'une autre personne, dans les moments où la nôtre nous insupporte, ne fait que reporter la confrontation à soi-même.

Lorsque des moments de souffrance se présentent, il est possible dans un premier temps d'offrir de l'empathie à soi-même ou bien de prendre le temps de trouver un soutien de qualité – sachant qu'il est envisageable de différer son obtention. Là réside une ressource précieuse et équilibrante qui nécessite des exercices de pratique.

Lorsque le besoin de fond est identifié, il s'agit ensuite de prendre le temps de rechercher et de mettre en place les actions nécessaires pour le nourrir, parce que l'unique antidote à l'impuissance n'est pas la toute-puissance mais bien l'action. Autrement, la tyrannie des besoins de surface éloigne du cœur et peut induire de l'autosabotage.

Ainsi, une jeune maman ayant obtenu son permis de conduire tardivement se sent souvent inquiète au volant. Lorsque c'est le cas, elle a pour habitude d'appeler son mari pour lui faire part de ses difficultés. Cela a pour conséquence d'augmenter les peurs de celui-ci, notamment la peur qu'il arrive un accident. Plusieurs membres de la famille du couple se sont proposés pour aider la jeune femme si nécessaire. Néanmoins, chaque fois qu'elle est soucieuse en voiture, elle persiste à contacter son mari. Ce dernier, par ailleurs très bienveillant, n'est pas en capacité de lui apporter l'aide qu'elle attend. Tant qu'elle insiste pour obtenir son soutien malgré tout, des conflits éclatent entre eux, chacun se sentant incompris. La jeune femme met en place une forme d'autosabotage. Elle tente en effet de répondre à son besoin de soutien par un moyen voué à l'échec. Lorsqu'elle a accepté de trouver de l'aide auprès d'autres personnes, la relation conjugale s'est apaisée. Elle a réussi de la sorte à apprivoiser sa peur sur la route et elle a perçu l'étendue du soutien de son mari dans bon nombre d'autres situations.

Cet exemple montre la nécessité de distinguer la stratégie de l'objectif. La stratégie peut être modifiée en fonction de la situation qui se présente. Pour l'écriture de ce paragraphe, nous avions pour objectif de partager le plus clairement possible notre conception d'une communication saine. Nos échanges, que nous souhaitions au départ clairs et précis, ont pris par eux-mêmes des chemins de traverse. Nous avons accepté de les emprunter et ils nous ont finalement conduits à une réflexion plus profonde. Ainsi notre stratégie a été modifiée en cours de partage tout en nous permettant d'avancer vers notre objectif, certes de façon plus lente que ce que nous avions envisagé, mais de manière plus fructueuse et joyeuse !

Entendre et écouter ce qui se dit en essayant de percevoir ce qui se joue en arrière-plan s'avère plus constructif que de s'accrocher aux mots. Il est parfois très utile de se donner du temps en exprimant honnêtement ce qui se passe : « Je suis perturbé·e par la tournure de notre conversation, j'ai besoin de faire une pause, d'un temps de silence, je reviens vers toi dès que je me sens apte à communiquer car je souhaite que nous puissions mutuellement nous entendre et je ne suis pas pour le moment en état de le faire. » L'enfant imagine que l'adulte va deviner ses besoins, ce que celui-ci s'efforce effectivement de faire tant que l'enfant est incapable de s'exprimer. Cette attente infantile peut perdurer chez l'adulte et générer bien des déceptions. Pour éviter la frustration, il suffit parfois simplement d'être plus explicite et d'offrir du temps au partage et à la relation. Comprendre ce qui se passe intérieurement permet ensuite de s'exprimer avec plus d'aisance et de simplicité.

Écouter effectivement l'autre n'est possible que dans le respect de notre propre capacité d'empathie, variable en fonction de notre énergie du moment. Si ces limites sont négligées, la qualité d'écoute sera altérée et une forme d'agressivité pourra surgir. De plus, il arrive souvent de passer à côté du besoin d'écoute et d'empathie d'une autre personne en recherchant à tout prix une solution pour éviter l'inconfort de la latence. Cette attitude de solutionneur-sauveur décuple souvent la sensation de solitude de celui ou celle pour qui la prise en compte des émotions traversées demeure le besoin primordial. C'est la personne concernée qui détient véritablement la solution. Une écoute empathique ouvre des voies d'apaisement et permet l'émergence d'une direction à prendre. S'en tenir à sa propre part de responsabilité délivre du désir de tout régler et apporte de la légèreté : « Je suis un ouvrier de la grande œuvre, je ne suis pas responsable de l'ensemble du projet[8]. »

8 Thomas d'Ansembourg, stage à Assenois, décembre 2020.

Une concession décidée diffère d'un compromis, qui résulte d'une contorsion créatrice d'amertume. Cette amertume ressortira dans des formules mordantes telles que : « Avec tout ce que je fais pour toi… » Or, en réalité, j'agis d'abord pour rencontrer chaque fois davantage la personne que je souhaite être. En procédant à telle ou telle concession, je reste en lien avec mon propre pouvoir de choix. Pour autant, il ne s'agit pas d'occulter les renoncements qu'implique ce choix.

Tous les besoins ne peuvent pas être nourris par son partenaire. Il est vital de trouver des voies pour les « cajoler » nous-mêmes, afin que nos attentes n'apparaissent pas comme un gouffre. Cette sensation d'incapacité s'accompagne des ressentis tels que le dépit, la colère ou la rancœur. Ces ressentiments peuvent, à terme, mener à une séparation qui aurait pu être évitée si chacun avait pris en charge la responsabilité de son état interne.

Quand la coopération n'est pas possible

Quand la coopération n'est pas possible, les conflits fondamentaux entre les parents s'avèrent très anxiogènes et source d'une grande souffrance pour l'enfant, qui n'aura de cesse de les mettre en lumière. Ou bien il se montrera parfois très pénible, ou bien il renoncera en s'absentant d'une part de lui-même, ce qui pourra faire le lit d'un état dépressif[9].

9 « Lorsque deux parents se déchirent, ils ne font pas toujours des enfants tristes. En fait les enfants ne peuvent pas se payer ce luxe, ils sont trop occupés à soutenir leurs parents, à tenter d'être à la hauteur » (Dufourmantelle Anne, *Puissance de la douceur*, Payot, 2013, p. 28).

Lorsqu'un adulte se voit dans l'obligation d'incarner les fonctions maternelles et paternelles, la tâche est difficile, voire impossible. Pour ne pas se laisser happer par un sentiment de solitude absolue devant une mission qui pourrait lui sembler insurmontable, il a besoin de toutes les aides possibles et pourra recourir à tous les soutiens symboliques des personnes (même décédées) sur lesquelles il peut compter.

Heureusement, l'enfant rencontrera souvent des personnes externes (enseignants, médecins, analystes ou membres de la famille) qui rempliront leur rôle de soutien. L'intervention d'un thérapeute sera bienvenue pour conforter auprès de l'enfant le positionnement de l'adulte isolé et parfois le remettre en cause. Il est important que le parent autorise ces appuis et les valide. Car aucun parent ne peut être l'unique réfèrent d'un enfant. Celui-ci finirait par lui reprocher d'être trop dépendant de lui, ou bien il l'idéaliserait, ou bien encore les deux alternativement.

Une des grandes peurs de l'enfant est d'imaginer la mort de ses parents alors qu'il n'est pas encore autonome et qu'au-delà de les aimer il sait avoir besoin d'eux. Cette peur sera d'autant plus prégnante qu'il s'agira d'une relation fusionnelle avec un parent. Elle est essentiellement peur de la perte de l'amour et peur de ce qui menace sa survie. Plus les adultes permettront des relations extérieures fondées sur des affects positifs et nourrissants, mieux la peur de la mort de ses parents sera apprivoisée. L'autorisation est alors donnée à l'enfant de développer sa pensée personnelle sans les contraintes de fidélité qu'il peut s'infliger s'il imagine que sa survie en dépend. Nous aborderons plus en détail le thème de la mort dans le chapitre 7 sur les questionnements existentiels (*cf.* p. 253).

Sortir du piège de la fusion

Un enfant se retrouvant sous la dépendance émotionnelle d'un de ses parents risque d'être pris dans une relation fusionnelle qui, à terme, l'emprisonnera. Il sera alors dans l'impossibilité de sortir de la fusion, oscillant entre idéalisation et rejet du parent. Le parent et l'enfant ressentiront tous les deux une immense pression, transformant des peurs naturelles en angoisses : peur de la mort de part et d'autre, peur de décéder avant que sa progéniture ne vole de ses propres ailes, peur de ne pas être accompagné jusqu'à son autonomie pour l'enfant. Attention, la fusion et l'idéalisation préjudiciables sont à distinguer de l'admiration, qui est nourrissante pour chacun et propice à une tendresse partagée.

Prenons l'exemple d'un patient jeune adulte, fils unique, élevé exclusivement par sa mère, celle-ci ayant tout fait pour éloigner le père et ayant surinvesti la relation avec son fils. Elle-même avait vécu une enfance très douloureuse et comblait de cette façon un manque d'attention et de sécurité affective. Pour ne pas peiner sa mère, son fils ne voulait pas rencontrer son père et connaître sa version des faits. « Je dois tout à ma mère, je ne peux pas lui faire ça », disait-il. Il était coincé dans une position de petit garçon, obligé de protéger la source de sa survie. La fiancée du jeune homme, inquiète des manipulations de la mère, dénonça ouvertement la situation. Éclairé par sa compagne, il émit le souhait de rencontrer son père, tout en manifestant de la gratitude envers sa mère. Mais celle-ci, en rage, préféra la rupture plutôt que de sentir son fils lui échapper.

Le parent souffrant d'une mauvaise estime de lui-même plus ou moins consciemment peut superficiellement apprécier d'être idéalisé par son enfant, bien que ce ne soit bénéfique pour aucun des deux. Le jour où les jeux relationnels sont regardés honnêtement, les protagonistes se rendent bien compte qu'ils s'arrangeaient pour ne pas les voir. Au fond d'eux-mêmes, aucun n'est dupe de la situation, car la perception de « ce qui est vraiment » est présente en tout temps.

À titre d'illustration de cette notion subtile, prenons l'exemple d'Elouan, qui est le premier enfant de Jean, un père investi dans l'éducation de son fils. Un jour où Jean s'occupait seul d'Elouan, il le mit sur le pot pour y faire son « caca » puis il descendit à la cuisine déposer du linge à laver. Arrivé en bas de l'escalier, Jean entendit Elouan crier désespérément « Viens papa, viens ». Néanmoins le père se rendit d'abord à la cuisine pour déposer le linge devant la machine avant de remonter, agacé. Jean avait bien perçu que son cœur lui disait de remonter directement mais son « vouloir » finir ce qu'il avait entrepris fut prioritaire sur la détresse du petit.

Dans cette situation qui semble anecdotique, cet homme a bien perçu qu'il voulait faire ce qu'il avait décidé et que la fatigue et le manque de soutien le coupaient de son ressenti véritable. Il retrouva Elouan en larmes et fut pris en tenaille entre exaspération et culpabilité avant de pouvoir redevenir le père aimant qu'il souhaitait être. Évoquant cette situation en thérapie, Jean constata que son « vouloir » avait pris le dessus sur l'accueil du besoin de présence d'Elouan dans ce moment sensible de l'apprentissage.

La problématique de ce cas peut paraître dérisoire par rapport à ce qu'endurent des jeunes enfants ou adolescents dans des situations précaires. Néanmoins cet exemple illustre ce qui peut arriver lorsque le parent n'a pas le cœur ouvert, soit par rigidité, soit parce que sa propre histoire prend les commandes dans la relation. Quand Jean réalisa qu'il avait préféré dominer la situation au lieu de « surfer sur la vague du vivant », cela a profondément modifié sa relation à l'enfant car il souhaitait ardemment une relation de cœur. Cette anecdote ne signifie pas que l'enfant doit disposer continûment de toute l'attention ni de toute la place !

En effet, on veillera à ce que l'enfant ne puisse pas envahir tout l'espace. Par exemple, il peut prendre beaucoup de place lorsque le couple n'est pas suffisamment solide, s'engouffrant dans le vide laissé par les adultes. Lorsqu'il occupe cet espace laissé vacant, il peut être utilisé comme alibi, permettant au couple d'éviter la confrontation avec son manque de solidité. L'enfant sent ce qui ne va pas et transforme ses perceptions en actes au point de devenir parfois fort pénible. Lorsque l'adulte laisse faire, il s'agit souvent d'un de ces petits arrangements avec soi-même qui semblent plus confortables dans l'instant mais qui peuvent, à terme, être très coûteux, surtout quand cela devient habituel. Ainsi un parent peut avoir envie de proximité avec son enfant pour assouvir son propre besoin d'affection, de réconfort, de chaleur. Il utilise alors son enfant comme un « doudou », focalisé non sur les besoins de celui-ci mais sur les siens propres.

Par ailleurs, le fusionnel, le maternage tardif, l'idéalisation, sont des poisons qui empêchent l'enfant d'advenir en tant qu'humain psychiquement autonome. Ils confortent l'adulte dans une problématique ancienne réactualisée par un besoin de reconnaissance confondu avec l'amour. Le besoin réel d'amour ne sera jamais assouvi par ces voies de traverse palliatives.

Porter un regard sans complaisance sur ses propres fonctionnements et opter pour le courage d'être dans la plus grande honnêteté avec soi-même ancre l'être dans son incarnation et sa conscience spirituelle. Ce cheminement, certes délicat, reste néanmoins le fondement d'une éducation constructive dans une douceur véritable telle que la décrit Anne Dufourmantelle : « La douceur est d'abord une intelligence, de celle qui porte la vie, et la sauve et la croit. Parce qu'elle fait preuve d'un rapport au monde qui sublime l'étonnement, la violence possible, la captation, la peur, en pur acquiescement, elle peut modifier toute chose et tout être. Elle est une appréhension de la relation à l'autre dont la tendresse est la quintessence[10]. »

Il est important de ne pas confondre la façon d'aimer de l'enfant avec celle de l'adulte. Le grec ancien distingue dix qualités d'amour[11] qui illustrent le large panel que recouvre ce substantif. Au départ, l'amour du nourrisson pour sa mère est de type *porneia*, l'autre non différencié est pour lui une nourriture qui doit combler son besoin le plus primaire : sa faim. Puis les amours de types *pothos* et *pathè*[12] vont se manifester, recouvrant une dimension émotionnelle : « Tu es tout pour moi. » Ensuite vient l'amour *eros*; dégagé peu à peu de l'emprise des besoins primaires, il représente l'élan du désir : désir d'être désiré, désir de l'autre, de ce qui le dépasse... En même temps que l'enfant traverse ces phases qui sont indispensables à sa construction psychique, il est en lien avec la qualité

10 *Ibid.*

11 *Porneia, pothos, mania pathè, eros, philia, storgè, harmonia, eunoia, charis, agapè. Cf.* Bensaid Catherine, Leloup Jean-Yves, *Qui aime quand je t'aime ?*, Pocket, 2011.

12 *Pothos* correspond à l'amour-besoin, *pathè* désigne l'amour-passion, ce sont deux formes d'amour possessif.

d'amour *agapè*, celle de l'âme dans toute sa beauté. Ainsi l'enfant pourra exprimer au fur et à mesure des dimensions d'amour de plus en plus vastes sauf s'il est maintenu dans une des formes d'amour primaire. Pour ne pas tomber dans des rapports incestuels[13], l'amour parental sera de type *philia*: le parent aime son enfant en le reconnaissant comme un être différent de soi et qu'il est joyeux de rencontrer. Ce chemin permettra à l'enfant, devenu adulte, de rencontrer véritablement les êtres que sont ses parents au-delà des liens de dépendance. Cela ouvrira la porte aux rencontres entre altérités et dans le respect de lui-même et de l'autre. « Vivre c'est apprendre à aimer[14]. »

Préserver l'espace psychique de l'enfant en cas de séparation

Lors d'une séparation, il arrive qu'un parent, pris au piège de sa propre histoire, soit dans l'incapacité de prendre la distance nécessaire avec ses propres émotions vis-à-vis de son ancien partenaire et, plus ou moins consciemment, les fasse porter par l'enfant, qui en ressent alors une énorme pression.

En effet, le parent qui cherche à se rassurer face à l'angoisse générée par la rupture freine l'évolution de l'enfant. Même si la séparation est souhaitée, elle oblige au deuil des illusions et des fantasmes autour du couple et de la famille. Elle confronte

13 L'« incestuel » est un concept développé par le psychiatre Paul-Claude Racamier, qui le définit comme « une relation extrêmement étroite, indissoluble, entre deux personnes que pourrait unir un inceste et qui cependant ne l'accomplissent pas, mais qui s'en donnent l'équivalent sous une forme apparemment banale et bénigne » (Racamier Paul-Claude, *Le Génie des origines*, Payot, 1992).

14 Citation attribuée à l'abbé Pierre.

à la finitude des situations et des êtres, provoquant une douleur inévitable. Il est malheureusement fréquent qu'un enfant, percevant l'amertume liée à une séparation, se sente obligé de porter le poids du deuil non réalisé par le parent. C'est une forme d'abus qui le rend objet de la situation et l'empêche d'être en lien avec sa propre pensée.

Si les parents ne parviennent pas à gérer leurs souffrances, l'enfant se retrouvera inconsciemment coupé de lui-même et porteur des problématiques familiales. Dans ce type de situation, l'espace psychique de l'enfant ne sera pas suffisamment disponible pour les apprentissages, et beaucoup de symptômes pourront apparaître : difficultés de concentration, troubles des apprentissages, symptômes physiques... Ou, au contraire, il se réfugiera dans les apprentissages, qui interviendront comme des mécanismes de défense face à cette « schiz » interne induite par la division entre ses parents.

Cette séparation des parents doit être appréhendée avec le plus de délicatesse possible vis-à-vis de l'enfant, issu d'une union devenue indéfectible par son existence même. Cette contradiction entre la séparation concrète d'un couple et la matérialisation de leur union par la vie même de l'enfant doit être considérée dans toute sa complexité. Il sera nécessaire d'accompagner l'enfant pour qu'il assimile cette séparation à son rythme, sans s'en croire responsable ou coupable. En outre, il est important de lui offrir la possibilité de vivre sa tristesse sans crainte de froisser ses parents.

Un parent peut se sentir coupable de ne pas avoir choisi le bon partenaire pour concevoir ses enfants et surcompenser en conséquence. De plus, lorsque l'un des deux n'est pas en mesure d'accepter et de respecter que l'enfant devienne l'être qu'il est, l'autre aura la tâche énorme de protéger le psychisme de celui-ci. Dans cette situation, la conscience de la responsabilité est parfois écrasante et l'aide extérieure s'avère indispensable. Accepter qu'il s'agisse pour l'enfant de vivre le mystère d'une incarnation singulière avec des défis à relever libère d'une culpabilité excessive et stimule ainsi le sens de la responsabilité qui incombe à tout accompagnant.

Lorsque les parents sont séparés, ils doivent veiller à ce que la place de l'« amoureux » soit toujours occupée de façon réelle ou symbolique, car, naturellement, l'enfant pourrait être tenté de l'occuper. Que l'adulte dispose d'un espace où sa pulsion de vie puisse s'exprimer en dehors de l'enfant est indispensable pour chacun. Ce renoncement à tenir toute la place dans les affects de l'adulte favorisera son autonomie et son désir de vivre ses propres expériences. Il est tout aussi naturel que l'enfant essaie de prendre toute la place qu'indispensable que cette demande lui soit clairement et catégoriquement refusée.

L'enfant est issu de deux généalogies. Lorsqu'un conflit se manifeste entre les parents, percevoir les vagues de surface créées par le mécontentement n'est pas grave si au fond l'enfant sent qu'il existe une solide zone relationnelle entre ses parents. Pour qu'il conserve le sens de sa propre valeur, il est fondamental qu'au-delà du désaccord, voire des conflits, persiste la reconnaissance du cadeau de la vie que représente son existence. Ce n'est pas un cadeau au sens jouissif du plaisir immédiat, c'en est un en raison du dépassement de soi qu'il requiert et du processus d'évolution qui en découle. Chaque dépassement de soi perçu par l'enfant comme un don et non comme un sacrifice est structurant pour lui.

Dans le cas de familles recomposées, la complexité peut être décuplée. Notamment si l'enfant a vécu, un certain temps, seul avec son parent et qu'il a joué le rôle de consolateur, il aura beaucoup de difficultés à accepter l'arrivée d'un nouveau partenaire.

De multiples rivalités sont possibles par rapport à l'autre parent. Elles peuvent être réciproques. En outre, dans le cas de nouvelles unions, la reconfiguration familiale aggrave la concurrence fraternelle en multipliant les rivaux.

Après le décès de son père, Léna, 10 ans, a vécu seule avec sa mère de nombreuses années. C'est une enfant intelligente et sensible, parfois despotique avec sa mère. Celle-ci tente de compenser autant qu'elle peut les manques consécutifs à cette tragédie. Ses peurs sont considérables et elle accepte tous les « caprices » de sa fille, dont les exigences augmentent d'autant. Lors de sa rencontre avec Aurèle, lui-même père de deux enfants, cette mère s'inquiète beaucoup pour Léna tout en s'installant rapidement dans une vie commune. C'est un tremblement de terre dans la vie de Léna, qui se montre très réactive. L'accompagnement de Léna et de sa mère a permis à l'enfant de trouver peu à peu sa place et de profiter des avantages qu'offre cette nouvelle famille. En contrepartie la fillette a accepté certains renoncements, en particulier elle a abandonné l'idée de pouvoir, à elle seule, rendre sa mère totalement épanouie.

La culpabilité ou le souhait de perfection portent vers la compensation, surtout lorsque le passé n'est pas accepté. Or, si le passé ne peut pas être modifié, la relation actuelle à ce passé peut être différente. Sans vouloir occulter les anciennes traces, apporter de la joie par le jeu et s'émerveiller de toutes les petites beautés qui jalonnent le quotidien permettent à de nouvelles empreintes d'apparaître.

Dans le cas de Cyrius, 8 ans, l'enfant a tout de suite senti que sa mère se fourvoyait dans son choix. Il percevait l'excès de séduction chez le nouveau compagnon de sa mère. Il se retrouvait perdu entre le désir qu'elle soit heureuse, l'envie de jouir de tous les cadeaux offerts par le nouveau couple et sa perception d'un fonctionnement manipulatoire chez cet homme. Les perceptions de l'enfant se sont avérées justes avec le temps... Souvent l'enfant capte si la relation est bienfaisante pour son parent.

Lorsqu'une séparation a été décidée et un mode de garde défini, parfois arbitrairement, il est important que chacun des parents conserve bien sa place dans l'accompagnement de l'enfant même s'il n'est que périodiquement en contact avec lui. Dans certains cas, l'éloignement est justifié par le fonctionnement destructeur de l'un des parents (par exemple la perversion, qu'elle soit physique ou psychique). La justice n'a malheureusement pas toujours le temps, la formation, la clairvoyance et la rapidité d'action nécessaires dans ces situations terriblement complexes et délétères.

Dans le cas où le fonctionnement de l'un des parents se révèle toxique pour l'enfant et porte atteinte à sa capacité de penser, en l'instrumentalisant contre l'autre parent, le parent subissant cette situation se doit de ne pas se cantonner dans un rôle de victime. Garder un positionnement clair et constant équivaut à planter des graines dans le terreau qu'est le psychisme de l'enfant et ainsi leur donner la possibilité de germer. C'est un devoir de les planter et de ne pas abandonner cette terre en friche alors qu'elle ne demande qu'à donner de beaux fruits – même si c'est tardivement.

Considérons l'exemple de Célestin, dont la garde fut attribuée à la mère après la séparation de ses parents. Cette mère dénigrait constamment le père en le nommant « ce con » car il l'avait quittée pour une autre. Célestin, qui devait voir son père un week-end toutes les deux semaines, disait ne plus vouloir s'y rendre. Par désir de vengeance, la mère cautionnait cette réticence. Le père, s'estimant impuissant, lassé et avec une certaine lâcheté, cessa d'accueillir son fils. Adulte et en analyse, Célestin exprima toute la colère qu'il ressentait de ce qu'il considérait comme un abandon de la part de son père. Peu à peu cependant, il a réalisé toute la complexité de la situation. Certes son père était parti, certes il avait quitté sa mère et il n'avait pas persisté dans son désir de maintenir un lien avec son fils. Ce fut déchirant pour lui, néanmoins, sans les ressentiments actifs de la mère, l'histoire aurait pu s'écrire autrement.

La coopération entre les parents est bien évidemment la situation idéale. La réalité n'en est pas toujours le reflet. Pour autant, le manque de coopération des adultes entre eux ne doit pas devenir la normalité pour l'enfant. Aussi, et à défaut, en collaborant avec d'autres adultes et en partageant avec eux une communication suffisamment saine, le parent donnera l'exemple d'autres partenariats possibles.

L'exemple suivant illustre comment peut être préservé l'espace psychique de l'enfant : lors de la séparation d'avec sa compagne, l'artiste Hervé G. Wery a eu l'idée de créer et de confectionner un « livre » pour leur fille[15]. Cet ouvrage, qui comporte de nombreuses illustrations, retrace leur histoire commune depuis la rencontre de ses parents, avec les goûts partagés, les rires, la joie qui ont été la base de sa venue au monde ; mais aussi avec les divergences et la place de plus en plus prégnante que celles-ci ont prises.

---

15 Herve G. Wery, *We love you: No matter what*, Mutton Press, 2015.

Il s'agit d'un constat, ni d'un règlement de compte ni de savoir qui a tort ou raison. Les dessins sont emplis de poésie et de délicatesse, la fin laisse percevoir deux chemins séparés qui continuent avec un lien indissoluble : celui de la vie même de l'enfant.

Ce livre, l'enfant l'a regardé, feuilleté... Elle y est parfois restée plongée pendant des heures. Il lui a permis de s'approprier son histoire et, au-delà du chagrin, cette vision bienveillante du réel lui a donné l'occasion de comprendre que certaines différences peuvent créer des failles qui risquent de s'agrandir avec le temps. Elle a pu poser beaucoup de questions, dont certaines sont restées sans réponse, lui permettant de réaliser ainsi que les réponses ne se dévoilent pas systématiquement.

Donner l'opportunité de penser une situation permet de ne pas être seulement celui ou celle qui subit. Ne pas mettre en place la recherche de la culpabilité mais celle de la connaissance et de l'évolution est une voie éducative délicate et précieuse.

Être vigilant quant aux tensions relationnelles : elles sont ressenties par l'enfant

- Lorsque les adultes cachent ou refoulent leurs désaccords, l'enfant risque de se retrouver pris en otage entre deux visions.
- Le point de vue de chacun émane d'une construction subjective.
- L'enfant s'engouffre dans tout manque d'alliance : c'est sa manière de questionner la situation compte tenu du sentiment d'insécurité qu'elle provoque.
- Ce que l'enfant vit dans sa famille devient une référence : illusion de sécurité liée à l'habitude et au familier.

Faire équipe

- Face au comportement déroutant de l'enfant, opter pour la bienveillance et la solidarité entre adultes, à distinguer d'une coalition.
- Prendre de la hauteur, pratiquer l'humour, communiquer sur ses ressentis et sur sa perception du fonctionnement de l'enfant.
- Oser demander à un autre adulte de prendre le relais si le niveau émotionnel devient trop fort.
- S'appuyer sur les forces de l'autre et faire jouer la complémentarité, sans se défausser !
- Une concession décidée diffère d'un compromis de contorsion générateur d'amertume.

Aborder tranquillement les crises de l'enfant

- L'enfant a souvent besoin de vider un trop-plein émotionnel.
- Les causes réelles des situations déstabilisantes se trament souvent en arrière-plan.
- Garder à l'esprit que la crise émotionnelle s'apparente à une vague à traverser dont le pic d'intensité ne dure pas.
- Ne pas dramatiser un événement en se laissant piéger dans la mentalisation.
- C'est dans le refus de la réalité que réside la véritable cause de la souffrance.

Communiquer véritablement

- L'art de l'authenticité commence de soi à soi.
- Écouter l'autre n'est possible que dans le respect de notre propre capacité d'empathie.
- Une écoute empathique ouvre des voies d'apaisement et permet l'émergence de solutions.
- Les besoins les plus profonds sont universels et leur écoute permet de mieux se comprendre et de se relier aux autres.

- L'intention profonde doit privilégier la qualité de lien avec l'autre, même dans le désaccord.
- Distinguer stratégie et objectif.
- Tenter de percevoir ce qui se joue en arrière-plan plutôt que de s'accrocher aux mots.
- Montrer de la curiosité pour la pensée de l'autre plutôt que de chercher à le convaincre.

Veiller à son rapport au temps

- Les situations de véritable urgence sont rares.
- Faire comme si une tâche était urgente pour évacuer une tension est une forme de manipulation envers soi-même et l'autre.
- Prendre le temps de revenir à son intériorité et rechercher l'origine de ses ressentis.
- S'en tenir à sa propre part de responsabilité apporte de la légèreté et libère du temps.

Prendre sa place

- Il est tout aussi naturel que l'enfant essaie de prendre toute la place qu'indispensable que cette demande lui soit clairement refusée.
- Veiller à ce que la place de l'« amoureux » soit occupée, de façon réelle ou symbolique.
- Chacun des parents doit conserver sa place dans l'accompagnement de l'enfant.
- Le fusionnel, le maternage tardif, l'idéalisation, sont des poisons qui empêchent l'enfant d'accéder à son autonomie psychique.
- Aimer son enfant en le reconnaissant comme un être différent de soi.
- Accepter que l'enfant vive le mystère d'une incarnation singulière avec des défis à relever libère d'une culpabilité excessive.

CHAPITRE 5

L'APPRENTISSAGE DE LA FRUSTRATION

« L'essentiel ne nous appartient pas, il circule entre : entre les êtres, entre les mouvements de la vie, entre notre cœur et le Cœur divin. Il est le Souffle, qui relie, qui donne l'intelligence[1]. »

Nicole Montineri

Ô combien ce chapitre fut laborieux à écrire ! Nous souhaitons, cher lecteur, partager ce constat avec vous. En effet, au cours de sa rédaction, nous nous sommes cognées à nos propres limites et frustrations. À l'instar des parents et de leurs frustrations face à leur progéniture, nous nous sommes confrontées à notre enfant-livre qui s'est révélé très réfractaire. Nous l'avons souvent lâché… pour le reprendre quelque temps après. Aussi sentez-vous libre d'en faire de même, avec le livre bien sûr, pas avec les enfants ! Nous avons cependant tâché de garder le cap pour

1 Montineri Nicole, *L'Être intérieur*, *op. cit.*, 2014, p. 54.

finir par toucher terre avec lui, assagies par cette traversée. Cette épreuve est de la même nature que celles qu'endure tout parent ou éducateur dans les moments d'impuissance qui semblent sans issue et sans fin... Dans une situation où l'issue n'est pas visible, il semble qu'il n'y en ait pas... C'est passager. Nous ne sommes pas en mesure d'imaginer quelque chose que nous n'avons pas encore perçu ou que nous ne connaissons pas.

De la volonté de contrôle au choix d'y renoncer

Dans la vision traditionnelle de la psychanalyse[2], le bébé traverse une phase au cours de laquelle il éprouve un sentiment de toute-puissance. Quand l'environnement répond suffisamment à ses besoins, il imagine être l'auteur de tout ce qui arrive, de tout ce qui se manifeste. Cette étape s'avère indispensable à sa construction psychique tout autant que la suivante, celle du deuil de cette illusion de pouvoir, qui découle de l'incontournable confrontation à la frustration. Un des rôles fondamentaux des adultes consiste dans l'accompagnement de l'enfant à franchir les frustrations, sans chercher à les éviter ni à les provoquer, car la vie en société s'en charge naturellement.

Dans une vision plus vaste, nous postulons que le bébé n'est pas encore intégré dans l'espace-temps tridimensionnel et la dualité du monde matériel, et que son incarnation s'accomplit progressivement. Ainsi, au cours des premiers mois, il reste connecté à l'essence de l'être, en relation directe avec son âme qui connaît l'unité absolue. Avant le stade du miroir[3], il ne perçoit pas de sépa-

2 *Cf.* Donald Winnicott et Melanie Klein.

3 *Cf.* Jacques Lacan.

ration entre lui et son environnement. Or, dans cette dimension terrestre, il commence à vivre dans un corps qui lui est propre, indépendant de celui de sa mère, et il s'apprête à faire l'expérience de la séparation.

Les traditions spirituelles transmettent que cette séparation ne serait qu'illusion, que seule l'unité « est » : « Tout, incluant le monde que tu vois, ainsi que toi-même, le témoin du monde, tout est Un[4]. » Cette conception dépasse la capacité d'entendement par l'intellect, mais elle est davantage accessible à l'intuition. En effet, nous pouvons connaître un sentiment d'appartenance à une unité lors de moments de relation intense avec un ou d'autres êtres, avec la nature, un animal, ou le vivant en général. Ces instants d'expansion de la conscience, nommés « états de conscience modifiée », où le « tout » se dévoile, peuvent se révéler extatiques.

Le chemin proposé au cours de notre parcours terrestre serait-il celui du retour à la connaissance de l'unité en pleine conscience ? Dans un premier temps, l'humain traverse une phase dans laquelle il est encore en contact avec la globalité sans conscience, puis il expérimente la séparation : il ne fait pas uniquement partie du tout puisqu'il naît dans un corps séparé et un psychisme séparé. Durant son développement, lorsqu'il sera confronté à des réalités difficiles, vont se mettre en place des mécanismes de défense tels que le refoulement, le déplacement, la projection… Ces mécanismes visent à pallier d'une part le décalage entre l'absolu que l'âme connaît et auquel elle aspire et d'autre part la matérialité terrestre. Il s'agit, grâce à ces protections, d'éloigner la souffrance.

---

4 Ramana, dans *Ellam Onru.*

Mais de tels mécanismes peuvent ensuite devenir des prisons parfois confondues avec la nature de l'être.

L'expérience de la séparation peut être vécue comme une déchirure cruellement douloureuse. Elle oblige le petit humain à se construire une individualité. Chacun le fera à sa façon et à son propre rythme. Nous oublions souvent que chaque être sur cette terre va naître et mourir, cette réalité est commune à tous mais le chemin à parcourir par chacun sera totalement singulier. La suite du processus consistera à lâcher les mécanismes de défense élaborés pendant la construction du moi[5], construction qui commence à la conception. Lâcher ces mécanismes de défense est essentiel pour qui veut accepter la situation paradoxale de se sentir à la fois séparé et faisant partie du tout.

L'Absolu est mis à distance par notre condition humaine et ne pourra être qu'approché. À la manière de Jacques Brel souhaitant « atteindre l'inaccessible étoile », il est primordial de poursuivre nos plus hautes aspirations tout en restant dans l'humilité de nos limites. C'est un paradoxe fondamental que seuls l'amour, l'humour et la joie permettront d'intégrer. Comme l'enfant le pressent certainement, les aspirations sont souvent plus vastes que ce que permet la matière. Il faudra le lui expliquer aussi souvent que nécessaire. Rappelons-nous cependant que certains êtres réussissent à se libérer totalement des contingences de la matérialité et de tous leurs conditionnements ; ils représentent des guides ou des témoins du pouvoir de l'esprit sur la matière (Jésus-Christ, le Bouddha, Lao Tseu...).

---

5 « Moi », *cf.* note 6, p. 72.

Ainsi, dans une première perspective, le corps fournit l'information de la séparation. Le développement d'une écoute fine des sensations subtiles (picotements, frissons, chaleur, fraîcheur, circulation, rétrécissement, expansion... mais aussi odeurs, images...) donne accès à une perspective plus vaste en rapport avec l'unité. L'intégration de cette double information ne serait-elle pas la condition *sine qua non* permettant d'atteindre à la plénitude de notre humanité ?

Une confiance suffisante dans la vie, avec l'assurance que nos besoins seront satisfaits, nous met en contact avec notre puissance réelle tandis que les peurs multipliées peuvent générer un besoin illusoire de toute-puissance. Si cette foi vient à faiblir, le « vouloir » peut alors s'infiltrer et rechercher le pouvoir par crainte de se sentir ballotté comme une feuille morte dans le vent. L'individu devra alors se libérer de la croyance en un pouvoir absolu et renoncer à la jouissance que provoque cette illusion d'avoir totalement prise sur les événements. C'est ainsi qu'il pourra rencontrer sa véritable force et son pouvoir d'action. En effet, nous distinguons le « vouloir » rigide et tyrannique de la « volonté », qui accepte l'impromptu, le changement et permet de s'adapter avec persévérance.

Si une personne entretient la conviction que les choses dépendent totalement d'elle, et si les événements lui donnent tort, alors le sentiment de culpabilité peut paradoxalement représenter un mécanisme de défense rassurant. Culpabiliser permet alors d'ignorer ses limites : « Je ne suis pas aussi bien que je devrais l'être, c'est ma faute. » On peut chercher à résister et préférer se sentir coupable plutôt que de rencontrer l'inconnu et le vide qui suivent la perte de l'illusion de la maîtrise. Le mécanisme qui consiste à alterner la croyance dans un pouvoir absolu et la culpabilité d'échouer est un piège à la fois dramatique et jouissif. Or, comme nous l'avons évoqué dans le premier chapitre de cet ouvrage, le sentiment de culpabilité est une information qu'il nous faut observer pour en faire quelque chose. Si on s'y installe durablement, on est bloqué du côté de la jouissance.

Par exemple, une mère éprouvait un fort sentiment de culpabilité car elle avait été longuement absente durant la petite enfance de sa fille, qui en avait été cruellement marquée. Aujourd'hui, sa fille est une jeune adulte qui rencontre de grandes difficultés d'accès à l'autonomie. Elle se montre très demandeuse de la présence de sa mère, parfois même de façon tyrannique. Cette dernière se sent coupable de la situation et s'épuise à lui éviter toute contrariété. La mère voudrait pouvoir combler le puits sans fond des revendications de sa fille, espérant de cette manière réparer ses manquements passés. Elle sacrifie sa propre relation à elle-même, prise au piège dans un cocktail mortifère de frustration et de culpabilité, fantasmant un pouvoir de réparation qui ramènerait sa fille à un état antérieur, comme si toute cette souffrance n'avait pas eu lieu.

Sur l'invitation de son analyste à écouter le message que pouvait lui délivrer son sentiment de culpabilité, elle réalisa que cela témoignait en premier lieu de l'amour qu'elle ressentait pour sa fille, de son profond regret de ne pas avoir pu répondre aux besoins de celle-ci dans le passé, mais également de son élan du cœur à l'aider du mieux possible aujourd'hui.

Ainsi réussit-elle à sortir d'une « confusion de temporalité » et à réfléchir plus lucidement à sa contribution pour répondre aux besoins actuels de sa fille-adulte, différents de ceux de sa fille-enfant. Elle prit notamment conscience que sa fille avait besoin d'une mère qui n'imagine plus être la seule responsable de son mal-être et accepte son humanité imparfaite ; d'une mère plus joyeuse, qui sache aussi poser des limites et cesse de tout faire pour sa fille en s'oubliant elle-même.

Elle prit également conscience qu'il y avait « confusion de personne », car cette mère avait manqué de l'attention de ses propres parents. En tentant de soulager sa fille, c'est aussi aux besoins de la petite fille qu'elle avait été qu'elle tentait inconsciemment de répondre. Or elle ne pouvait apaiser la charge émotionnelle laissée par les blessures de son enfance qu'en étant à l'écoute de ses propres besoins d'aujourd'hui et en s'apportant à elle-même toute la bienveillance et l'empathie qui lui avaient tant manqué.

Imaginer être seule responsable d'une situation, et par là même la seule personne capable de la modifier, provoque simultanément un sentiment de culpabilité et le fantasme de détenir un pouvoir de réparation qui propulse du côté de la jouissance. Cette mère, en s'offrant au-delà de ses limites, était en attente d'une récompense (la guérison de sa fille), ou à défaut d'une punition sans fin, qui validerait son identité de sauveur ou de bourreau. Elle gardait ainsi une illusion de pouvoir sur le réel.

Par ailleurs, la personne peut être prête à prendre tous les torts à son compte pour préserver l'idéalisation d'une relation affective. Cette stratégie a pour objectif d'éviter le conflit qu'un positionnement clair pourrait déclencher. Or, accepter le risque de ne pas répondre aux attentes, de ne pas correspondre à une image et d'avoir une opinion qui puisse être critiquable, c'est finalement « oser vivre ». La crainte de ne pas être aimé conduit parfois à développer des fonctionnements récurrents d'autocensure à cause desquels on finit par ne plus savoir qui l'on est et ne plus s'aimer soi-même.

La traversée de cette épopée, qui va de la croyance en la toute-puissance à la rencontre de l'incroyable pouvoir de l'être en lien avec lui-même et les autres, est un des socles fondamentaux des enjeux d'une éducation véritable. Les règles éducatives, fondées sur l'éthique, posent le cadre du sentiment de sécurité et induisent des limites par essence à la fois frustrantes, rassurantes et constructrices.

Si tout désir est envisageable, l'exigence de leur réalisation est le piège de la toute-puissance. La parole représente un outil précieux pour dépasser les frustrations. Claude Halmos explique : « L'enfant, aidé par les paroles parentales, doit mener avec lui-même une lutte pour renoncer aux satisfactions à court terme qui l'empêchent d'aller plus loin[6]. » Ce renoncement est le début de l'apprentissage de la pensée et de la prise en compte de l'autre : penser, c'est créer des liens. L'enfant préfère le « partage » au « vouloir », tout en ayant parfois du mal à renoncer à ce dernier. Le « vouloir » crispe, bloque, et provoque une tension addictive par la sensation de puissance qu'elle procure.

Lâcher le « vouloir » demande un grand effort. Cela implique d'accepter de se sentir vulnérable. Du renoncement véritable à cette illusion de la nécessité de satisfaire chaque « vouloir » découlera un sentiment de paix, détente et joie, car oser accueillir

6 Recueil de textes de Françoise Dolto annotés et présentés par Claude Halmos, *Les Chemins de l'éducation*, paru aux éditions Gallimard en 1994, préface p. 9.

sa vulnérabilité est la source d'une puissance à la fois inattendue et familière[7].

Prenons l'exemple d'un enfant à qui ses parents ont promis d'aller à la piscine et qui se réveille avec un gros rhume alors qu'il a une forte tendance à faire des otites. Lorsque ses parents lui annoncent qu'ils ont pris la décision de changer de programme, il s'effondre en larmes car, dans son imaginaire, il se voyait déjà dans l'eau s'amusant énormément. L'acte prioritaire d'amour et de parentalité consiste alors à donner le temps et l'espace nécessaires à la frustration, qui s'exprime par des manifestations de déception. Le cadeau de bienveillance et de patience que peuvent offrir les parents est un appui inestimable pour l'évolution du petit humain qui n'a pas la maturité pour passer directement à l'acceptation de la situation.

« Vous êtes méchants ! » hurle-t-il. Voici des exemples de ce qui pourrait être expliqué dans une telle situation : « Oui, par rapport à ton énorme envie d'aller te baigner et au plaisir que ce serait, tu peux nous trouver méchants. Et oui, nous te l'avions promis… Mais c'est notre rôle de parents de prendre ce type décision.

---

7 « Notre peur la plus profonde n'est pas d'être inapte. Elle est que nous puissions être dotés d'un pouvoir sans commune mesure. C'est notre clarté, pas nos zones d'ombres, qui nous effraie. Nous nous demandons "Qui suis-je pour être brillant, talentueux, fabuleux, splendide ?" En fait, quelle place ne méritez-vous pas ? Vous êtes enfant de Dieu. On n'apporte rien au monde en se dévalorisant. Il n'est pas éclairé de se faire plus petit que l'on est, simplement pour rassurer les autres autour de nous. Nous sommes nés pour manifester la gloire de Dieu, présente en nous. Nous sommes tous conçus pour briller, comme les enfants. Ce n'est pas donné qu'à quelques-uns, c'est en nous tous. En laissant briller notre propre lumière, nous donnons inconsciemment aux autres le pouvoir d'en faire autant. Si nous nous libérons de notre propre peur, notre présence seule pourra aussi libérer les autres » (Extrait du discours d'investiture de Nelson Mandela à la présidence de l'Afrique du Sud, 10 mai 1994).

Et c'est normal à ton âge de montrer avec force ta déception. Nous prenons une décision qui te frustre mais ce n'est pas par méchanceté. Nous serions méchants si nous choisissions de te refuser cette joie sans raison. Là nous faisons le choix de protéger ta santé. Nous ne prendrons pas le risque que tu aies à nouveau une otite. Quand tu seras guéri, nous irons à la piscine et ce sera très joyeux pour nous trois car nous avions, nous aussi, très envie d'y aller. Lorsque tu seras prêt, nous chercherons et trouverons ensemble ce que nous allons faire aujourd'hui. Et plus vite tu pourras accepter la situation, plus vite nous ferons ce que nous aurons choisi. Nous mettrons toujours ta santé en premier dans nos décisions, c'est cela aimer. »

En arrière-plan, le propre cheminement de chaque parent par rapport à la frustration demeure le principal point d'appui de l'enfant. L'objectif étant pour chacun de développer sa capacité d'acceptation des limites que le réel distille afin de vivre ce qui se présente le plus harmonieusement possible. Au cours de l'expérience d'éducation d'un enfant, la capacité à admettre les frustrations est mise à rude épreuve, notamment en raison de la responsabilité que cela implique et d'inévitables pertes de liberté.

La mission parentale demande de l'endurance pour accompagner les enfants sur un temps très long, en particulier dans nos cultures et à notre époque où les parents sont parfois très seuls dans cet accompagnement. Les résultats attendus ne dépendent pas de la volonté. Les adultes devraient pouvoir témoigner d'une confiance absolue quant au fait que l'enfant trouvera sa place, sans présupposer de la forme et du temps que cela prendra. La symbolique de la transformation de la chenille en papillon est à ce point de vue éloquente. En effet, la chenille passe par un stade dit de « non-matière » au cours de laquelle, si la chrysalide était ouverte, il n'y aurait plus de vie… Tout comme si, une fois le papillon formé, on ouvrait la chrysalide à sa place il ne pourrait jamais voler, car c'est le fait de déchirer lui-même la chrysalide qui lui donne l'énergie pour prendre son envol. Protéger la chenille, protéger la chrysalide, avoir confiance en la venue d'un papillon, attendre son éclosion, telle est la mission des adultes envers les jeunes humains. Cette mission demande beaucoup de courage, de confiance et de patience… Mais elle donne aussi beaucoup de force et de satisfaction puisqu'il s'agit d'incarner ses propres valeurs et de donner du sens à l'action éducative dans une relation qui peut s'avérer puissamment initiatrice.

En voiture, un enfant de 8 ans, assis sur la banquette arrière, regardait sa mère dans le rétroviseur central. Celle-ci était soucieuse depuis quelque temps, assaillie par toutes sortes de difficultés dont elle ne lui parlait pas. L'enfant, après l'avoir longuement observée, lui dit avec douceur : « Est-ce que je mérite une mère qui ne sourit pas ? » Cette femme fut saisie par le vertige que provoquait cette question ainsi que par sa pertinence !

Les enfants ont besoin que l'état d'être de leurs parents leur donne envie de devenir adultes. Ils ont besoin que leurs parents goûtent à la joie de leur présence ainsi qu'à celle de leur propre existence. La formulation de l'enfant n'avait rien d'égocentrique, le message qu'il adressait à sa mère pourrait s'interpréter ainsi : « Comment veux-tu que j'aie envie de grandir en te regardant avec ce visage triste dont je ne connais pas la cause ? Tu as deux devoirs envers moi, celui de la parole informative ("Que se passe-t-il ?") et celui de retrouver le chemin de la joie, manifestation d'harmonie intérieure au-delà des contingences… »

Avoir le courage de faire barrage à la haine

Au regard de notre aspiration à une parfaite qualité d'amour et devant les manques manifestes générés par les peurs, les fragilités et l'ignorance, s'ouvre parfois un espace de véritable sidération. Chacun, un jour, a entendu un parent s'adresser à un enfant avec une violence telle qu'elle le laisse à la fois effaré et attristé, tant par l'état intérieur dans lequel l'adulte doit se trouver pour parler ainsi à un enfant que par l'effet alarmant produit sur ce dernier.

Une mère entendait un de ses voisins, en proie à ses pulsions, hurler sur un enfant pour une broutille. L'observatrice, qu'elle était malgré elle, perçut clairement non seulement l'impact global mais aussi la pollution émotionnelle en cascade que provoque immanquablement chaque moment de violence. L'enfant ainsi agressé court le risque de devenir agresseur à son tour ou de se laisser malmener sans réagir. Au constat lucide des ravages qu'engendre la violence, une grande tristesse l'envahit. Alors que pour nombre de personnes réagir de façon pulsionnelle est considéré comme la normalité. Cette femme se trouvait donc dans la position délicate de témoin d'un événement que beaucoup pourraient considérer comme anecdotique mais qui possède une importance réelle dans la construction de l'enfant. Lorsque nous assistons à une maltraitance, même légère, oser intervenir, à partir d'un espace qui ne condamne pas, et nommer « ce qui est » s'avère une forme de bénédiction et d'antidote au poison que représente la violence physique ou verbale sur l'enfant.

C'est une situation très embarrassante et qui ne peut manquer de nous interroger : comment distinguer lâcheté et pacifisme ? Comment agir en protecteur sans être interventionniste à mauvais escient ? Comment échapper à la peur de recevoir soi-même de la haine en retour de la part de l'agresseur ? Lorsque cette peur nous inhibe, tout pouvoir est laissé à la haine et au mépris. La peur de la haine permet à cette dernière de s'infiltrer car c'est sa nourriture. Notre qualité de témoin, actif ou passif, nous fait entrevoir notre part de responsabilité quant à l'impact de cette maltraitance sur le monde de demain. Par ailleurs, elle nous oblige à accepter avec sollicitude tant l'état d'évolution de chaque individu que le nôtre.

Etty Hillesum note dans son journal *Une vie bouleversée*: « Je ne crois pas que nous puissions corriger quoi que ce soit dans le monde extérieur que nous n'ayons d'abord corrigé en nous... Notre unique obligation morale, c'est de défricher en nous-même de vastes clairières de paix et de les étendre de proche en proche, jusqu'à ce que cette paix irradie vers les autres. Et plus il y a de paix dans les êtres, plus il y en aura aussi dans ce monde en ébullition[8]. »

En guise d'illustration, prenons le cas d'une femme qui, se rendant compte qu'elle était verbalement violente avec ses enfants, eut le courage de venir en analyse pour travailler cela. L'enfance de cette femme avait été une succession de violences et maltraitances physiques et verbales. Au cours de l'analyse et après de nombreuses séances, un seul ancrage positif est apparu dans ses souvenirs. Âgée de 5 ou 6 ans, elle se trouvait avec sa mère dans la file d'attente d'une boulangerie et celle-ci, comme à l'accoutumée, la rudoyait. Lorsque la personne située devant elles eut terminé ses achats, elle s'était penchée vers l'enfant en lui offrant un petit pain au chocolat et en lui disant: « La vie est parfois rude, mais je suis certaine que tu deviendras une très belle personne. » La patiente retrouva toutes les sensations de ce moment: odeurs, impressions, tissu de sa robe, tonalité de la voix de cette femme « fée ». Cet ancrage

8 Hillesum Etty, *Une vie bouleversée. Journal (1941-1943)*, Seuil, 1985.

offert par cette anonyme a fait office de boussole tout au long de sa vie pour croire en elle et en ses possibilités de devenir. Dans cet exemple, l'intervention fut d'une grande subtilité et par là même d'une grande efficacité. Il n'y eut aucune accusation, seulement une bénédiction adressée à l'adulte en devenir.

Dans l'état de conscience actuel de notre société, la haine est tristement banale, elle s'exprime au travers de petites remarques acerbes ainsi que dans l'abus sous toutes ses formes. C'est une frustration fondamentale que de s'imposer de ne pas la laisser s'activer en soi et à travers nos paroles et nos actes. En tant que parent, le sentiment d'impuissance face à son enfant peut devenir anxiogène et se transformer en violence pour trouver une issue à cette anxiété. Il s'agit là d'une manifestation de haine déguisée. La haine est une énergie destructrice projetée sur un autre être par refus de vivre soi-même des sensations douloureuses. Elle se met à l'œuvre lorsqu'on a peur d'une situation, peur de perdre quelqu'un ou de perdre le « contrôle »...

Le refus, la peur et le « vouloir » font coalition contre le réel pour éviter de traverser la douleur. Gérard Bonnet, dans son livre *La Perversion. Se venger pour survivre*, explique avec brio comment le refus de vivre sa propre tristesse conduit l'individu à la transférer sur une autre personne[9]. En effet l'énergie de l'émotion ne peut disparaître : soit elle est assumée par celui qui la détient, soit la personne l'inflige à une autre, cette énergie devant être évacuée par tout moyen. Les enfants sont les cibles les plus tendres et souvent l'adulte ne perçoit pas l'intensité du potentiel

9 Bonnet Gérard, *La Perversion. Se venger pour survivre*, PUF, « Bibliothèque de psychanalyse », 2008.

de destruction introduit. Ce processus est également à l'œuvre chez des adolescents si sensibles qu'ils ont besoin d'un autre (parent, frère, sœur...) sur lequel évacuer la trop grande intensité de leur émotion. Un individu démuni ou épuisé, lorsqu'il est dépourvu du soutien dont il a besoin, oscille entre les risques d'effondrement, d'autodestruction ou de destruction.

Puissions-nous avoir la simplicité de proposer notre soutien, avec la conscience qu'il est difficile d'élever des enfants et que nous avons tous besoin d'entraide ! Cette difficulté en effet serait moindre si, au lieu que domine l'individualisme, régnait un climat de bienveillance solidaire et de responsabilité collective tellement plus sécurisant pour chacun. Cela ferait écran à la pulsion, donc à la haine. Tout en renonçant à la toute-puissance, il est important de garder en mémoire le pouvoir de la bienveillance.

Lors d'un séjour dans une station de ski, par une magnifique journée ensoleillée, une femme monte dans une télécabine. Elle s'y trouve seule au départ, et elle se réjouit d'avance de ce moment méditatif au-dessus des sapins enneigés, lorsque trois personnes s'engouffrent dedans, essoufflées. Il s'agit d'un couple accompagné d'un garçon d'une dizaine d'années qui s'installent avec précipitation et dans la mauvaise humeur. Ils se disputent car la femme a égaré les clés de leur véhicule comme cela semble lui arriver fréquemment. Lui est exaspéré par le manque d'attention dont fait preuve sa compagne et ne cesse de vitupérer. Elle, recroquevillée, se positionne en victime. L'enfant ne sait trop où regarder ni comment se comporter. Le malaise est palpable. La femme qui avait projeté un moment de détente est d'abord fortement agacée par la situation, puis elle essaie d'imaginer comment intervenir alors que l'homme poursuit sa litanie de reproches. Elle est happée par la beauté du paysage que les autres passagers ne voient même pas, tout absorbés qu'ils sont dans leur histoire. Elle commence alors à décrire ce qu'elle voit : « Oh, comme c'est beau, cette neige qui danse en s'envolant des branches ! Oh, ces couleurs !... » L'enfant répond à un sourire qu'elle lui adresse et porte son attention sur ce qu'elle décrit. Le père est interloqué, la mère surprise. La femme continue à s'émerveiller à voix haute, la tension baisse jusqu'à s'apaiser totalement et l'enfant se met à commenter lui aussi ce qu'il voit.

Si la confiance en la vie peut s'installer, la recherche de maîtrise sur les autres et les événements peut s'estomper, voire disparaître. En effet, le besoin de contrôle se construit sur des peurs projetées. C'est ce qu'exprime Maurice Schumann : « Je préfère un futur imprévisible à un futur imposteur. » De son côté, Eckhart Tolle[10] nous enseigne comment une connexion réelle au moment présent permet de percevoir l'intelligence de la vie qui œuvre silencieusement, nous incitant à nous mettre à son service. Ce relâchement procure un état de joie et de légèreté dans lequel nous souhaiterions que l'éducation plante ses racines. La vie peut se montrer étonnante, au-delà de toute fiction, et cela en constitue la richesse.

De la frustration au désir

L'enfant doit petit à petit « défusionner » d'avec sa mère. Pour ce faire et pour apprivoiser la frustration, il a besoin de la fonction paternelle qui inclut repères, lois, règles, limites, ouvertures

10 Tolle Eckhart, *Le Pouvoir du moment présent*, J'ai Lu, 2010.

sur le monde et protections. Certaines mères auront parfois du mal à déléguer ce rôle qu'elles ne peuvent tenir seules, soit parce que la personne à laquelle est dévolue cette fonction est déficiente, soit parce qu'il leur est difficile de céder la place. Quant au père, il pourra s'en décharger sur la mère par facilité et/ou manquer de confiance en lui et ne pas se sentir à la hauteur pour investir ce rôle.

Les fonctions « père » et « mère » ne pourront être véritablement incarnées que par des adultes devenus véritablement adultes et parents, notamment par l'acceptation de leur propre mortalité. Devenir parent, c'est accepter de disposer d'un temps limité et être heureux d'en donner à son enfant. Devenir parent, c'est aussi dépasser les traces laissées par les manquements de ses propres parents et trouver la nourriture émotionnelle et spirituelle qui répondra à ses besoins. L'identité ne peut être réduite aux épreuves subies – ces dernières représentent le vécu, et non l'identité.

Les parents sont immanquablement, et de façon plus ou moins répétitive, imparfaits et défaillants, provoquant ainsi chez leur enfant toute une série d'émotions, dont la frustration et la colère. Pour affronter au mieux les émotions de son enfant, il est indispensable que le parent accepte la rencontre avec les ressentis de l'enfant qu'il fut, qu'il en pense et panse les plaies associées à son propre vécu. Il est en réalité la seule personne compétente pour aller à la rencontre de lui-même. Et lors de situations qui feront écho à ses propres traumatismes, cela évitera que cet enfant, toujours présent en chacun, n'occupe le devant de la scène et brouille l'accès à ce que l'adulte vit actuellement.

Les manques durant l'enfance laissent inévitablement des traces, des cicatrices qui constituent des fragilités à vie qu'il est fort profitable de mettre en lumière. Les événements passés ne sont pas modifiables, mais leur place et leur impact dans les attitudes actuelles sont totalement transformables. L'adulte éclairé développera la confiance en lui nécessaire pour incarner une véritable autorité éducative.

De l'acceptation de la frustration peut naître un vrai désir. Dans l'accompagnement de l'enfant, tout comme dans son propre fonctionnement, l'adulte aura à différencier « désir » et « vouloir ». Quand le « vouloir » prend les commandes et ne veut rien lâcher au risque de se couper de ses ressentis et de la relation aux autres, le mental sature et coupe l'être de ses perceptions. C'est une façon automatique de faire barrage à la peur et à l'angoisse. Aller vers son « désir » exige de traverser ses peurs. Lorsque le « vouloir » lâche, la confrontation au vide peut sembler vertigineuse, alors qu'en réalité elle libère de l'espace et ouvre la porte aux informations issues de l'intuition sous forme d'images, sensations, rêves éveillés... Cette expérience requiert confiance et courage. De l'acceptation de la traversée du vide à la découverte d'un espace paisible et créatif découle une souplesse qui remplace joyeusement la rigidité du « vouloir ». Le désir ne passe pas par l'intellect, c'est un élan vital qui traverse et guide, puis emmène vers ce qui est adapté à l'instant. C'est dans l'inconfort du vide que l'élan désirant peut émerger.

Éviter le piège de la recherche de la perfection

Si un parent est obsédé par le souci de créer pour son enfant une vie idéale issue de son propre fantasme, cela peut maintenir et renforcer ce dernier dans l'illusion d'une possible toute-puissance. Certaines personnes, très investies dans leur rôle de parent ou d'accompagnant, voudraient que leur amour serve d'écran à la souffrance de l'enfant. Ils voudraient que les douleurs qu'ils ont eux-mêmes traversées soient épargnées à celui-ci. Or l'enfant se confrontera inéluctablement à des expériences difficiles. C'est le soutien et l'amour de son entourage qui permettront que sa douleur ne se transforme ni en souffrance ni en traumatisme, comme c'est le cas lorsque, sous le choc, la pensée se bloque et l'âme s'évade. Le travail de différenciation entre le vécu et l'être permettra de transmuter les épreuves en apprentissage. Les difficultés rencontrées par un enfant aimé et soutenu seront amoindries et adoucies par la présence affectueuse de l'adulte.

Par exemple, si un enfant se fait voler son cartable, cela représente un choc, une douleur. Si, en plus, en rentrant chez lui, il se fait réprimander pour ne pas avoir fait suffisamment attention, cela va provoquer culpabilisation et souffrance, inquiétude voire angoisse, ainsi qu'un fort sentiment de solitude. Au contraire de cela, le parent peut tenir un positionnement plus éclairé et exprimer son mécontentement quant à la perte, mais pas contre l'enfant lui-même. Il ne s'agit pas de considérer l'enfant comme seulement victime ou coupable, mais comme simplement confronté à une des difficultés intrinsèques à notre société, celle du vol. L'attitude des parents peut soit l'aider à devenir attentif et vigilant et à « faire avec » cette réalité difficile, soit lui faire peur, voire le terroriser et le placer dans un état d'insécurité qui se traduira en méfiance. En conséquence de cette méfiance, il pourra rechigner à prêter ses affaires de peur qu'on les lui vole, se coupant ainsi de sa générosité naturelle et de l'envie de partage, qui témoignent d'un humain tranquille et joyeux. Mieux vaut donc expliquer à l'enfant que : « Cela arrive dans notre société, ce n'est pas agréable, on aimerait pouvoir laisser ses affaires et que personne n'y touche, mais ce n'est pas toujours le cas. Il est nécessaire que tu fasses attention à tes affaires et ce n'est pas de ta responsabilité si le vol existe. » Si cette situation est habilement menée par l'adulte, l'enfant sera apte à l'intégrer sans que cela ne devienne une souffrance ou un traumatisme. Il en tirera même un enseignement.

Une exigence de perfection représente un frein pour se connecter à la réalité du monde, trouver sa place et offrir son potentiel. Lorsque le parent est conscient à la fois de son désir de créer un monde idéal pour son enfant mais aussi de l'impossibilité pour cette perfection de se réaliser, la relation qui se met en place s'en trouve plus détendue et légère. Oui, la quête d'absolu est porteuse, mais seulement si elle est reconnue comme telle.

Et si, dans sa façon d'être, le parent oscille entre l'illusion de sa propre perfection et la représentation de ses défauts et ses manquements comme une catastrophe, l'enfant sera perdu dans la confusion et dans une obligation de soutien. Il n'aura d'autre choix que de tout valider du parent ou bien tout rejeter. L'espace de la critique constructive n'est possible que si le parent reste lucide face à ses fonctionnements et désireux de s'améliorer sans cesse, manifestant ainsi un espace d'amour.

Ne pas refuser la confrontation

Chercher à tout prix à préserver la relation avec l'enfant de toute confrontation est vain. Il en est ainsi lorsque l'adulte aspire à une harmonie permanente dans la relation par crainte que la manifestation d'un désaccord porte atteinte au lien d'amour avec l'enfant.

Pour esquiver les crises et protéger l'enfant de tout mécontentement, beaucoup de parents s'épuisent dans d'incessants stratagèmes chargés d'éviter toute frustration, ce qui est non seulement fatigant mais aussi contre-productif. Cette fuite en avant se révèle une spirale fort inconfortable où effectivement le lien d'amour est mis à mal. Aimer un enfant, c'est aussi savoir lui dire non et accepter qu'il en soit fâché.

Par exemple, une maman éprouvait une appréhension chaque fois qu'elle venait chercher son fils à l'école car elle en redoutait les réactions et les crises quand il ne voulait pas se séparer de certains camarades qui restaient jouer. Pour éviter cette difficulté et surmonter sa déception lors de ce moment de retrouvailles qu'elle voulait joyeux, mais aussi pour échapper au jugement, imaginé, des autres parents et des éducateurs, la mère inventait chaque jour une nouvelle stratégie « manipulatoire » destinée à le faire rejoindre la voiture sans résistance : le pain au chocolat qui attendait, le jeu de la course, l'achat d'un cadeau, une surprise à la maison, la colère du directeur... Ce moment de la journée devenait donc extrêmement tendu pour la mère, et l'on peut imaginer que l'enfant, le percevant, était encore moins enclin à obtempérer.

Dans un tel cas, il paraît indispensable que la mère formule à l'enfant très clairement qu'il est temps de rentrer à la maison. Si elle parvient à se détendre et à exprimer sa joie de retrouver son fils, si elle est prête à lui imposer les horaires qu'elle souhaite voir respectés tout en supportant que l'enfant manifeste un mécontentement visible par tous, la relation s'en trouvera apaisée. Dans cet exemple, l'enfant est heureux à l'école. La mère peut alors s'appuyer sur ce fait réjouissant et concéder que les départs puissent être difficiles. Le lien d'amour prendra alors le dessus sur les contingences matérielles.

Le refus de toute contrainte rend les relations sociales impossibles. Lorsque le « non » de la limite a été posé, l'adulte peut alors montrer que les contraintes ne sont pas uniquement pesantes et pénibles mais qu'elles peuvent souvent être abordées de façon ludique dans un état d'esprit récréatif à partir du moment où elles sont acceptées. Cela est très différent de la stratégie qui consiste à faire en sorte que l'enfant s'amuse continuellement. Pour que cette « cocréation » ludique se produise, il est important que la joie soit partagée car le faire-semblant est toujours préjudiciable. Ce n'est pas l'attitude en tant que telle qui compte mais bien l'énergie qui la sous-tend.

Par exemple, pour lui enseigner à mettre le linge sale dans la machine, la mère d'une petite fille le faisait sous forme de jeu : il fallait viser à distance l'entrée du lave-linge. Cela amusait fort la fillette et la rendait désireuse de partager ces moments-là avec sa mère. Celle-ci avait intentionnellement initié ce jeu sans que cela soit particulièrement amusant pour elle. Mais, devant le plaisir de son enfant, elle y connecta bientôt le sien.

À l'adolescence, la jeune fille s'acquitte avec sérénité de cette tâche en se souvenant de son ancrage d'origine, qu'elle raconte régulièrement et joyeusement.

Dès qu'une solution est fructueuse apparaît le risque de s'attacher à la reproduire mécaniquement en perdant le lien avec l'unicité de la situation présente. Cependant le soulagement apporté par la trouvaille d'une solution adéquate à un moment donné pourra servir de référence pour nous convaincre de notre capacité à élaborer une réponse, à trouver une issue à une problématique. Ce faisant, la confiance en soi sera nourrie et permettra de montrer plus d'assurance dans des situations nouvelles. Comme nous l'avons précédemment évoqué, il s'agit de créer ou d'accepter l'espace de vacuité d'où peut surgir une solution adaptée à l'instant.

À chaque fois que cela est possible, envisager la vie avec souplesse, comme un jeu, constitue une véritable clé pour apprivoiser et dépasser la frustration. Cela résonne avec quelque chose de connu au fond de l'être, car l'enfant, surtout avant 6 ans, est naturellement porté par cette joie de l'instant, s'émerveillant et s'amusant spontanément. Il s'agit de retrouver cette simplicité, cette connexion… Lorsque l'adulte référent vit une situation professionnelle ou personnelle qui le porte et le rend joyeux, cette joie se communique et l'enfant peut imaginer une situation identique pour lui-même, ce qui lui donnera envie de grandir et l'aidera à accepter la frustration du choix, donc du renoncement inévitable qui en résulte.

Parfois les parents ont recours à une forme de séduction pour s'assurer de l'attachement de leur enfant ou pour passer à autre chose quand celui-ci est bloqué sur une frustration. Remarquons que le mot « séduction » vient du latin *seducere*, qui signifie « détourner du droit chemin », ce qui induit une manipulation à l'encontre de l'enfant qui ne devrait avoir aucune place dans l'éducation. Il convient de bien distinguer la séduction d'une présence chaleureuse et aimante qui découle d'un élan d'amour et d'altruisme.

Les parents qui utilisent la séduction dans leur relation aux enfants ont eux-mêmes souvent manqué d'un regard et d'un soutien suffisamment bienveillants. Lorsque l'enfant n'a pas été désiré et accompagné de manière satisfaisante, il risque d'acquérir des fonctionnements séducteurs pour obtenir l'attention dont il a besoin. S'il n'en prend pas conscience, ces dysfonctionnements perdureront tout au long de son existence.

Il arrive que les adultes s'amusent de la capacité d'un enfant à retourner une situation, par exemple en faisant une mimique séductrice. En se réjouissant inconsciemment de la capacité de l'enfant à modifier la réaction de l'adulte, ils sortent de leur énergie éducative. Ce n'est pas un cadeau à faire à l'enfant, car cela valide une attitude certes « débrouillarde » et qui pourrait paraître rassurante, mais dépourvue de l'incontournable éthique qui ouvre la porte à une véritable rencontre avec soi-même et avec l'autre.

Différencier les besoins réels de l'enfant de son « vouloir » manifesté

Lorsque les enfants veulent ou ne veulent pas quelque chose, cela peut être de façon très intense et sous forme d'une exigence irrépressible d'immédiateté, issue soit d'un sentiment de toute-puissance, soit d'un élan de précipitation, soit encore du découragement de passer à l'action devant l'ampleur des possibles. À l'intérieur, le désir pousse très fortement et ne supporte pas les entraves. Certains aspects de la vie quotidienne peuvent ainsi être vécus comme extrêmement contraignants et le parent risque de ne pas comprendre pourquoi l'enfant fait preuve de tant de résistance pour ranger son linge ou laver ses dents... Apprivoiser la frustration passe par le développement de la patience. Et là encore, c'est par absorption de la capacité de patience et de tolérance des adultes de son entourage que l'enfant progressera à son tour. L'aide apportée à l'enfant sera indirecte et consistera à questionner ses propres impatiences et à explorer les inquiétudes qui les sous-tendent.

Par ailleurs, il est important d'apprendre à l'enfant à demander ce dont il a besoin sans attendre que l'entourage le devine. Cette illusion que l'autre puisse indéfiniment percevoir le ou les besoins qui sont les siens rend toute relation extrêmement conflictuelle. Il est important de comprendre que, quelle que soit la demande, la réponse peut être négative et induire une possible frustration. L'inacceptation du refus signe une exigence et non une demande.

Les enfants dotés d'un intellect performant et à l'affût de tout comprendre, tout maîtriser de leur environnement, captent les problématiques du monde adulte et leur complexité, sans la maturité psychique et la capacité d'action pour y faire face, ce qui est fort angoissant pour eux. Dans la phase d'égocentrisme propre à la petite enfance et nécessaire à la construction de l'être, ils pourront alors se sentir à la fois coupables d'éventuelles difficultés rencontrées par leurs parents et prisonniers de l'illusion d'avoir le pouvoir de contrôler et d'agir sur les situations que vivent les adultes. On retrouve souvent chez les enfants « précoces » une difficulté à renoncer à la maîtrise sur le monde et les événements, avec pour corollaire un sentiment de culpabilité. Il est nécessaire d'être vigilant car leur intelligence peut les bloquer plus facilement que d'autres dans une attitude de volonté tenace à tout résoudre.

Il est alors essentiel de valider leur ressenti tout en les ramenant à leur place d'enfant. Par exemple : « Effectivement, en ce moment, la relation est tendue entre ton père et moi, mais nous nous en occupons, tu n'as pas le pouvoir de faire en sorte que tout aille bien et je suis touchée que tu en aies le désir, ton envie est très belle. Or si ça va bien, ce ne sera pas grâce à toi, et si ça ne va pas bien, ce ne sera pas de ta faute non plus. »

La frustration est souvent liée à une crispation et une focalisation sur quelque chose. Il est primordial d'apprendre à élargir cette vision rétrécie et à percevoir le champ des possibles. La tranquillité face à l'apparition des envies et des projets permettra d'accepter qu'ils se matérialisent ou non, en fonction du réel.

Par exemple, un adolescent, qui avait le sentiment d'être moins aimé et considéré que sa sœur aînée, proposa d'aller faire une promenade en forêt avec sa famille. Sa sœur invoqua alors la réalité d'une météo orageuse et proposa une séance de cinéma. Il s'agissait d'un film auquel chacun des membres de la famille souhaitait assister. Tous l'avaient d'ailleurs formulé, y compris l'adolescent. La proposition de la sœur reçut un accueil favorable des parents et la promenade fut remise au lendemain. L'adolescent, au lieu de percevoir la logique de cette décision en lien avec la météo, se braqua sur le fait que la proposition de sa sœur était prioritaire. Il ne prit aucun plaisir au film ni à la promenade du lendemain, et l'agacement de ses parents en face de cette réaction de mécontentement renforça son impression d'être mal aimé. Cet adolescent avait d'ailleurs des difficultés avec toutes les formes de frustration, toujours associées à des sentiments de favoritisme et d'injustice. Accepter qu'une justice égalitaire n'existe pas et prendre conscience de toute l'énergie déployée inutilement dans une attitude de mécontentement lui ont permis au fil du temps de ne plus se gâcher des moments précieux sous prétexte qu'ils ne se réalisaient pas sous la forme qu'il souhaitait.

Par ailleurs, il est nécessaire de différencier ce qui est du registre de la frustration utile et constructrice de la malveillance ou de l'absence de considération de l'état immature de l'enfant. Une question est souvent posée par les parents : « N'est-il pas mieux que l'enfant s'endurcisse et soit confronté au réel des difficultés relationnelles et émotionnelles au plus tôt ? » Pour y répondre, nous avons considéré la théorie du cristal de roche de Sigmund Freud. Il y compare la pierre au psychisme humain : « Si nous jetons un cristal par terre il se brise, mais pas arbitrairement. Il se casse alors suivant ses plans de clivage en des morceaux dont la délimitation, bien qu'invisible, était cependant déterminée à l'avance par la structure du cristal[11]. » Le cristal peut être ébranlé par les difficultés précoces ou au contraire protégé par une éducation bienveillante. La construction psychique est à la fois issue de l'héritage familial, « la structure du cristal », et de l'impact des événements vécus. Les accidents de la vie influenceront chacun en fonction de la structure initiale. Beaucoup de décompensations, provoquant des pathologies parfois graves, pourraient être évitées avec plus d'attention aux fragilités de base. Donc, confronter un psychisme immature à des difficultés qu'il ne peut pas gérer sous prétexte de l'endurcir n'est pas une bonne option.

Accompagner la frustration

Il faudra également rester vigilant à ce que les demandes adressées à l'enfant soient des consignes et non des ordres. En effet, ces demandes sont nécessaires à la mission de guide et ne relèvent en aucun cas d'une exigence autorisée par le statut

---

11 Freud, *Nouvelles conférences d'introduction à la psychanalyse*, Gallimard, 1984.

d'adulte sur l'enfant. Dire « non » sans cesse stimule l'envie d'insister en espérant une capitulation, ou bien au contraire engendre une démobilisation de l'énergie vitale de l'enfant. De surcroît, un tout-petit qui s'entend dire « non » trop fréquemment s'exprimera de la même façon par absorption. Une alternative au « non » sera de dire « Stop ! » en cas de réel danger ou d'abus. L'arrêt doit être immédiat et sans discussion. Dans d'autres circonstances, on pourra dire : « Oui, mais à un autre moment », en précisant le moment lorsqu'il n'est pas souhaitable de répondre sur l'instant à la demande de l'enfant. Le « non » doit être issu d'une énergie bienveillante de protection de l'enfant et de la relation. Quand celui-ci est mis face à un interdit, qu'il est stoppé net dans une action jouissive mais qui manque d'éthique, il s'agit de l'emmener vers le plaisir de la relation, qu'il apprendra ainsi progressivement à privilégier.

Prenons l'exemple d'un enfant qui dessinait et qui, soudainement, parce qu'il était insatisfait de sa production, fut pris d'une vive colère, jetant tous les objets à sa portée. Son père, témoin de la scène, s'approcha de lui en disant d'un ton ferme : « Stop, tu arrêtes immédiatement, ça arrive de rater un dessin, personne ne réussit tout le temps. » Puis, dans un second temps, il ajouta d'un ton plus doux et enthousiaste : « Viens, j'ai besoin de ton aide pour ramasser les cerises, elles sont mûres et excellentes, on en mangera quelques-unes en même temps. » Cette intervention permit à l'enfant de surmonter sa frustration grâce à la limite posée et à la possibilité offerte d'un moment de partage.

Dans le cas d'une colère intense, le recours au mouvement pour éliminer la surcharge énergétique générée par le stress peut être une solution ponctuelle. Néanmoins, l'utilisation systématique d'un objet tel que le *punching-ball* ou le « coussin de colère » ne permet pas de ressentir et de comprendre le processus interne à l'œuvre. Parfois cette décharge peut être utile, mais son efficacité à long terme est limitée, car l'apprentissage dont l'enfant a besoin est celui de la capacité à transmuter sa colère et non à la contourner. La colère est une information : « Qu'est-ce que j'en fais ? Comment puis-je la transformer en compréhension puis en action ? »

En général, elle sert d'écran à une émotion plus douloureuse à percevoir telle que la peur, la tristesse ou la déception, issues d'une frustration provoquée par un refus du réel. Percevoir ce qui se cache derrière la colère permettra d'être en contact avec son origine réelle et de modifier la situation lorsque cela est possible.

Une grande cause de frustration s'attache à la notion de justice[12] : « Ce n'est pas juste ! » Quel parent n'a pas entendu cette phrase dite avec colère, dépit, tristesse ou désespoir ? Et quel adulte ne l'a pas pensée ? Effectivement, l'égalité absolue n'existe pas et l'arbitraire semble régner. C'est d'ailleurs du constat de l'injustice régnante qu'émerge la notion de justice. Cette aspiration à une possible justice fait partie de ces questions sans réponse que l'on s'épuise à poser ou à se poser. Le réel « est »... Parfois, nous pouvons le modifier, parfois cela s'avère épuisant tant la recherche d'une justice absolue peut devenir une quête sans fin et sans joie. Il est bien plus constructif et satisfaisant d'accepter que la justice[13] puisse souvent faire défaut tout en mettant notre potentiel en œuvre

12 Le thème de la justice sera également abordé dans le chapitre 7, « Face aux questionnements existentiels », dans « Prendre en compte le sentiment d'injustice ».

13 En référence à notre conception, à notre échelle humaine et à notre capacité d'entendement.

pour changer ce qui est à notre portée et nous semble injuste. Il s'agit de la recherche d'une sorte de juste milieu permettant de sortir de la frustration issue de l'attitude qui consiste à lâcher avec amertume ou bien à l'opposé celle qui consiste à s'inscrire dans une revendication stérile et usante.

Keren, un enfant atteint d'une maladie handicapante, a renoncé à cette notion de justice pour être au plus près du vivant en lui. Il sent bien que l'énergie qui serait utilisée à la lutte contre l'injustice le fragiliserait encore davantage et qu'il ne peut pas se permettre de perdre des forces pour un combat impossible : justice ne lui sera pas rendue.

Autre exemple, le cas d'une petite fille atteinte de la mucoviscidose, dont la mère fait preuve d'un positionnement totalement clair vis-à-vis de tout ce qui représente un risque bactériologique pour sa santé. L'enfant ne fait aucun caprice et parvient à renoncer à ce qui lui est interdit tout en manifestant une grande joie de vivre. La mère a accepté la maladie de sa petite fille et trouve son enfant merveilleuse, elle ne l'échangerait contre aucune autre. La situation est certes difficile, cela requiert beaucoup de temps et d'attention qu'elle a la capacité et la volonté d'offrir à sa fille. Et lorsqu'elle en éprouve le besoin, elle s'autorise à demander le soutien dont elle a besoin, aussi bien auprès de ses proches qu'auprès d'associations ou de professionnels spécialisés, ou même encore auprès de personnes peu connues.

Derrière tout processus de frustration et tout refus du réel tel qu'il est se profile en filigrane la difficile acceptation de la mortalité et de la séparation définitive qu'elle implique. Ce thème fait l'objet du chapitre 7, « Face aux questionnements existentiels ».

Apporter à l'enfant la fonction paternelle

Repères, lois, règles, limites, ouvertures sur le monde et protections pour accepter la frustration de devoir peu à peu « défusionner » d'avec la personne incarnant la fonction maternelle.

Adresser des consignes à l'enfant pour le guider

Ce qui diffère radicalement d'exigences basées uniquement sur le statut d'adulte.

Aimer un enfant, c'est aussi savoir lui dire « non » et accepter qu'il en soit fâché

- Le « non » doit être issu d'une énergie bienveillante de protection.
- Au fond, l'enfant préfère la relation au « vouloir ».

Comprendre que le cheminement des parents par rapport à la frustration demeure le principal point d'appui de l'enfant

- Être heureux d'offrir de son temps à l'enfant.
- Dépasser les traces laissées par les manquements de ses propres parents.

Développer une confiance suffisante dans la vie

- Les peurs génèrent un besoin illusoire de toute-puissance.
- Oser accueillir sa vulnérabilité : source d'une puissance à la fois inattendue et familière.
- Les adultes devraient témoigner d'une confiance absolue quant au fait que l'enfant trouvera sa place.

Accepter l'espace de vacuité d'où peut surgir une solution adaptée à l'instant

- Le sentiment d'impuissance face à un enfant peut devenir anxiogène et se transformer en violence.
- L'exigence de perfection représente un frein pour se connecter au réel.

Envisager les contraintes avec souplesse, comme un jeu

Véritable clé pour apprivoiser et dépasser la frustration.

Apporter une présence chaleureuse à l'enfant réconforte

À bien différencier de toute séduction, qui n'a aucune place dans l'éducation.

Développer la patience, indispensable pour apprivoiser la frustration

C'est par absorption de la capacité de patience et de tolérance des adultes que l'enfant progressera à son tour.

Apprendre à l'enfant à demander ce dont il a besoin sans attendre que l'entourage le devine

Quelle que soit la demande, la réponse peut être négative et induire une possible frustration.

Accepter que la justice puisse souvent faire défaut de notre point de vue

Tout en mettant notre potentiel en œuvre pour améliorer ce qui est à notre portée.

Apprendre à transmuter ses émotions liées à la frustration

- Comment les transformer en compréhension puis en action ?
- Derrière la frustration liée au refus du réel se profile en filigrane l'acceptation de la mortalité.

CHAPITRE 6

DES APPRENTISSAGES VERS L'INDÉPENDANCE

« Il faut mettre la société au service de l'école et non pas l'école au service de la société. »

Gaston Bachelard

Nous voilà devant un chantier énorme et difficile à aborder tant le système éducatif apparaît comme un carcan produisant de nombreux non-sens. Il reflète moult dysfonctionnements de la société et de l'individu, et il est demandé aux enfants de s'adapter. Comme l'exprime Edgar Morin : « Comment [l'enfant] pourrait-il imaginer qu'un des mystères de l'existence se cache dans le travail et l'effort alors que ni l'école ni les parents ne parviennent à les lui présenter autrement que comme un mal nécessaire ?[1] » La période inédite de confinement du printemps 2020 l'a montré : les enfants ont besoin que l'école propose à la fois un cadre

1 Morin Edgar, *Les Sept Savoirs nécessaires à l'éducation du futur*, Seuil, 2000.

structurant, de multiples possibilités relationnelles et une ouverture sur un environnement plus large pour stimuler leur motivation.

L'éducation dure toute la vie, elle est intrinsèquement multidimensionnelle. Nous continuons à l'âge adulte d'explorer le monde : apprendre de la nature, de et sur nous-mêmes, mais aussi des autres et sur les autres, et même apprendre aux autres. Bien entendu, la capacité à développer notre autoéducation est fortement influencée par nos expériences d'apprentissage dans l'enfance. Éduquer consiste à accompagner l'être en devenir à rencontrer à la fois sa connaissance ontologique et une partie du savoir accumulé par les hommes au cours des siècles.

Apprendre à entendre en soi

« Ce qui est révélé sur le plan de la pensée, c'est que la vérité de la vie ne réside pas dans les idées abstraites mais dans l'incarnation, que le suprême état de chaque être ne relève pas de son esprit raisonneur mais de son âme, seule capable en réalité de répondre à l'appel de l'Être, de l'embrasser dans une relation de passion et de communion[2]. »

François Cheng

C'est-à-dire que l'apprentissage s'enracine d'abord dans le corps, qui n'a de cesse d'envoyer les informations nécessaires. Cependant certains modes éducatifs, alliant passivité et abstraction, tendent à rendre sourd à leur écoute. En effet, les signaux informatifs vont passer par le corps au travers de la sensation avant de devenir émotion ou image, puis mémoire expérientielle, point d'appui pour penser.

2 Cheng François, *De l'âme*, Albin Michel, 2016.

Comme l'a exprimé Aristote : « Rien n'existe dans notre intelligence qui n'ait d'abord été dans nos sens. »

L'interprétation intervient après la sensation, elle peut être erronée et devenir projection[3] tant que l'histoire personnelle et transgénérationnelle influe massivement sur elle. Il est essentiel d'encourager l'enfant à se connecter à son ressenti corporel, à observer ses perceptions et lui montrer l'exemple de cette écoute intérieure si subtile. Il s'agit d'un principe éducatif primordial : « apprendre à entendre en soi ».

En effet, plusieurs voix se font souvent entendre qui produisent parfois des cacophonies perturbantes. Elles proviennent de différentes instances psychiques[4] ou parts intérieures ayant des visions contradictoires. Apprendre à les reconnaître, à dialoguer avec elles, permet d'identifier leur origine et de dépasser ces dualités pour retrouver la voix de notre être « connaissant » ou « intuition », dont la justesse nous guidera plus clairement.

Par exemple, une mère qui regardait son enfant escalader un rocher un peu haut ressentait une peur légitime de le voir tomber, tout en sachant qu'il était fort adroit et apte à le monter. Elle avait incorporé l'angoisse de sa propre mère qui lui faisait régulièrement peur quand elle était petite afin de la dissuader de prendre le moindre risque. Or vivre, c'est prendre des risques et il est indispensable que l'adulte accorde à l'enfant de vivre

---

3 Lorsque le sujet expulse de lui et localise dans l'autre (personne ou chose) des qualités, sentiments, désirs qu'il méconnaît ou refuse en lui.

4 En référence à la théorie freudienne qui définit différentes parties de l'appareil psychique (moi, ça, surmoi, idéal du moi) auxquelles peuvent s'ajouter les imagos et le soi de la conception jungienne, ainsi que les « self » et « faux self » de celle de Winnicott.

des expériences avec des risques mesurés. Cela lui permettra de connaître par lui-même ses capacités et ses limites propres, et de faire la part des choses entre son envie de se lancer dans l'aventure et sa peur.

Autre exemple, un père surprotecteur et facilement inquiet empêchait son enfant de prendre le moindre risque (« Attention, tu vas tomber, ne cours pas, ne prends pas ce chemin, il est pentu... ») en lui présentant le monde comme majoritairement hostile. Simultanément, il s'étonnait d'entendre la maîtresse dire que son fils n'osait rien entreprendre.

L'enfant connaît intuitivement ses besoins et ses capacités, or, pour une raison ou une autre, il peut être coupé de cette connaissance. C'est avec l'intention d'être à l'écoute, dans une posture d'observateur factuel, en lien avec son propre ressenti et en lui proposant un environnement riche et adapté que l'adulte pourra l'aider à retrouver cet espace de connaissance, seul véritable guide vers l'accomplissement de son devenir. Dans ce processus, l'adulte apprendra beaucoup de l'enfant, tout apprentissage étant un enrichissement commun.

Le développement de l'intelligence est intimement lié à l'affectivité, et au plaisir de la découverte et du partage. Il s'agit dès lors d'encourager, de soutenir et de stimuler le libre exercice de la curiosité. L'enseignant ne peut véritablement transmettre son savoir que s'il se l'est d'abord joyeusement approprié et que s'il suit l'élan de son cœur à partager les fruits de ses propres apprentissages. Car il va en réalité davantage transmettre la joie stimulée par la connaissance que la connaissance elle-même. Or ceci n'est possible que si la créativité de l'enseignant et celle de l'enfant peuvent se déployer et se nourrir mutuellement.

Par exemple, un professeur de piano, satisfait d'écouter son élève parvenir enfin à interpréter une partition qui lui avait demandé beaucoup d'efforts, s'exclama : « Quel merveilleux moment de musique tu viens de nous offrir, je t'en suis reconnaissant. Veux-tu réfléchir avec moi à la question suivante : qu'est-ce qui a contribué à rendre ce moment possible ? » Le jeune se fit un plaisir de répondre et réalisa à quel point la liste était longue : son travail depuis plusieurs années et celui du professeur, ses parents qui payaient les cours et avaient acheté le piano, le vendeur de piano, le compositeur du morceau, l'impression de la partition et l'inventeur de l'imprimerie, l'arbre à partir duquel avait été construit le piano... De surcroît l'achat du piano avait permis à l'entreprise de vente de piano de prospérer et à d'autres d'acheter des pianos et faire vivre la musique... Cette réflexion fut l'occasion pour l'élève et son professeur de prendre conscience de l'interconnexion entre tous les humains de tous les temps, et entre les humains et l'univers. Ils en ressentirent une joie et une gratitude profondes.

Christiane Singer, lors d'une interview, a tenu les propos suivants : « Il n'y a que le meilleur qui soit assez bon pour les enfants. Il n'y a que la grande littérature, l'art le plus consommé, le plus délicat, qui soit à la mesure de nos enfants. Enseigner ce que l'humanité a produit de plus acéré, de plus haut, de plus grand, c'est ça les nourritures pour les enfants[5]. » Dans cette perspective, il nous semble important de présenter aux enfants, dès leur plus jeune âge, des œuvres d'artistes écologistes tels que Friedensreich Hundertwasser ou Antoni Gaudí, qui ont érigé l'art comme un lien joyeux entre l'être humain et la nature. Oser

5 Interview par le CICNS (Centre d'information et de conseil sur les nouvelles spiritualités), Paris, 23 mai 2006.

être inventif, laisser libre cours aux idées et aux innovations est non seulement d'une grande richesse mais semble crucial pour résoudre d'une façon nouvelle les problèmes complexes posés par la perte de lien avec la nature dans nos sociétés.

Les enfants apprendront plus aisément en saisissant la bienveillance de l'adulte et la confiance qu'il leur accorde, et n'auront de cesse d'y répondre dans la joie du partage. Dans ce sens, les enseignants peuvent avoir une grande influence et une tout aussi grande responsabilité.

Une patiente, dotée d'une vive intelligence et d'une sensibilité à fleur de tout, raconte : « Lorsque j'avais entre 7 et 10 ans, j'ai vécu des abus à répétition. Ma détresse n'était pas perçue par la famille qui avait ma garde, ni par mes parents, pourtant les signes étaient nombreux. L'agresseur, le grand-père, patriarche et propriétaire du lieu de vie où je résidais, avait le pouvoir sur tout son entourage, que cette dépendance rendait aveugle et lâche au point d'offrir de la chair fraîche à l'ogre. Mon instituteur de l'époque, “monsieur JCC”, un homme que je n'oublierai jamais, valorisait sans cesse ma compréhension et avait ainsi métamorphosé l'élève perdue que j'étais en une participante avide d'apprendre et d'honorer la confiance que lui accordait cet enseignant généreux. Mon cerveau, dont le potentiel était dissous dans le chagrin et l'absence de soutien, s'étiolait dans un désespoir de plus en plus prégnant. Cet homme, sans forcément percevoir l'ampleur de ma détresse, m'a détournée d'une tentation suicidaire permanente. J'avais, entre autres choses, pris l'habitude de traverser les rues en courant sans regarder… L'idée du suicide était devenue une sorte de “doudou” auquel je pouvais recourir pour ne pas me sentir obligée de rester en vie.

Savoir que j'allais jour après jour le revoir m'a permis de cesser cette prise de risque. Il m'a redonné confiance en mes facultés d'apprendre. Après cette année scolaire avec lui, j'ai quitté la région avec un mélange de soulagement et la sensation de perdre un allié précieux. Alors qu'il me semblait être dépourvue de toute valeur, percevoir la reconnaissance de celle-ci par cet instituteur a ouvert une brèche qui m'a permis un jour d'élargir cet espace en thérapie. Une envie de vivre avait germé au milieu d'une tentation suicidaire continue. Malgré un parcours scolaire désastreux, j'ai réussi à étudier pour étancher ma soif d'apprendre et faire germer les graines que cet enseignant avait semées. »

Les éducateurs, comme les thérapeutes, ont vocation à être des semeurs de graines dans les esprits, graines qui pousseront et s'épanouiront lorsque cela sera possible. Car ces graines-là ne meurent jamais, elles ont pour noms « amour » et « confiance ». Parfois une structure psychique a tellement été malmenée par l'existence que les séquelles actives empêchent la personne de prendre sa place en ce monde. Le psychiatre Edward Podvoll, auteur de *Psychose et guérison* ainsi que créateur de lieux de vie pour des personnalités abîmées, a démontré que chacun pouvait retrouver l'élan à participer et prendre sa place même si celle-ci ne répond pas aux normes sociales établies[6].

L'individu au centre des apprentissages

La scolarité de certains enfants est parfois très complexe dans notre système éducatif normatif. Ils éprouvent de nombreuses

6 Podvoll Edward, *Psychose et guérison*, La Tempérance, 2007.

difficultés lorsque leurs capacités d'apprentissage sont fortement liées à un besoin de sens et qu'elles sont chargées d'affect dans la relation à l'autre. En effet, il arrive que leur potentiel se bloque lorsqu'ils ne se sentent pas aimés ou qu'ils perçoivent une quelconque forme d'injustice et de jugement. Il est important de parler de l'histoire singulière de chacun avec ses particularités psychiques et émotionnelles. Néanmoins cela nécessite d'être abordé comme une information nécessaire à la connaissance de soi, de manière factuelle et détachée, ni grandiose, ni honteuse, ni à travers le prisme des peurs. C'est une porte à ouvrir avec délicatesse en veillant à ce que l'enfant et les parents soient prêts à entrevoir une réalité autre, à la fois apaisante et inquiétante.

Apaisante car la connaissance de la différence était déjà là et ce n'est qu'une confirmation de celle-ci. Inquiétante car là où il y a de la différence, il peut également y avoir de l'isolement. Il est possible d'expliquer à un enfant présentant une précocité intellectuelle : « Il se trouve que tes facultés intellectuelles sont développées, c'est une de tes caractéristiques, c'est important que tu trouves, le moment venu, comment mettre ces capacités au service de ton développement humain et de la joie que tu pourras ressentir à contribuer au devenir du monde en utilisant tes qualités. »

Des symptômes de type « dys » peuvent ralentir et décourager certains enfants. Parfois ces particularités sont détectées tardivement, c'est souvent le cas lorsque leurs capacités d'adaptation sont telles qu'ils trouvent des voies de compensation. Une précocité intellectuelle peut même être partiellement masquée par ces difficultés et induire un manque de confiance en leur potentiel. Lorsque le processus est perçu et que les causes se révèlent peu à peu, une porte s'entrebâille. Son ouverture sera plus ou moins longue, mais, dès qu'elle n'est plus totalement fermée, la lumière peut commencer à s'infiltrer. Derrière ces difficultés, des peurs et des angoisses se tapissent dont il est important de prendre conscience pour en prendre soin.

D'autres auront une intarissable soif de connaissances et fascineront par leurs prodigieuses capacités d'apprentissage. Certains enfants obligent leurs accompagnants à sortir des sentiers battus et à inventer une éducation qui s'adapte à leur besoin, que ce soit dans la relation, la scolarité ou le suivi des études supérieures, ou encore dans les centres d'intérêt. Il ne faut pas oublier que non seulement nombre d'enfants précoces sont en échec scolaire, mais que ces enfants manifestent des besoins communs à tous : ils sont simplement moins aptes au compromis. Beaucoup de ces enfants sont perçus comme hyperactifs alors qu'ils manifestent leur besoin d'activités nourrissantes et leur désaccord avec ce qui leur est proposé.

Il sera opportun de ne pas se montrer avide des performances de l'enfant, qu'elles soient intellectuelles, sportives, artistiques... et que l'admiration ne soit pas reçue comme : « Je suis aimé pour mes capacités. » Car dans ce cas, l'enfant est subrepticement placé dans un rôle d'idole et se trouve coupé d'une relation vraie avec l'autre – la relation se mettant en place systématiquement à travers l'idéalisation au lieu de partir de l'être.

Dans le cas de grandes capacités, les parents peuvent aussi manifester beaucoup d'attentes et d'exigences qui seront autant de pressions sur l'enfant. Ils peuvent être tentés de vivre par procuration la réussite de leur enfant. Lui-même, connaissant son potentiel, peut mettre la barre haut : « Je dois faire mieux que les autres puisque je suis censé être plus doué. » Il peut aussi nier sa différence et se dévaloriser s'il n'est pas le meilleur. Des parents démunis s'en tiennent parfois à : « De toute façon tu t'en sortiras, tu es doué » au lieu de le soutenir dans la recherche de la meilleure voie pour lui.

On veillera donc à répondre à leur demande de connaissance sans les surstimuler dans un but unique de performance, ni sous-estimer leurs efforts d'adaptation ou leur sensibilité. En effet, ces enfants sont souvent tentés de surinvestir la sphère dans laquelle ils sont performants et fiables de façon à se protéger de l'angoisse. Cela risque de les cadenasser au-dedans. Ce mécanisme est amplifié par notre mode éducatif, qui valorise l'intellect mais sans l'ancrer à la conscience de soi et de l'autre, ce qui fragilise les individus au lieu de les soutenir. Or, il est nécessaire que la stimulation des capacités ne se fasse pas au détriment de la conscience, le plus important étant la relation à soi-même et à l'autre et non la pure performance.

Pour gérer les écarts entre les valeurs familiales et ce qui se passe au-dehors, notamment à l'école, au cours des activités scolaires ou dans les autres familles, il est essentiel d'être au clair et serein sur le choix de ses valeurs propres et sur leur légitimité, même si elles ne sont pas majoritairement partagées. Quand un enfant est confronté à une difficulté avec un enseignant, il est important de le prendre au sérieux et d'en parler avec ce dernier, si nécessaire en prévenant l'enfant. Entreprendre cette démarche lui montre que le parent prend en compte son état et les difficultés rencontrées. Si elles ne sont pas considérées, ces difficultés peuvent engendrer de la souffrance et devenir un traumatisme causé par la banalisation voire le déni d'une problématique.

Il est important par ailleurs de prendre du recul quant à certains dires de l'enfant. Celui-ci peut avoir vécu une chose difficile une fois et l'évoquer à de multiples reprises, soit parce qu'il en reste très marqué, soit parce qu'il comprend que l'adulte lui accorde toute son attention quand il aborde ce sujet délicat, il en dramatise alors le récit.

Pédagogies alternatives inspirantes

> « L'intelligence ne peut être menée que par le désir. Pour qu'il y ait désir, il faut qu'il y ait plaisir et joie. L'intelligence ne grandit et ne porte de fruits que dans la joie. La joie d'apprendre est aussi indispensable aux études que la respiration aux coureurs[7]. »
>
> Maria Montessori

Les pédagogies alternatives peuvent se présenter comme une option vraiment intéressante car elles laissent plus de marge de manœuvre. Néanmoins, les qualités humaines des enseignants demeurent essentielles. Au-delà de toute théorie, aussi bonne soit-elle, c'est la qualité d'être de l'enseignant qui est la seule valeur sûre. Maria Montessori exprimait cette exigence en disant que l'éducateur devait tendre vers le sage, le savant et le chercheur : « La clairvoyance de la maîtresse devrait être à la fois exacte comme celle du savant et spirituelle comme celle du saint. La préparation à la science et la préparation à la vertu devraient lui donner une âme nouvelle, parce que l'attitude de la maîtresse doit être à la fois positive, scientifique et spirituelle[8]. » Or, lorsque l'enseignement qui se proclame plus ouvert et à l'écoute des besoins spécifiques recèle de la dissonance entre la théorie sous-jacente et le réel vécu, l'effet de cette incohérence peut s'avérer plus préjudiciable encore qu'un discours inadapté.

---

7 Montessori Maria, *L'Enfant*, *op. cit.*

8 Montessori Maria, *L'Éducation élémentaire. Pédagogie scientifique*, tome II, Desclée de Brouwer, 2018, chapitre « Préparation de la maîtresse », p. 122.

En premier lieu, la concentration de l'enfant devrait être sacrée et non pas interrompue de façon artificielle et fréquente, que ce soit par une sonnerie pour changer de matière ou par une remarque, qu'elle soit de l'ordre du compliment ou de la réprimande. Les pédagogies Montessori, Steiner, Freinet... y sont particulièrement vigilantes. Les enfants ont déjà tellement de sollicitations à passer rapidement d'une activité à une autre, dans notre monde saturé d'informations, qu'il leur devient difficile de maintenir une concentration soutenue. Or cette concentration est un préalable indispensable à tout apprentissage en profondeur. Elle contient une teneur méditative tout à fait précieuse permettant de se mettre en lien avec son intériorité et de laisser libre cours à sa créativité. Cette méditation est nourrissante et apaisante, et permet des relations sociales plus sereines.

Proposer beaucoup d'expérimentations et s'appuyer sur les intérêts voire les passions des enfants (dinosaures, volcans, astronomie, mythologie, animaux, jardinage, sport...) permet d'aborder les apprentissages avec une véritable motivation. En effet, un enfant motivé peut abattre un travail considérable alors que, si l'envie fait défaut, il peut refuser radicalement tout apprentissage d'une façon plus ou moins visible et plus ou moins différée dans le temps.

Prenons l'exemple de Yoko, 6 ans, brillant par ailleurs, qui ne voulait pas apprendre à lire. Un jour sa grand-mère lui demande : « Mais qu'est-ce que tu apprends à lire à l'école ? » Ce à quoi l'enfant répond : « L'histoire du poisson rouge dans son bocal qui fait glop glop..., je m'en fous. » Un peu plus tard, alors qu'il rechignait à lire, sa grand-mère lui dit qu'elle serait contente qu'il lui lise une histoire pour son anniversaire. L'idée de choisir lui-même le livre et de le partager avec sa grand-mère le réjouit et il eut plaisir à faire l'effort de lire.

La répétition des activités avant 6 ans est généralement parfaitement adaptée aux enfants de cet âge, alors que l'enfant avec précocité peut rapidement s'en désintéresser. Ce qui rend nécessaire la multiplication des propositions pour développer une même compétence. De même une attention particulière sera requise au moment du choix de son orientation car l'abondance de possibilités pourra le déstabiliser.

En rentrant de l'école, Norah, 5 ans, visiblement contrariée, dit à ses parents : « Elle est bizarre, la maîtresse, elle nous a appris comment faire une division, j'ai compris, et après elle voulait que j'en fasse d'autres. J'avais compris ! » Pour elle, la répétition est absurde si elle est envisagée en termes de vérification et non pas d'entraînement.

Après une phase d'investissement dans son travail scolaire, l'enfant aura besoin d'un temps de maturation, car les phases d'intégration sont aussi nécessaires que les phases d'apprentissage. Ces temps d'intégration seront l'occasion de proposer des activités totalement différentes, telles qu'artistiques (musique, arts plastiques...) ou pratiques (jardinage, organisation de sortie...). Il sera alors bon d'entendre et de soutenir le désir de l'enfant, mais en l'aidant à s'en donner les moyens.

Par exemple, dans les classes Montessori 6-12 ans, l'organisation de sorties en petits groupes fait partie intégrante de l'enseignement. Les enfants décident de la visite qu'ils souhaitent effectuer et en organisent toutes les modalités pratiques : le transport, le budget, les horaires, la recherche d'un accompagnateur parmi les enseignants ou les parents d'élèves... Ce « chaperon » sera chargé d'assurer la sécurité des enfants tout en leur laissant un maximum d'autonomie. Notamment, il n'interviendra pas en cas d'éventuelles erreurs d'orientation et leur laissera le temps de s'en rendre compte par eux-mêmes, de se concerter et de trouver une solution rectificative.

L'enfant apprend beaucoup en dehors de l'instruction académique. Lors du confinement de 2020, nous avons accompagné des parents très inquiets quant au déficit de motivation que ne pourrait surmonter leur enfant dans le cadre de l'enseignement à distance. Par contre, ils étaient peu conscients de ce que l'enfant pouvait apprendre de leur présence en cuisinant ou simplement en discutant avec eux. La vie en elle-même est apprentissage.

Le mélange d'enfants d'âges différents et regroupés selon les phases de développement[9] au sein d'une même classe associé à une certaine individualisation du travail permet à l'enfant d'apprendre à son rythme (qui peut être différent selon les domaines) tout en restant dans un environnement adapté à son âge. Cela présente un grand intérêt en termes d'apprentissage des relations sociales, de tolérance et de stimulation.

Proposer à l'enfant dès son plus jeune âge des apprentissages concrets avec de nombreuses manipulations et des travaux manuels exigeant de la précision lui permettra à la fois de développer sa motricité fine et de faire l'apprentissage de la patience. Il est fréquent en effet que l'enfant avec précocité, et en particulier le garçon, rencontre des difficultés de motricité fine. Sa vitesse de réflexion étant plus rapide que ses capacités motrices, il appréhende les choses avant de les finaliser et désire rapidement passer

9 Telles que décrites par Maria Montessori.

à autre chose de plus stimulant. Attendre et différer est une gageure pour lui et il est intéressant de le lui formuler : « Je comprends que ce soit difficile pour toi que ton corps ait besoin de plus de temps que ton cerveau pour agir. » Prendre l'habitude de mener les travaux manuels jusqu'à leur terme, en veillant bien sûr à ce que cela soit réalisable et en y consacrant tout le temps nécessaire, constituera un excellent exercice d'apprentissage de la persévérance et lui permettra de supporter l'inévitable frustration liée à certains enseignements.

Par ailleurs, utiliser le virtuel et entrer avec l'adolescent dans ce monde fantastique et potentiellement créatif, comme le font Serge Tisseron et Frédéric Tordo[10] dans leur accompagnement thérapeutique, s'avère d'une grande richesse relationnelle. Pour ce qui est du plus jeune enfant, même s'il préfère assembler un puzzle sur un logiciel, il a un besoin impérieux de manipuler et de se confronter à la matière. C'est une grande aide pour canaliser son énergie, développer sa spatialisation, faire face à la frustration de la lenteur du geste par rapport à la rapidité de l'idée, et ne pas risquer de tomber dans un trouble de déficit de l'attention.

Bien qu'ils aient souvent l'habitude de passer un temps considérable devant leurs écrans, au temps du confinement les jeunes exprimaient que le lien « en vrai », avec les camarades et les professeurs, était ce qui leur manquait le plus. Les adolescents en thérapie faisaient part de leur préférence à se déplacer au cabinet pour leur séance plutôt que d'utiliser des médias virtuels.

10 Serge Tisseron est psychiatre et psychanalyste, membre de l'Académie des technologies depuis 2015. Frédéric Tordo est docteur en psychologie clinique et psychanalyste. Ils ont coécrit *L'enfant, les robots et les écrans – Nouvelles médiations thérapeutiques*, Dunod, 2017. Tous deux sont membres de l'Association européenne Nicolas Abraham et Maria Torok.

Dans nos cultures, l'enfant est appelé à trouver un équilibre entre la valorisation de ses propres capacités et la coopération avec les autres dans un but commun, cette dernière étant souvent moins sollicitée et reconnue dans le milieu scolaire traditionnel. Vivre à la fois son individualité et son appartenance à une communauté est un challenge crucial. Rénilde Montessori l'exprime ainsi : « La capacité de contribuer au bien commun et celle d'assumer des responsabilités sont des facultés essentielles qu'il vaut mieux qu'un enfant – si l'on veut qu'il devienne un adulte digne de ce nom – acquière très tôt car alors elles s'intègrent dans sa personnalité et, plus tard dans la vie, il ne risque pas de percevoir le travail et les responsabilités comme des punitions imposées de l'extérieur ou comme une injustice arbitraire[11]. » Comme l'évoque Hannah Arendt, appartenir à un groupe est un fait de naissance, puis l'individuation par la pensée favorise l'autonomie au-delà du besoin d'appartenance. Participer au collectif sans s'identifier au groupe est un cheminement qui doit être solidement préparé pour traverser l'adolescence sans s'embourber ou se perdre dans les fréquents besoins d'identification à un groupe. C'est ce que favorise le travail analytique : être en relation avec soi avant d'être dans une croyance collective.

11 Montessori Rénilde, *Éducateurs sans frontières*, Desclée de Brouwer, 2000, p. 71. Rénilde Montessori est la petite-fille de Maria Montessori.

Apprendre à traverser l'angoisse

> « Le seul problème avec la tristesse, le désespoir, la colère, l'inquiétude, l'angoisse, la misère, c'est que vous voulez vous débarrasser d'eux. C'est là le seul obstacle. Vous devez vivre avec eux[12]. »
>
> Osho

Cette façon de formuler les choses peut paraître fataliste alors que, au contraire, c'est bien en acceptant l'expérience telle qu'elle nous est proposée qu'il est possible d'avancer vers plus de liberté grâce à une relation à soi-même toujours plus pleine et tranquille.

Un humain qui va bien, c'est-à-dire qui entretient une relation paisible et bienveillante avec lui-même, vit néanmoins des moments d'inconfort, de marasme, de transformation, de transmutation. Parfois, l'intensité du malaise ressentie est au bord de l'insoutenable. Cette ampleur des ressentis peut générer beaucoup d'inquiétude pour l'entourage. S'il ne faut pas le nier, il ne faut pas non plus considérer cela avec une anxiété trop forte car la possibilité de retrouver la joie peut être tout aussi rapide et intense que celle de plonger dans l'angoisse.

Nous ne considérons pas qu'il soit nécessaire de souffrir pour évoluer. Nous pensons au contraire que ce sont les marques de souffrance liées à l'enfance et se réactualisant dans du similaire qui induisent les périodes d'angoisse, de tristesse ou de désespoir. Ces traversées peuvent néanmoins être utilisées comme un terreau d'évolution, sachant que les moments de grâce sont tout aussi porteurs pour le développement de l'être. L'important est d'être conscient de l'impermanence des états émotionnels sans accroche

12 Osho, *Un art de vivre et de mourir*, Le Relié, 2014.

ni identification. Les émotions nous traversent, elles ne nous définissent pas (« Il y a de la tristesse en moi », plutôt que « Je suis triste »).

Surtout chez un être en construction, le soutien de l'autre dans ces moments de tempête interne sera tout à fait salutaire, voire vital. C'est pourquoi, quand l'enfant ose demander de l'aide, nous pouvons valoriser son courage et souligner son humilité, lui expliquer que savoir solliciter des appuis est une forme d'autonomie car l'entraide fait partie des besoins vitaux. L'enfant intériorisera ainsi ce soutien auquel il pourra se référer tout au long de sa vie. Il sera d'autant plus apte à se tourner vers des personnes ressources de qualité qu'il aura intégré l'expérience d'une véritable relation aidante.

C'est essentiellement notre présence qui lui permettra de trouver sa propre solution. Nous sommes là non pour lui éviter des problématiques mais pour l'aider à se relever en utilisant les richesses de sa personnalité, tout en veillant à ne pas le laisser dans des situations ingérables.

Par exemple, une mère souhaitait changer d'école sa fille âgée de 7 ans car cette dernière se plaignait d'une de ses camarades de classe qui refusait de jouer avec elle alors qu'elle souhaitait être son amie. La mère était fortement attristée par le fait que sa fille se sente ainsi rejetée. Il se trouve que cette femme était elle-même régulièrement confrontée à ce sentiment d'exclusion dans ses relations amicales. Le travail thérapeutique lui a permis de comprendre sa part de responsabilité dans de telles situations. Elle réussit à accepter que sa fille expérimente des liens d'amitié parfois complexes, tout en lui apportant son soutien pour qu'elle ne s'en retrouve plus victime. En outre, autour de 6 ans, l'enfant n'est plus autant centré sur lui-même et entre véritablement dans l'âge social. Il traverse souvent des périodes de relations qui semblent un peu houleuses avec ses camarades (« T'es ma copine/mon copain, t'es plus ma copine/mon copain... »). Lorsque c'est possible, il s'avère plus constructif d'amener l'enfant à surmonter sa difficulté plutôt que de chercher à la fuir, car le phénomène se répétera vraisemblablement ailleurs.

Un enfant se plaignait à sa mère de son camarade qui lui avait menti : il n'était pas venu jouer avec lui, prétextant qu'il avait des devoirs à faire, alors qu'il était parti faire du vélo avec son grand-père. L'enfant était très peiné et sa mère, fort empathique, chercha à soulager son fils le plus rapidement possible. Elle l'écouta et lui témoigna toute sa compréhension face au comportement tellement décevant de ce camarade. Cette attitude, qui permit à l'enfant d'exprimer son ressenti et de se sentir compris, risquait aussi de l'enfermer dans un rôle de victime. En effet, il aurait été également nécessaire de questionner la situation : « D'après toi, pourquoi ton copain a-t-il réagi comme cela ? Pourquoi ne pas t'avoir dit simplement qu'il préférait aller faire du vélo avec son grand-père ?... » Ainsi, l'enfant aurait pu se décentrer, tenter de comprendre ce qui se jouait dans la situation, prendre conscience de son éventuelle part de responsabilité et du fait que le camarade n'était peut-être pas en mesure de lui avouer son choix.

L'angoisse est inhérente à tout passage entre le connu et l'inconnu. C'est important d'apprendre à naviguer, à traverser ces zones d'inconfort, à ne pas vouloir les combler à tout prix par quelque chose de rassurant (jeux vidéo, nourriture, substance, solutions toutes faites...) pour tenter d'en sortir le plus rapidement possible. Une autre tentation pour sortir de l'angoisse consiste à chercher la rupture avec une situation ou une personne et/ou encore, à l'extrême, sa propre vie. Ce renoncement souvent destructeur provient d'une difficulté à rester dans l'inconfort. Quand l'angoisse est trop forte, il semble parfois moins coûteux de s'en débarrasser au plus vite par une action radicale. Cette voie réactive engendre souvent des regrets, car le désir réel n'a eu ni le temps ni la place d'apparaître.

La période inédite ouverte par la crise « Covid-19 » de 2020 a montré comment l'inconnu, qui nous confronte à un vide sans repères, favorise la construction des pires des scénarios[13]. Or il s'agit là d'un paradoxe à reconnaître : envisager le pire pour faire face à l'angoisse s'avère dans un premier temps apaisant, car il donne une illusion de compréhension et de contrôle, mais c'est en réalité générateur d'encore plus d'angoisse. Il est difficile d'avoir une vision globale dans une situation à chaud. Ne pas se laisser envahir par une idée ou une réaction émergeant uniquement de la peur demande un positionnement interne qui permet d'observer une situation avec un regard neuf. Tenir compte du passé, de la réalité présente, de ses propres sensations afin de penser une situation demande une grande vigilance pour naviguer entre peurs projetées et perceptions réelles d'un danger ou d'une absurdité. Cette distinction peut être difficile à établir seul, un accompagnement thérapeutique s'avère alors particulièrement éclairant.

Le rapport au temps différemment expérimenté pendant la période de confinement, à la fois privation de liberté de façon

13 Ce pire ayant déjà existé (génocides, totalitarisme...).

parfois autoritaire ou possibilité d'intériorisation et de prise de recul sur sa vie habituelle, a montré que l'introduction de vide dans le temps permet aussi de percevoir nos besoins réels. Si chaque individu ne se responsabilise pas, une brèche s'ouvre vers l'autoritarisme. Aussi est-il impérieux que l'éducation favorise l'autonomie, la responsabilisation et le respect, qui pourra devenir civisme, plutôt que de cultiver l'habitude de devoir obéir sans penser.

Il est également nécessaire que l'enfant ait un peu d'espace-temps pour s'ennuyer, ou plutôt s'adonner à la rêverie. Là réside pour lui l'opportunité de trouver ses propres ressources, d'aller à la rencontre de lui-même et de contacter ainsi son désir et sa créativité. Quand les occupations se succèdent de façon permanente pour le nourrir intellectuellement sans lui offrir des moments de rêverie, il risque de se couper de certaines facettes de lui-même et de ne plus percevoir son réel désir.

L'ennui est aussi l'espace-temps vide qui permet à la créativité d'émerger. Il est perçu comme inquiétant lorsque l'individu, quel que soit son âge, se réfugie dans le « faire » pour se sentir exister, valorisé ou aimé... Éviter totalement cet espace d'ennui où peurs et angoisses peuvent ressurgir demande énormément d'énergie, et se révèle à la longue impossible. L'impuissance est une des émotions les plus difficiles à gérer, c'est pourquoi il peut y avoir confusion entre le « faire compulsif », pour contenir l'angoisse, et l'« action à poser », qui va permettre de sortir de l'impuissance, même si c'est à une toute petite échelle. Refuser de traverser le vide empli de « je ne sais pas » peut induire la tentation de solutions immédiates pour remplacer ce « je ne sais pas » angoissant par un « je sais » illusoire. Avec notre soutien, l'enfant aura besoin d'apprendre à trouver ses solutions, et de garder confiance en leur laissant le temps d'apparaître.

Quand la direction à prendre n'a pas encore de forme, ces moments durant lesquels « on ne sait pas » alors qu'on aimerait tellement qu'il y ait une bonne voie tout de suite sont à traverser avec foi et humilité, ce qui est encore plus difficile quand il s'agit de soutenir ses enfants dans ces inévitables passages « à vide ». Il est nécessaire de faire sienne cette période d'inconfort inhérente à toute transition d'un état à un autre et d'apprivoiser le temps fort délicat du « je ne sais pas » ou « je ne veux pas qu'il en soit ainsi » par le sentiment d'impuissance momentanée qu'il procure. Être tranquille avec le temps du « je ne sais pas » fait aussi partie des grands apprentissages des humains, et ce à tout âge !

Parfois nous nous trouvons au croisement de deux chemins d'expériences différentes dont l'un peut être plus complexe que l'autre. Dans ces cas, l'apaisement interviendra si nous savons alors nous connecter à « ce que j'ai envie de vivre » plutôt qu'aux risques et aux peurs de se tromper ou de perdre quelque chose. Dans la détente que cette attitude apporte, en se laissant le temps, souvent la solution émerge naturellement et peut devenir évidente. Lorsque le vide engendre une difficulté qui paraît insurmontable, il s'agit en général de traces de blessures qui s'activent dès que l'occasion leur en est donnée. C'est une épreuve qu'il ne faut surtout pas essayer d'éviter mais au contraire qu'il convient de traverser, surmonter et dépasser. Autrement, l'inquiétude ira grandissante.

Ce « je ne sais pas » qui peut paraître « vide » lorsque l'état de rêverie n'a pas été validé comme un état d'ouverture à tous les possibles est alors une illusion angoissante et une erreur dramatique. Car le vide, lorsqu'il est perçu sans angoisse, diffère du vide ressenti comme un gouffre sans fond. La réalité du vide est que tous les potentiels sont là mais qu'ils ne sont peut-être pas encore accessibles. Ils ne pourront se dévoiler que dans l'acceptation de cet état en se donnant du temps. Ce dévoilement advient lorsque la solitude, celle qui n'est pas isolement, permet une relation profonde à sa propre intériorité.

Cette intériorité existe de tout temps et à tout âge, elle doit être protégée et cultivée. Par exemple lorsqu'un tout petit enfant est dans la contemplation et la fascination provoquées par l'observation du vivant, comme l'émerveillement vécu par un bébé observant le jeu de la lumière dans les feuilles; ou bien, un peu plus tard, comme l'observation d'un escargot qui se déplace tout doucement; ce sont là des moments de grâce à honorer dans le silence et la présence. Ces petits instants qui peuvent passer inaperçus sont des ancrages puissants à préserver et à accompagner avec respect.

L'urgence à faire, « aller se laver », « manger », « être à l'heure à l'école », s'oppose parfois à l'apprentissage du respect de soi et de l'autre. C'est une fausse urgence, qui peut briser un moment de grâce, habituer à l'obéissance aveugle ou provoquer de la révolte. Dans tous les cas, c'est le lit d'une angoisse qui va se distiller dans les profondeurs de la personnalité. « Je ne veux laisser à personne le pouvoir de me faire subir ou de provoquer ma révolte », disait Marshall Rosenberg. Pour cela, il faut être capable de se positionner. Un être qui alterne entre soumission et révolte ou bien se cantonne dans un de ces deux rôles est bloqué par son passé éducatif, ses croyances et son histoire.

Si le temps du merveilleux est reconnu et salué, le « vide-vacuité » sera vécu comme une reliance avec l'unité et l'invisible qui se dévoilent subrepticement. L'« urgence à être » est la seule qui soit issue de la vérité, toutes les autres sont mensonges. Parfois, l'adulte a besoin qu'une tâche soit effectuée rapidement alors qu'il s'agit d'une tension interne qu'il tente de soulager ou d'une volonté d'obéissance à des codes sociaux. Il est important qu'il en soit conscient et qu'il se questionne sur la pertinence de cette obéissance, car les enfants, tôt ou tard, ne manqueront pas de le faire.

L'anticipation d'un échec possible est souvent source d'angoisse. Le conférencier et essayiste Idriss Aberkane considère l'échec comme un diplôme car il est expérience. Pour certains enfants, ne pas réussir immédiatement est très douloureux, voire insupportable. Il s'agit à la fois d'une forme de fierté et d'une peur profonde de ne pas être à la hauteur des demandes, de leur propre vision d'eux-mêmes, et de ne pas avoir la capacité de trouver leur place dans la société. C'est une douloureuse difficulté à assumer et, là aussi, trouver la voie du milieu demande patience et persévérance.

Transition de l'adolescence vers l'âge adulte

L'adolescent entr'aperçoit la future liberté qui l'attend et il peut avoir l'impression d'y être déjà. À ce stade de développement, il connaît un besoin grandissant d'indépendance. Il arrive qu'il se sente à l'étroit dans son milieu familial et son environnement, et il s'en trouve alors déstabilisé. Il est naturel qu'il aspire à un degré d'indépendance pour lequel, souvent, il n'est pas prêt et qu'il en ressente une frustration plus ou moins importante. Il est également naturel que ses parents continuent à poser un cadre correspondant à leur mode de vie et contribuant à le sécuriser. Ainsi ces deux réalités se confrontent, témoignant d'une saine évolution, néanmoins des aménagements permettront de rendre les relations plus confortables.

Entre la vie familiale et la vie étudiante sans plus aucun contrôle, il peut être parfois opportun de passer par une étape, encadrée, qui sera différente pour chacun (internat, hébergement en famille à l'étranger...), au cours de laquelle l'adolescent sera responsabilisé et ne se reposera plus uniquement sur le cadre familial. Maria Montessori préconisait l'internat à partir de 12 ans. Dans un internat « Montessori », les jeunes sont amenés à se prendre en charge : préparer les repas, faire ses lessives, le ménage... Selon les préconisations de Maria Montessori, un tel lieu devrait comporter des cultures agricoles et une ferme pour prendre soin des animaux. À cet âge, les liens avec les pairs sont importants mais l'accompagnement par des adultes solides et bienveillants l'est tout autant. Les adolescents sont alors ravis de retrouver leur famille le week-end et de partager leurs expériences. Du côté des parents, quand la possibilité leur est offerte de ne pas être confrontés en permanence aux difficultés inhérentes à cette période de la vie, ils s'en trouvent beaucoup plus détendus pour les accueillir.

C'est aussi un âge où les jeunes prennent pleinement conscience des erreurs et des faiblesses de leurs parents, et les pointent du doigt avec force et intransigeance. Les parents ne sont pas les héros que le petit enfant avait fantasmé. L'autre versant de ce fantasme est le dénigrement. L'adolescent a besoin de se confronter à l'adulte et de le contredire. L'adulte doit se garder de prendre ces critiques pour lui-même. C'est un exercice périlleux. Mais la jeune personne réclame en face d'elle un adulte ferme, qui a confiance en lui et qui sait aussi se remettre en question.

Le besoin de « temps vague » des adolescents est parfois énorme et mal accepté par les parents, qui y voient généralement une perte de temps, un gâchis de potentiel, voire un manque de concentration ou une forme de paresse. Aujourd'hui, ce « temps vague » est souvent passé devant les écrans, qui leur apportent une jouissance immédiate alors qu'il leur serait plus profitable, de temps à autre, de faire face à ce vide, comme nous l'avons développé précédemment.

Désir et impuissance sont deux forces qui s'opposent et dont il peut résulter une forme de nonchalance, voire de léthargie. Les parents et professeurs devront rester vigilants quant aux jugements qu'ils portent alors sur les jeunes par rapport aux exigences attendues. Les injonctions et les pressions, notamment par rapport à la réussite scolaire, commencent de plus en plus tôt. Là encore, le bon ratio se situe entre stimulation, cadrage et respect des moments de basse énergie, qui ont des causes physiologiques. Le corps des adolescents est en constante mutation et la quantité d'énergie disponible est variable. Certaines phases de croissance exigent un réel besoin de repos.

Les adolescents voient large et grand, et leurs aspirations ne sont pas forcément directement atteignables. Ils en ressentent alors une sensation d'impuissance qui les paralyse. Dès qu'il y a du mouvement, des possibilités se dessinent, chaque petit geste nous remet dans le mouvement de la vie, alors que si nous restons figés, l'impuissance devient réalité.

Lorsque les enfants cultivent un art ou un sport en particulier, c'est très réconfortant pour eux, une fois devenus adolescents, de s'exprimer au travers d'un instrument de musique ou bien d'un sport qu'ils maîtrisent suffisamment. C'est une façon de garder une continuité avec l'enfant qu'ils ont été. D'autant qu'il est parfois plus difficile de fournir l'énergie nécessaire à un nouvel apprentissage en période d'adolescence.

Pour certains, il est compliqué de partager leur art (chant, musique, danse, peinture...), car ils sont perfectionnistes, ils ont peur de la critique et n'osent pas se dévoiler. Leur expliquer que ce ne sera jamais une technique parfaite qui touchera l'humain les apaisera. Ce qu'ils ont de précieux à offrir réside dans la vérité de l'interprétation en lien avec une sensibilité reconnue et acceptée. Le recours à l'esprit *kintsugi* sera également d'un secours précieux. Il s'agit d'un art traditionnel japonais qui consiste à réparer un vase ou bol cassé en soulignant ses lignes de faille avec de la véritable poudre d'or au lieu de chercher à les masquer. L'objet devient alors paradoxalement encore plus beau. Ainsi, on suggère qu'une fêlure, qu'elle soit d'ordre physique ou psychique, peut être sublimée.

Avec la prise de conscience de l'obligation de devenir indépendant émergent aussi, et sont rendues plus nettement visibles, toutes les fragilités de l'adolescent. Les parents peuvent en être surpris, voire déroutés. Et alors qu'ils pourraient croire que leur travail éducatif est terminé, ils doivent au contraire rester très vigilants au cours de cette période d'extrême vulnérabilité. En effet, après la période de latence, de 6 à 12 ans, toutes les expériences vécues depuis la conception vont se réactualiser. Tout en conservant une présence accessible et rassurante, il sera demandé aux parents de s'adapter à ces changements constitutifs de cette période d'évolution.

Concernant l'orientation professionnelle, certains manifesteront une vocation évidente qu'ils suivront sans peine, alors que d'autres tâtonneront, et il faudra les accompagner et les soutenir dans leurs changements d'orientation. D'aucuns peuvent être orientés vers des études parce qu'ils possèdent les qualités intellectuelles nécessaires. Cependant, s'ils ne sont pas toujours prêts pour ce changement radical, et sous la pression qui domine dans certains cursus élitistes, ils peuvent s'effondrer. D'autres encore peuvent sembler suivre une route simple et toute tracée alors qu'en réalité ils obéissent à des codes familiaux qui peuvent ou non leur convenir à long terme.

Il est préférable que le jeune adulte traverse une phase d'hésitations avant de découvrir la voie qui lui correspond vraiment plutôt que de s'engager tête baissée dans un parcours qui ne l'épanouit pas et de s'en rendre compte tardivement avec une impression de temps perdu, voire d'amertume. Du reste, toute expérience est source d'apprentissage. Nous recevons régulièrement dans nos cabinets des adultes qui ont suivi des parcours parfois brillants et qui s'écroulent après quelques années car il s'agissait justement d'une obéissance inconsciente et non d'un véritable choix faisant sens pour eux-mêmes. « Choisissez un travail que vous aimez et vous n'aurez pas à travailler un seul jour de votre vie », disait Confucius.

Il est vital pour le psychisme du jeune adulte en devenir de bien différencier capacités intellectuelles et possibilités de l'ensemble de la personnalité à s'engager dans une voie qui soit fructueuse pour l'individu, et par extension également bénéfique à la collectivité. Autrement, il résultera ce qu'évoque Edgar Morin à leur propos : « Hantés par un besoin irrépressible de liberté, ils se cognent sans cesse au terrible sentiment d'impuissance qui vient de ne pas être comme il faut. Ne pouvant emprunter les chemins ordinaires et n'ayant pas appris à frayer les leurs, ils sont condamnés à hoqueter entre leurs envies toujours plus fugaces et leur angoisse toujours plus pressante[14]. » Cette description alarmiste est néanmoins le reflet d'une réalité qui n'est pourtant pas inéluctable.

14 Morin Edgar, *Les Sept Savoirs nécessaires à l'éducation du futur*, *op. cit.*

Le temps de l'adolescence devrait être le temps des idéaux et des ambitions grandioses, le temps des projections vers un avenir riche de possibles. Il est vrai que la période actuelle et les prédictions catastrophiques concernant l'avenir de la société et de la planète confortent plutôt leur sentiment d'impuissance et pourraient briser leur élan. Les difficultés à surmonter pour réaliser leurs rêves peuvent les faire renoncer, parfois de façon autodestructrice. C'est en accueillant leurs rêves et leurs idéaux avec bienveillance, sans dérision ni réalisme trop grand, que nous les aiderons à combattre le découragement.

Si l'adulte a peur, souvent parce qu'il a connu des expériences difficiles à l'adolescence, il peut être tenté de maintenir l'adolescent dans un statut de « jeune enfant ». C'est le meilleur moyen pour qu'il s'adonne à des conduites à risque dans la sexualité ou la drogue, tentant ainsi de s'émanciper, alors qu'il s'agit en réalité d'artifices qui au contraire le mènent vers la dépendance. Or, il a besoin de vivre des aventures, sortes de rites initiatiques témoignant de son évolution. Le sport, les voyages, les actions humanitaires, sont autant de propositions adaptées pour canaliser et répondre à ses besoins.

Il est bon pour l'adolescent de se projeter du côté mystérieux et extraordinaire de la vie, bénéfique de lui permettre de prendre le risque de ses aspirations, de sa propre vision du monde. La confrontation au réel saura le ramener dans la voie du juste milieu, celle de la responsabilisation et de la maturité.

Accompagner la rencontre de sa connaissance ontologique et d'une partie du savoir accumulé par les hommes au cours des siècles

L'enfant apprend beaucoup en dehors de l'instruction académique, la vie en elle-même est apprentissage !

Transmettre la joie stimulée par la connaissance

- Le développement de l'intelligence est lié à l'affectivité et au plaisir de la découverte et du partage.
- La créativité de l'enseignant et celle de l'enfant doivent pouvoir se déployer et se nourrir mutuellement.

S'appuyer sur les intérêts de l'enfant pour susciter une véritable motivation

Proposer dès le plus jeune âge des apprentissages concrets avec des manipulations minutieuses afin de développer la motricité fine, l'attention et la patience.

Considérer la concentration de l'enfant comme sacrée !

- Elle est préalable à tout apprentissage en profondeur.
- Elle recèle une teneur méditative favorable à la mise en lien avec son intériorité et sa créativité.
- Elle est apaisante et permet des relations sociales plus sereines.

Apprendre à « entendre en soi »

- Encourager l'enfant à se connecter à son ressenti corporel et à observer ses perceptions.
- Lui montrer l'exemple de cette écoute intérieure.
- L'important est la relation à soi-même et à l'autre, et non la pure performance.

Laisser à l'enfant du temps pour s'adonner à la rêverie

C'est l'opportunité d'aller à la rencontre de lui-même, de trouver ses propres ressources et de contacter son désir et sa créativité.

Favoriser le développement de la pensée propre de l'enfant

La responsabilisation et l'apprentissage du respect par l'exemple et la réflexion préparent au civisme et à l'autonomie, au-delà du besoin d'appartenance.

Prendre conscience de l'impermanence des états émotionnels

- Être tranquille avec le temps du « je ne sais pas ».
- Accepter les expériences telles que proposées par la vie pour avancer vers plus de liberté.

Être au clair et serein sur le choix et la légitimité de ses valeurs propres

Même si elles ne sont pas majoritairement partagées !

Zoom sur l'adolescence
Permettre à l'adolescent de s'exprimer au travers d'un art ou d'un sport dont il a développé la maîtrise plus jeune

Cela l'aidera à rester connecté à l'enfant qu'il a été.

Ne pas prendre les critiques de l'adolescent au premier degré et savoir se remettre en question

L'adolescent a besoin de se confronter à l'adulte !

Accueillir rêves et idéaux avec bienveillance, sans dérision ni réalisme trop grand...

- Lorsque sa pensée s'est développée préalablement, la confrontation au réel saura ramener l'adolescent dans la voie du juste milieu.
- L'adolescent a besoin de vivre des aventures « initiatiques » témoignant de son évolution.

Respecter le besoin de « temps vague » des adolescents

Équilibre à sentir entre stimulation, cadrage et respect des moments de basse énergie.

Différencier capacités intellectuelles et possibilités de l'ensemble de la personnalité

Cela est valable aussi bien au moment de l'orientation vers un cursus d'études supérieures que lorsqu'il s'engage dans une voie professionnelle.

CHAPITRE 7

FACE AUX QUESTIONNEMENTS EXISTENTIELS

« Il faut apprendre à naviguer dans un océan d'incertitudes à travers des archipels de certitude[1]. »

Edgar Morin

Souvent, les enfants, et cela d'autant plus quand ils sont dits « précoces », interpellent les adultes avec insistance et les confrontent à des sujets de type existentiel tels que l'apparition de la vie, la naissance, la sexualité, la mort, la justice, la vérité... Comme Lucie, par exemple, qui du haut de ses 4 ans demande : « Mais le premier homme, maman, il n'avait pas de parents, comment il a pu naître ? »

Ces enfants prennent en effet conscience, de façon plus ou moins prégnante, qu'il existe des mystères devant lesquels les adultes n'apportent pas de réponses claires ou satisfaisantes, et qui même

1 Morin Edgar, *Les Sept Savoirs nécessaires à l'éducation du futur*, *op. cit.*, p. 16.

les embarrassent. Ils s'aperçoivent alors que leurs parents ne sont pas en mesure de leur fournir toutes les réponses, et ils découvrent, avec l'impermanence de la vie humaine, l'incertitude et l'impossibilité de maîtrise absolue, source d'angoisse pour nombre d'humains. Ils vont devoir faire face eux-mêmes à leur questionnement et commencer leur propre cheminement de pensée. Il sera préférable que les adultes, confrontés aux limites de leurs propres connaissances, abordent ces sujets, pour lesquels ils ne disposent pas de réponses immédiates, avec toute l'humilité nécessaire. Au-delà de l'angoisse que ces sujets peuvent générer, cette humble attitude pourra leur permettre de commencer une quête commune ou de soutenir celle de l'enfant, et ainsi de stimuler entre eux un lien puissant.

Développer la pensée face à l'angoisse

L'attitude de l'adulte face à la part d'angoisse universelle liée à ces interrogations naturelles va être déterminante. S'il préfère la nier ou la refouler, l'enfant ne pourra pas dépasser sa propre angoisse. Si au contraire elle est regardée comme une porte vers un ailleurs, la peur de l'enfant ne pourra en être ni stimulée ni décuplée. Celui-ci ne risquera pas, par ricochet, d'incorporer l'angoisse de l'adulte et d'être porteur d'une émotion qui l'enfermerait parce qu'elle ne serait pas la sienne propre. En effet, lorsqu'une émotion personnelle est multipliée par celle issue de la lignée des ancêtres (parents ou grands-parents...), tant que cela n'a pas été perçu, la pensée s'en trouve bloquée dans son déploiement.

Les questions des plus jeunes peuvent troubler tant elles sont concrètes et obligent à se confronter à ces aspects primordiaux de la vie que notre société tend à occulter : la naissance et la mort ont souvent lieu à l'hôpital loin du regard des enfants, stérilisant ainsi en partie les ressentis corporels et émotionnels liés à ces événements.

Par exemple, un homme avait eu l'habitude, dès sa petite enfance, d'entendre son père parler simplement de ses expériences de médecin de famille aux Pays-Bas, quand il assistait l'accouchement des femmes et accompagnait ses patients jusqu'à leur dernier souffle. Grâce à cela, cet homme avait naturellement intégré ces deux temps forts de la vie, la naissance et la mort, de façon relativement détendue, car perçus comme constitutifs de l'expérience terrestre.

Qu'avons-nous fait nous-mêmes de ces interrogations soulevées dans notre enfance ? La société place l'enfant dans une situation paradoxale avec d'un côté des croyances en des savoirs qui apparaissent comme des certitudes (par exemple le parent sait que l'enfant doit se laver tous les jours à 18 heures) et d'autre part des trous, voire des gouffres d'ignorance, quand il s'agit d'aborder un sujet tel que la mort. Grâce à leur propre cheminement, les adultes peuvent inciter les enfants à discerner, au-delà de l'angoisse qui découle de ce « non-savoir/ignorance », une trouée sur une quête passionnante parce qu'universelle, reliant tous les humains de tous les temps passés et à venir... Ces mystères, une fois acceptés en tant que tels, peuvent conduire à une forme intime de transcendance, d'intuition, de grâce, d'inspiration, comme le dévoilent furtivement les instants de communion avec la nature ou d'autres êtres, les œuvres d'art, tous ces moments rendus sacrés par la qualité de présence.

S'appuyer sur le sens du sacré

Les jeunes enfants sont extrêmement sensibles au sacré, peut-être parce qu'ils ont traversé récemment ce mystère de la vie et qu'ils restent connectés à leurs perceptions d'avant l'entrée dans l'âge de raison, avant que l'intellect ne prenne le pas sur l'intuition, le ressenti, l'émerveillement. Le sacré est à entendre ici, au-delà de tout dogme, comme un point d'appui stable qui nous fait pressentir une réalité différente, celle de l'âme, et transcender la réalité relative de notre monde. Rendre sacré, c'est mettre de la conscience dans chaque geste, chaque parole, chaque action, qui reflètent alors le monde de l'âme et en restituent la dimension subtile.

Il est possible par exemple d'entretenir ce lien au sacré en célébrant des moments hautement symboliques tels que les solstices[2], qui ponctuent l'année et qui ont été marqués rituellement depuis des temps immémoriaux. Symboles d'un changement d'état, éternels recommencements[3], les solstices sont porteurs d'un message de transcendance évoquant la mort comme l'autre facette de la naissance, boucle vertueuse de la création.

Les enfants sont friands de ces expériences sous forme de créations d'ambiance solennelle hors espace et temps habituels, ritualisées par le silence, les bougies, les chants, les éléments de la nature (fleurs, feuilles, branchages...) propices à l'instauration

2 Solstice : événement astronomique qui se produit lorsque la position apparente du soleil vu de la terre atteint son extrême méridional ou septentrional en fonction du plan de l'équateur. Les solstices correspondent à une durée de jour minimale (en décembre, dans l'hémisphère Nord), marquant le retour de la lumière, ou maximale (en juin, dans l'hémisphère Nord), célébrant la lumière dans toute sa splendeur.

3 *Cf.* temps cyclique, nommé « Aiôn » chez les Grecs anciens.

d'un état méditatif. Par exemple, dans une école Montessori[4] est célébrée la fête des « petites lumières », correspondant à la période d'Halloween. Les enfants récoltent des « trésors » de la nature caractéristiques de l'automne (feuilles colorées, colchiques, pommes de pin...) à partir desquels ils créent un mandala. Puis chacun apporte en chantant sa petite courge, décorée et illuminée d'une bougie, au centre du mandala (« Je marche avec ma lanterne, ma lanterne est avec moi, là-haut brillent les étoiles et moi j'éclaire ici-bas, lumière jaillit dans la sombre nuit[5] »). La symbolique suggère qu'en réunissant nos petites lumières intérieures nous pouvons sereinement accueillir l'obscurité grandissante à l'extérieur et symboliquement vaincre ensemble cette mort apparente... L'enfant en bonne santé psychique est enclin à se relier au sacré et à l'honorer.

Face à la curiosité naturelle des enfants sur ces grandes questions, ne cherchons pas à nier la réalité en éludant ou minimisant les choses, sous prétexte de vouloir les protéger. Au contraire, partageons avec eux la douleur que provoquent la maladie, la mort, la perte sous toutes ses formes ; montrons-leur la vulnérabilité qu'elles engendrent mais aussi la capacité à trouver des ressources dans l'adversité, les préparant ainsi à traverser les épreuves et les chagrins que la vie leur imposera inéluctablement. Il se peut cependant que l'adulte ne soit pas en mesure de parler de la douleur qu'il ressent quelle qu'en soit la cause parce qu'une partie de lui-même refuse de la vivre et voudrait que ce ne soit pas vrai.

---

4 École Montessori internationale de Grasse, « Jardin des Soleils ».

5 Extrait traduit à partir de la chanson traditionnelle allemande « Ich gehe mit meiner Laterne » chantée lors de la célébration de la Saint-Martin (11 novembre).

Pour les enfants, le pire serait de se retrouver seuls devant ces interrogations ou de pressentir qu'il y a du mensonge dans ce qui leur est formulé. De toute façon, ils ne se satisferont pas de réponses édulcorées du type « Après la mort nous allons au ciel... », et s'ils s'en contentent cela risque de les rendre naïfs et donc vulnérables aux manipulations.

Un petit garçon de 5 ans dont la mère était décédée voulait à tout prix prendre un avion, une fusée, construire un engin pour la rejoindre... Son entourage ne pouvant prendre au sérieux la solution qu'il proposait, il en était arrivé à penser que ses proches ne voulaient pas qu'il retrouve sa mère, le laissant en proie à des crises de colère en apparence inexplicables. L'enfant considéré alors comme capricieux n'était que désespéré et coincé dans une interrogation sans solution. Il n'avait pas pleuré le décès de sa mère puisqu'il pensait pouvoir concrètement la rejoindre au ciel ! Le travail avec l'analyste a ouvert une issue. Le père, qui avait foi en la survie de l'âme, a expliqué à son fils que l'âme de sa maman était présente partout mais que son corps n'était plus là, que les câlins avec sa maman ne seraient plus possibles mais qu'il pouvait garder son amour dans son cœur : « Comme le ciel est partout, je t'ai dit qu'elle était au ciel car mon propre chagrin m'empêchait d'être vraiment clair. » Ainsi l'enfant a eu accès à sa peine et les colères ont disparu.

Apprivoiser les mystères de la vie

> « Le mystère est la plus belle chose que l'on puisse ressentir, c'est l'origine de tout art et de toute science véritable. Celui qui ne ressent pas cette émotion, qui ne parvient plus à faire une pause pour s'émerveiller et se laisser impressionner ne vaut pas plus que la mort, il a les yeux fermés. »
>
> Albert Einstein

Apprivoiser les mystères de la sexualité, de la naissance ou de la mort se fait pas à pas, dès le plus jeune âge. Si cette préparation est impossible, le face-à-face inéluctable avec la réalité, de la mort par exemple, s'en trouvera extrêmement violent et déroutant. (Rappelons-nous le choc du prince Siddhartha sortant de son palais où on lui cachait l'existence de la maladie, de la vieillesse et la mort. Dans le cas merveilleux de Siddhartha, cela l'a conduit sur un chemin d'éveil, mais tout autre en aurait aussi bien été entraîné sur celui de la violence ou de la folie.) Lorsque les enfants se rendent compte que des choses graves, importantes leur sont cachées, ils en sont très insécurisés et peuvent demeurer à l'affût de ce qui pourrait leur être dissimulé, jusqu'à présenter des traits paranoïaques.

Le meilleur moyen d'appréhender la mort et la sexualité comme faisant partie du cycle naturel de la vie consiste en premier lieu à les nommer simplement. Avant 6 ans, les enfants s'intéressent beaucoup aux plantes, aux insectes, aux animaux... C'est le bon moment pour aborder concrètement les mécanismes vitaux grâce à l'observation de la nature. Les plus jeunes parlent alors facilement de la mort. Ne les détournons pas de cette spontanéité à partir de laquelle ils pourront cheminer à leur rythme !

Soyons cependant vigilants à ne pas devancer leurs interrogations ! Une écoute fine de leurs questions servira à saisir où ils en sont de leur représentation de la mort, de la sexualité, de la maladie ou encore de la vieillesse. Cela permettra de leur fournir les éléments nécessaires à une évolution respectueuse de leur rythme, de leur niveau de compréhension et de leurs capacités d'intégration tant intellectuelles qu'émotionnelles. Le questionnement peut être verbal ou parfois juste perceptible dans l'attitude de l'enfant. Par exemple, un garçon de 5 ans était statufié devant deux jeunes adultes s'embrassant. La mère lui dit : « Ils ont l'air heureux », l'enfant répond : « Oh oui ! », la mère ajoute : « Tu vois ils s'aiment avec leur corps, avec leurs yeux, leurs mains, leur bouche ; c'est très joyeux ce qu'ils dégagent. » Et ainsi, en quelques mots simples, adaptés à son âge, sont abordés les enjeux essentiels de la joie et de l'accord dans la relation entre deux corps. Ces thèmes se représenteront régulièrement et donneront lieu, au fil du temps, à des questionnements et des discussions de plus en plus élaborés et précis.

Inlassablement, les enfants vont nous sonder et avoir besoin de réponses sur les fondamentaux que sont l'amour et le mystère. Et l'acceptation de cette part de mystère va représenter, comme pour chacun d'entre nous, un énorme défi, une leçon d'humilité et de solidarité. Les bases solides sur lesquelles s'appuyer seront la foi et la confiance en soi, en l'autre, puis dans l'incroyable expérience de l'incarnation allant de la naissance à la mort. Cette expérience sera magnifiée par la relation avec des humains en lien avec eux-mêmes ; la conscience pourra ainsi se développer comme un trésor intime, véritable ressource qui les accompagnera toute au long de leur existence. La conscience de soi est aussi le socle de la relation à l'autre, au réel et au merveilleux.

S'appuyer sur les contes et les arts

Le recours à un moyen d'expression artistique en tant qu'activité méditative – dessin, musique, cuisine, jardinage... –, à condition que celui-ci corresponde à l'intérêt manifesté par l'enfant, est propice à développer son intériorité et par là même sa capacité à être seul. Il importe de prendre en considération sa maturité et sa sensibilité afin de lui laisser l'espace nécessaire au déploiement de sa créativité.

Inventer des histoires permet un déplacement et un décalage utiles pour transmettre des messages et ouvrir des perspectives. Ainsi, un enfant qui éprouvait des difficultés à se positionner et à s'affirmer, donc à dire « non » à ses camarades de peur de perdre leur amitié, eut-il la possibilité de trouver des ressources insoupçonnées au cœur même du récit qu'il élabora avec la psychanalyste pour prendre conscience de la nature véritable de cette peur et la surmonter. Combiné à un travail d'investigation et de mise au jour des croyances familiales et ancestrales qui sous-tendaient de telles difficultés, ce récit lui permit de trouver des solutions pour modifier un comportement qui se révélait de plus en plus préjudiciable à sa sérénité. En effet, il s'avéra que le père, durant sa propre enfance, avait fait l'expérience d'un sentiment de décalage avec ses camarades et d'une douloureuse solitude. Sans en avoir conscience, il avait transmis à son fils une peur de l'exclusion que lui-même n'avait jamais totalement dépassée. L'enfant avait alors élaboré la croyance selon laquelle il ne devait jamais prendre le moindre risque de déplaire à ses camarades pour éviter de vivre une solitude qu'il se représentait comme une source de terrible souffrance.

Or, pour un enfant, la peur de l'exclusion induit celle de la solitude, elle-même ancrée à la peur de la mort. En effet, une mémoire collective nous informe que l'exclusion de la tribu induit un danger d'ordre vital[6]. Et les histoires racontées permettent à l'inconscient de l'enfant de s'identifier aux personnages. Ce processus est encore plus direct lorsqu'il s'agit de l'histoire familiale des parents.

Les contes[7] s'adressent simultanément à plusieurs niveaux de conscience, ils ouvrent sur de multiples dimensions et illustrent de manière concrète de nombreuses interrogations existentielles et éthiques, ils enrichissent la vie intérieure. Par l'intermédiaire d'images et de sensations, ils éclairent sur les processus inconscients ; ils offrent une approche globale de la condition humaine, tout en permettant de s'identifier à certains personnages. Les différents personnages humains et animaux font écho à nos tendances contradictoires internes. Les contes, les mythes, les figures symboliques, proposent des ressources pour faire face au chaos intérieur en mettant en scène la restauration d'un ordre symbolique. Face à la puissance et l'intensité des pulsions, ils dévoilent un chemin, certes empli d'embûches, mais par lequel il est possible d'aller à la rencontre de soi-même et d'une véritable éthique.

Ces ouvrages confrontent le lecteur aux angoisses issues de conflits internes : l'abandon, la rivalité fraternelle, les conflits

6 L'enfant sait qu'il n'a pas la force d'esprit d'un Spinoza, pour qui l'exclusion a permis le développement de sa pensée et de sa créativité.

7 Pour les enfants au-delà de 6 ans (*cf.* « Honorer la force de vie et de créativité de l'enfant », chapitre 1, p. 61).

œdipiens[8], la lutte entre le principe de plaisir[9] et celui de réalité[10], les difficultés inhérentes au passage d'un stade à un autre. Mais ils lui présentent également toutes les ressources conscientes et inconscientes dont l'humain peut disposer. Ces récits viennent d'un passé très lointain et leur rencontre conduit à la construction d'une mythologie personnelle, socle de la construction de l'identité. Ces récits peuvent aussi être utilisés par un hypnothérapeute ou hypnoanalyste avec une efficacité décuplée en état de conscience élargie.

Paradoxalement, c'est cette distance d'avec l'espace-temps présent qui permet au conte d'offrir un aperçu de la réalité telle qu'elle est et dans laquelle toutes les émotions coexistent. Par la grande place laissée à l'imagination et par l'utilisation de métaphores et d'allégories, l'inconscient s'empare de ce qui est nourrissant pour l'évolution de l'être. Le conte permet alors de développer

8 Conflits œdipiens : conflits internes dus aux désirs amoureux et hostiles que l'enfant éprouve à l'égard de ses parents. Ils ont été mis en évidence par Freud. Leur résolution joue un rôle fondamental dans la structuration de la personnalité.

9 Principe de plaisir : ensemble de l'activité psychique ayant pour but d'éviter le déplaisir et de procurer du plaisir dans la théorie freudienne.

10 Principe de réalité : modifie le principe de plaisir en tant que principe régulateur pour prendre en compte les conditions imposées par le monde extérieur.

la confiance en une résolution de situations qui paraîtraient bloquées[11].

Ces franchissements successifs vont se rejouer toute notre vie, de façon de plus en plus subtile et profonde. Le dénouement heureux de certaines quêtes permet d'asseoir inconsciemment la confiance

11 *Cf.* la matrice périnatale numéro 2 de Stanislav Grof, stade durant lequel le fœtus est bloqué dans l'utérus, le col n'est pas encore ouvert pour que le bébé puisse naître (Grof Stanislav, *Pour une psychologie du futur*, Dervy, 2002, p. 410 et 411).

D'après Stanislav Grof, les épisodes d'existence pré-utérine se divisent en quatre phases inégales par la durée, qui vont précocement impacter le psychisme positivement ou négativement. Il les nomme « matrices périnatales fondamentales » :
– MPF1 : l'embryon a de la place, il se développe…
Positif : expérience d'une structure sociale en harmonie avec la nature ou société du futur où les conflits les plus importants auraient été résolus… Paix, tranquillité, espoir.
Négatif (tentative d'avortement, vie perturbée de la mère et ou de l'entourage) : société perturbée, nature polluée, société où l'ordre social est perverti… Peur, angoisse…
– MPF2 : l'utérus se contracte plus ou moins légèrement, régulièrement, alors que le col est toujours fermé.
Positif : une étape à traverser, savoir attendre si l'entourage est tranquille avec cette étape.
Négatif : situation totalitaire, impuissance, victime, sensations d'être opprimé et dévalorisé.
– MPF3 : les contractions utérines propulsent le fœtus à travers le canal de naissance. Dans ce contexte, il n'est plus cantonné au rôle de victime et participe aux trois différents rôles, celui de la victime, celui de l'agresseur et celui d'un observateur, acteur impliqué sur le plan affectif.
– MPF4 : moment de la naissance proprement dite avec la mère.
Négatif : manque d'accueil, isolement, peur…
Positif : victoire, célébration.
En cas de césarienne, les étapes non vécues seront à nommer, expliquer, symboliser pour qu'elles puissent être dépassées.
Avec douceur et délicatesse, il est indispensable de parler à l'enfant de ce qui a été vécu durant la gestation et le déroulement de sa naissance afin que ses ressentis soient éclairés par la parole apaisante et vivifiante de l'adulte. Car les non-dits entraînent peurs et angoisses que la parole informative délivrée permet d'appréhender. Ne pas le faire est inconsciemment ou de façon déguisée une prise de pouvoir.

de l'enfant dans le fait que les épreuves de vie auxquelles il se trouvera confronté peuvent être surmontables ; mais aussi que la traversée de la vie demande de ne pas esquiver les combats ni les risques. D'autre part, les contes enseignent comment l'accueil et l'acceptation des différentes instances qui composent la personnalité tracent la voie de l'unité de l'être et développent le potentiel créatif inné.

Concernant la créativité picturale avant 6 ans, il n'est pas souhaitable d'enseigner des techniques artistiques car il importe d'encourager la liberté d'expression créative. En grandissant, la connaissance des techniques concernant les proportions, la perspective, les harmonies de couleurs peut devenir une alliée de la confiance en soi, et nourrir la créativité en s'appuyant sur les découvertes des artistes qui nous ont précédés.

S'insérer dans une généalogie et dans l'histoire de l'humanité, prendre appui sur des aînés et concevoir que l'on a une place particulière, voilà qui permet de se construire. Et c'est l'alliance entre la particularité et la somme de ce qui a déjà existé qui légitime de trouver sa place. La possibilité de créer est source de joie et de confiance en soi qui font barrage à l'impuissance et au désespoir ; et le tissage d'un lien entre soi et la matière du monde est, à ce titre, une véritable ressource face à l'angoisse de mort. L'espace de créativité sert aussi d'exutoire à la part de folie – ou à la peur de la folie – qui peut ainsi être déposée dans la matière au lieu d'envahir le psychisme, à l'instar de Dali qui a transformé son angoisse et sa part de folie en génie grâce à sa créativité.

Attention au mythe du père Noël

Une des significations étymologiques du mot « Noël » est « nouveau soleil[12] ». Plus spécifiquement, à ce moment de l'année, la présence d'un jeune enfant est précieuse afin que puisse s'établir une relation étroite à la joie que cette fête suppose. En effet, il est assez fréquent que les adultes aient besoin de se réconcilier avec ce temps particulier de l'année qui met souvent en lumière nombre de problématiques familiales. Or la période de Noël constitue un temps privilégié de reliance à une dimension sacrée, de participation au développement de la conscience sociale, de transmission de valeurs, d'intégration des notions de partage et de générosité, etc. Ainsi est-il possible de choisir en conscience sa propre façon de célébrer ce retour de la lumière dans l'enthousiasme et le partage « vrais », au-delà des habitudes et des incitations commerciales.

Les cultures occidentales entretiennent le mythe du père Noël depuis le début du XXe siècle. Pour rendre son histoire crédible auprès des jeunes enfants, il est de coutume de mettre en scène son histoire. Soyons clairs, ce mythe ne vient pas d'un choix éducatif ayant pour but une élévation de conscience. Cela revient à délivrer un mensonge communément admis à l'enfant qui dépend de nous et a donc besoin de nous faire confiance pour ne pas être plongé dans la confusion entre le réel et l'imaginaire. Faire durer un mensonge pendant plusieurs années, quel qu'en soit le but, c'est utiliser la naïveté de l'enfant, puis, lorsque le mensonge est découvert, porter atteinte à l'innocence initialement présente en chaque être

12 En considérant l'origine gauloise du mot « Noël », qui regroupe deux mots, *noio* (« nouveau ») et *hel* (« soleil »).

humain. Les enfants apprennent très souvent la vérité de cette façon : « Ce dont je me souviens bien, c'est du ton condescendant sur lequel ma copine m'a demandé : "Tu ne sais pas encore qu'il n'existe pas ?" Non seulement j'étais très perturbée par le mensonge, mais en plus j'avais honte de ma naïveté. » Parfois aussi des adultes peuvent s'entendre dire : « Mais, toi, tu crois encore au père Noël ! », remarque pour le moins dévalorisante.

L'innocence ne doit pas être confondue avec l'aveuglement induit par le mensonge, elle est « pureté » et à ce titre mérite d'être protégée et préservée. Le mensonge stimule la naïveté ou l'hyper-vigilance et ouvre ainsi la porte à une difficulté de discernement qui peut perdurer tout au long d'une vie. Il est aussi un facteur limitant l'alliance entre les êtres humains fondée sur la confiance, source de bonheur et de lien véritable.

Prenons l'exemple extrême d'un garçon de 8 ans très fâché, venu en thérapie accompagné de ses parents démunis. Ces derniers mettaient en acte leur souhait d'enchanter l'enfance de leur fils au point d'entretenir les illusions avec conviction, sans laisser de place pour le questionnement. Lorsqu'il avait 6 ans, ils l'avaient emmené en Laponie, dans la fabrique du père Noël. Et par la suite, lorsque leur fils émettait des doutes quant à son existence, ils répondaient : « Mais tu l'as bien vu, lui, les rennes, et la fabrique... », et l'enfant était muselé dans son sain questionnement. Puis à l'école, il avait été ridiculisé à cause de son acharnement à défendre la réalité du mythe. En comprenant sa naïveté et sa crédulité, son chagrin s'était transformé en honte du ridicule puis la honte s'était muée en rage contre ses parents. Dans ce cas, le problème n'était pas le voyage en Laponie en lui-même, mais bien l'insistance à conserver la croyance. Cette insistance est une forme d'emprise déguisée en « bonne intention ». C'est si mignon un enfant qui croit au père Noël, faisons durer cela le plus possible ! Le thérapeute n'a pas à condamner les parents, mais il se doit de souligner l'importance d'un fait qui pourrait paraître anodin, car couper l'enfant de sa capacité de perception et de compréhension est un drame pour la construction psychique.

Si certains enfants vivent la découverte de la supercherie comme une trahison, la plupart l'acceptent et sont même flattés de faire désormais partie des « grands », des « initiés ». L'enfant acceptera d'autant mieux cette déception, à l'instar de toutes les autres à venir, qu'il aura grandi dans un environnement sécurisant. À ce titre, il importe que les parents accompagnent leur enfant de manière rassurante dans ce passage de l'illusion à la réalité, sans le brusquer dans la déconstruction du mythe, et surtout sans persévérer dans le mensonge. *In fine*, c'est tout le cheminement vers la vérité qui revêt alors un caractère initiatique, et pas seulement les deux étapes « création de l'illusion » et « désillusion ».

Pour ne pas se trouver en porte-à-faux par rapport au contexte social, utiliser la formulation « On raconte aux enfants... » aide à parler de l'histoire du père Noël sans mensonge et favorise l'ouverture de la pensée sur l'idée qu'il s'agit d'un conte, le père Noël symbolisant la manifestation du don gratuit et sans conditions, et témoignant de l'existence de l'amour – ce qui devrait exclure tout marchandage du type : « Si tu n'es pas sage, le père Noël ne passera pas. »

Cependant, nous souhaitons questionner la place que peut prendre ce recours à un monde imaginaire pour ce temps particulier, notamment concernant les plus jeunes enfants, pour lesquels les adultes référents sont les garants de la réalité qu'ils découvrent. En effet, les jeunes enfants adorent partager ces moments de créativité joyeuse et de réunion chaleureuse : participer à la décoration de la table, du sapin[13]..., allumer des bougies, se réunir en famille, chanter, jouer de la musique, manger des mets festifs, avoir des attentions les uns envers les autres, notamment en offrant des cadeaux personnalisés... En cela reposent les véritables repères et ressources qu'ils intègrent, l'inéluctable moment où ils comprendront que le père Noël n'existe pas aura alors plus de chances d'être vécu avec fluidité.

Aborder la sexualité

Il nous semble essentiel d'associer la sexualité au sentiment d'amour, comme un élan naturel du corps, pour ensuite transmettre à l'enfant que l'exploration du corps dans sa globalité et ses parties génitales ne peut se faire qu'entre deux personnes consentantes, d'âges proches, de façon joyeuse, et sans rapport de force. Il arrive un âge où le corps et l'esprit sont prêts, et le rôle des adultes est d'accompagner les étapes sans en brusquer ni éviter le déroulement. Certains enfants, particulièrement curieux, peuvent avoir envie de les brûler. Dans ce cas il sera nécessaire de répondre à leurs questions tout en restant ferme quant au respect des parties intimes du corps de l'autre et des limites strictes relatives à la découverte de son corps et de celui de l'autre.

13 Le sapin, toujours vert et de forme triangulaire, est un symbole d'immortalité et de transcendance, il représente un pont entre ciel et terre. Il exprime la fluidité du lien qui relie le haut et le bas, le spirituel et le matériel, l'esprit et la matière. Depuis les Celtes, c'est le symbole de l'espoir toujours renouvelé, de la victoire des forces de lumière sur les ténèbres, de la vie sur la mort.

Les sujets de l'inceste et de l'abus sont tellement cruciaux qu'il s'agit de les aborder avec délicatesse et progressivement. C'est dès l'accompagnement du bébé que s'en posent les prémices. Par exemple, en baignant ou en langeant bébé, le prévenir de ce que l'on va faire et, par la délicatesse des gestes, lui manifester combien son corps est précieux et impose le respect. Il est préférable de nommer les parties du corps avec leur nom anatomique approprié (« pénis », « sexe », « vulve »... et non « zigounette », « zézette », « minou »...). La clarté intérieure de l'adulte vis-à-vis de sa propre sexualité est essentielle et le guidera pour trouver l'attitude et la parole justes avec les enfants.

Pour rester cohérent, il est utile d'indiquer à l'enfant que l'exploration de ses parties génitales est naturelle et peut s'exprimer dans des lieux qui protègent l'intimité (chambre, salle de bains...). Les adultes quant à eux peuvent être tranquilles avec la nudité mais, à la fois, ils veilleront à ne pas exposer leur génitalité.

Dans une analyse d'adulte, la personne gardait en mémoire la vision du sexe de son père lui montrant comment uriner debout alors qu'il était âgé de 3-4 ans et que ses yeux se trouvaient à la hauteur du pénis de l'adulte. Il en conserva un souvenir de grande inquiétude.

Dans la période sensorielle (avant 6 ans), l'enfant ressent fortement la vie qui pulse autour de lui, en lui et également au travers de son sexe en tant que zone érogène, et, naturellement, cette partie du corps l'interpellera. C'est aussi le moment où il prendra conscience de la différence des sexes et de l'impossibilité de vivre garçon et fille à la fois, et par là même conscience des limites de ce qu'il pourra expérimenter dans cette existence. Ce constat ouvrira la porte à l'acceptation progressive du renoncement à tout voir, tout faire, tout essayer. Cet apprentissage des limites est important pour le respect de son propre corps, pour celui du corps de l'autre ainsi que pour le respect de la vie en général.

Quand persiste chez l'enfant une difficulté importante à intégrer des notions autour de la sexualité, il s'agit généralement de répétitions inconscientes d'événements familiaux qui sont restés encryptés. En parler dans un espace thérapeutique et sécurisé encouragera l'adulte concerné à clarifier son histoire à travers un travail sur ses ressentis. Ainsi, sa parole sera davantage appropriée et adaptée pour l'évoquer avec l'enfant. Aucune règle, autre que celle d'une parole consciente sur les traumatismes vécus, ne pourra créer un cadre de sécurité. Cette sécurité sera garante d'une relation respectueuse à son propre corps comme à celui de l'autre.

Aborder le sujet de la mort

> « Ce qui reste d'essentiel à la fin du parcours terrestre est l'orientation intérieure que nous avons donnée à notre vie, non le cadre extérieur dans lequel elle s'est déroulée. Ayant compris cela, nous pourrons partir en nous sachant dignes d'Amour et pénétrer dans la lumière de notre conscience, laissant son rayonnement se diffuser jusqu'à fondre notre être[14]. »
>
> Nicole Montineri

L'enfant a peur de la mort de ses parents, d'une part parce qu'il les aime, et d'autre part parce qu'il sait avoir besoin d'eux pour devenir adulte lui-même. Lorsque cette angoisse est manifeste,

14 Montineri Nicole, *L'Être intérieur, op. cit.*, p. 122 et 123.

aborder de façon très réaliste ce qui se passerait si un parent mourait est la seule voie d'apaisement. Vouloir éviter la douleur infligée par l'idée ou la perte réelle d'un parent empêche l'enfant de vivre pleinement et d'intégrer ce risque, inhérent à la vie même.

Dans le cas de la mort d'un proche, lorsque cela sera possible, l'adulte prendra le temps d'affronter sa propre émotion devant cet événement avant de l'annoncer à l'enfant avec simplicité, authenticité et sans ambiguïté : « Il·elle est mort·e. » Si ce n'est pas possible, il évoquera l'état émotionnel dans lequel il se trouve et partagera naturellement son émotion avec l'enfant (se prendre dans les bras, pleurer ensemble...). Si nécessaire, il est indispensable de trouver les appuis affectifs et/ou thérapeutiques pour ne pas rester englué dans le chagrin.

« Même quand la mort nous sépare d'une personne ou d'un animal, l'amour éprouvé reste présent dans toute sa puissance et sa beauté. » « Ton grand-père reste ton grand-père, et tout ce que vous avez vécu ensemble de beau et de bienfaisant continue à vivre en toi. » Il est souhaitable d'expliquer à l'enfant que la mort n'est pas la fin de la relation, mais sa transformation, puis d'accompagner la douleur du manque par des mots spécifiant que la personne morte continue d'exister dans la mémoire, que désormais sa présence pourra être possible de façon symbolique : c'est-à-dire en continuant d'évoquer les souvenirs des moments vécus ensemble, et en acceptant de vivre en portant ce qui nous a été offert par cette personne.

Il est important de laisser l'enfant assimiler l'information à son rythme, en toute pudeur, et d'être honnête sur son propre ressenti (« Je suis tellement triste, j'ai du mal à réaliser que ce soit possible... »). Chaque situation est vécue de façon différente par chacun. En fonction de la sensibilité de l'enfant et du climat des funérailles, y participer peut l'aider à réaliser l'événement et préparer le deuil. La réunion des vivants partageant une douleur commune et que la présence de la mort au caractère inéluctable rend vulnérables ne peut manquer de le soutenir. Suggérer à l'enfant de participer d'une façon ou d'une autre à la cérémonie : cueillir un bouquet de fleurs, allumer une bougie, faire un dessin, écrire un poème, chanter, jouer un morceau de musique… lui permettra d'être actif et de ne pas uniquement subir la situation. Il est possible aussi de lui proposer de s'approcher du corps du défunt pour lui adresser un adieu en prenant soin de décrire la scène au préalable : « Le corps d'un mort ne bouge pas, ne respire pas, le visage est pâle et tranquille, il est froid… »

À titre d'exemple, la directrice d'une école Montessori[15] a souhaité rendre hommage à un éducateur qui venait de décéder et prendre soin des enfants confrontés à cet événement douloureux. Les parents, enfants, éducateurs, anciens élèves, se sont réunis. Un enfant a ouvert la cérémonie en jouant un morceau de harpe puis la directrice a évoqué de beaux souvenirs et tout le travail accompli par cette personne au sein de l'école. Ensuite, des enfants ont planté un arbre autour duquel chacun était invité à placer une petite bougie avant un temps de silence méditatif. L'ambiance était particulièrement sereine, touchante et réconfortante. Les enfants se sont imprégnés de ce moment de partage, ils ont émis le souhait de protéger et, à leur tour, prendre soin de cet arbre, en souvenir de leur éducateur.

---

15 École et collège de Mouans-Sartoux, « Les Pouces verts ».

Le processus de deuil nécessite de réincorporer la part de soi investie en l'autre. Dans le cas du jeune enfant, celui-ci aura besoin de la présence d'une personne aimante pour tenir la fonction que tenait celle décédée. Il pourra alors comprendre que, bien qu'une personne ne soit pas remplaçable, d'autres personnes bienveillantes peuvent offrir leur présence et l'amour peut se manifester. Si cela fait défaut, une faille peut apparaître que rien ne pourra vraiment combler. Et, dans le cas du décès d'une personne qui n'était pas bienveillante, pour que le deuil s'accomplisse, il est indispensable de ne pas faire semblant que tout allait bien en sanctifiant le ou la défunte.

Prendre en compte le sentiment d'injustice

La notion d'injustice apparaît souvent très rapidement dans les parcours thérapeutiques, chez les adultes comme chez les enfants. Elle renvoie à la question de la justice, qui est de celles auxquelles personne ne pourra fournir de réponse définitive : la justice existe-t-elle ? Si nous invoquons la justice, de quoi parlons-nous ?

L'idée de la justice est souvent confondue avec celle d'un égalitarisme rassurant mais utopique. Avec les enfants, ce sujet est assez brûlant, car il s'articule dans tous les aspects de la relation familiale aussi bien que sociale, de plus la comparaison aux autres enfants est souvent renforcée par le système scolaire.

Nous partons du postulat que le besoin de lutte contre l'injustice prend naissance dans un vif sentiment d'insécurité et d'incomplétude... « Je ne suis pas suffisant tel que je suis. » Il en découle l'illusion que l'égalitarisme permettrait d'y remédier. L'appartenance et la sécurité extérieures sont indispensables à l'enfant pour lui permettre de développer un sentiment de sécurité intérieure suffisant, c'est-à-dire pour qu'il se sente tranquille dans sa relation avec lui-même. Or lorsque ce socle n'est pas suffisamment solide, devenu adulte, il pourra chercher désespérément à combler des manques et rechercher cette sécurité à l'extérieur sous forme de possessions ou de relations dont il risque de se rendre pathologiquement dépendant sans pour autant se sentir totalement rassuré.

Pour sortir de cette spirale, il convient en premier lieu de prendre conscience que la recherche de sécurité et de justice uniquement à l'extérieur de soi est illusoire. Le sentiment d'insécurité est souvent lié à la projection d'un futur angoissant. Il crée des crispations psychiques et corporelles. Ces dernières provoquent des tensions et blocages énergétiques dans le corps, induisant parfois un repli sur soi et une contraction de l'être autour du moi[16], ce qui empêche la fluidité des perceptions. Cette crispation va créer toujours davantage de sentiment d'insécurité et une quête qui peut devenir effrénée pour le soulager, nourrissant ainsi toujours plus la peur et la sensation d'injustice.

En premier lieu, distinguons injustice inhérente à l'arbitraire de la vie (frustrations que nous avons tout intérêt à percevoir et apprivoiser) et méchanceté manifestée. Cette dernière a lieu lorsqu'une personne agit au détriment d'autrui, partant d'un « vouloir » que les choses adviennent selon ce qui l'arrange en fonction de sa vision du monde et de sa relation au pouvoir. L'enfant est dans l'incapacité de se positionner face à ce type de fonctionnement, il se trouve démuni face à ses propres perceptions. Or, pour

16 « Moi », *cf.* note 6, p. 72.

se construire harmonieusement, il a besoin que ses perceptions soient validées.

Prenons l'exemple d'un enseignant maltraitant avec un élève. Les autres élèves, témoins de cette maltraitance, peuvent à la fois se sentir soulagés de ne pas être celui qui la subit tout en ressentant de la culpabilité par rapport à ce ressenti. Ce sont les scories des dysfonctionnements de l'enseignant que les enfants se retrouvent alors à porter.

Ressentir un malaise face à la méchanceté ou à la manipulation est salutaire. En effet, il révèle la douleur infligée à notre cœur et à notre âme. Ce premier impact, celui d'être touché, voire sidéré, même après un long chemin de conscience, ne peut être évité. Cette sensation est d'ailleurs nécessaire pour comprendre que quelque chose ne va pas et qu'il est indispensable d'en tenir compte. Par contre, notre degré de liberté sera proportionnel à notre capacité à ne pas rester englués dans cette sensation et à poser des choix et des actes constructifs plutôt que réactifs. Sinon nous serions en situation d'être la marionnette du pulsionnel, à la fois celui de l'autre et le nôtre.

Par manque de vigilance, la souffrance engendrée peut s'exprimer soit sous forme d'amertume, soit sous celle d'un désir de vengeance et provoquer ainsi un blocage dans une position de victime avec un ressassement autour d'un sentiment d'injustice. Un écueil pour se débarrasser rapidement de ce ressenti douloureux consiste à plaquer dessus un sentiment de gratitude artificiel : « Merci à mon bourreau, car grâce à lui j'ai appris plein de choses. » Cette attitude constitue un moyen de conserver la toute-puissance en chaque situation et d'éluder sa part de responsabilité pour se voir comme une bonne personne capable de rendre grâce à son bourreau avant même l'émergence d'un pardon véritable. Le pardon ne peut advenir que lorsque la douleur est reconnue et qu'une stratégie d'aide à soi-même peut être mise en place, sans qu'elle élude sa propre part de responsabilité.

Par exemple, un adolescent de 17 ans, régulièrement maltraité par son ancienne copine qui n'acceptait pas la séparation, disait qu'il ne ressentait pas de colère, qu'il pardonnait aisément son attitude car il comprenait sa souffrance. À partir du moment où il s'est autorisé à ressentir la colère qu'il enfouissait, en l'écoutant et en étant écouté, il a réussi à se positionner fermement face à elle pour se protéger et pour se libérer à la fois de cette colère et de cette relation devenue malsaine.

Pour sortir de ces postures mortifères, un soutien bienveillant est nécessaire, dont le premier rôle est celui de témoin de la blessure infligée. Cet accompagnement donne alors la force de plonger dans le ressenti véritable puis de considérer sa propre part de responsabilité dans le fait d'y rester bloqué. Il permet également de trouver ses propres ressources afin d'opter pour une attitude constructive : qu'est-ce que je peux apprendre et faire de cette situation ? Devenir responsable de soi est un long processus parsemé de chutes et de rechutes ; certaines des blessures infligées laissent longtemps des cicatrices qui fragilisent la personne et nécessitent douceur et encouragement. Être constructif revient à développer sa conscience plutôt que de stimuler sa volonté et renforcer son refus de ce qui est. En effet, le cheminement passe par l'acceptation de l'impact de l'attaque et de ses conséquences en termes réactionnels, puis par l'observation de ces réactions afin de ne pas les laisser diriger nos actes.

Tout en ayant des objectifs, participer au mouvement de la vie implique aussi de cesser de s'accrocher à un but et une forme prédéfinis. La véritable clé relève de la justesse de notre positionnement interne, seul moyen de retrouver une relation à soi-même apaisée. Que l'on prenne le risque de manifester ce positionnement ou pas, l'essentiel ne résidera pas dans l'attente d'un résultat à l'extérieur mais bien dans une clarté interne qui devient joyeuse par la présence même de la conscience. En effet, il ne faut pas confondre « se positionner » et « revendiquer et œuvrer pour un changement ». Il est préférable d'éviter toute forme de militantisme qui pourrait amplifier l'absurdité d'une situation inique ; et il est plus sage de manifester son mécontentement face à l'injustice sans s'illusionner sur un moyen d'obtenir une justice absolue. Car si cette justice existe, elle appartient à une vision plus vaste que notre mental n'est pas capable de percevoir. « La justice : indissociablement liée à sa source, elle exprime le parfait équilibre dans lequel toute chose est considérée telle qu'elle est, et tout acte englobe la cause et l'effet. Coupée de ce dont elle émane, elle n'est qu'autoritarisme et dogmatisme, l'Esprit de justice émane de la clarté[17]. »

La volonté de pouvoir, servie par la méchanceté, avance parfois masquée sous le prétexte de la franchise : « Moi, je dis ce que je pense ! » peut en effet s'avérer le masque d'une critique blessante. Il est évident qu'en croisant un grand brûlé, s'exclamer « Quelle horreur de sortir comme cela ! » n'est pas simplement franc mais se trouve être particulièrement cruel, alors qu'une petite phrase du type « Quelle drôle d'idée de mettre cette robe pour faire ceci ou cela » peut passer totalement inaperçue...

17 Mantel Jean-Marc, *Ouverture à la grâce, op. cit.*, p. 106.

Vouloir obtenir justice en toutes circonstances génère des crispations qui empêchent de vivre pleinement. La crainte d'être victime d'injustice ou d'être manipulé peut rendre légèrement paranoïaque et perturber des relations actuelles à cause d'une situation antérieure dont il reste des traces. Et sous le prétexte cette fois d'injustices à rectifier, une volonté de pouvoir sur le réel peut s'insinuer, générée par la croyance de savoir mieux que la vie elle-même ce qui devrait être.

Prenons l'exemple d'une jeune fille qui se sentait moins aimée par sa famille que son frère aîné. C'était en partie exact car l'une de ses grands-mères n'avait d'attention et de bienveillance que pour lui. En conséquence, elle avait développé une vigilance de chaque instant pour vérifier tout écart de traitement entre elle et son frère dans l'attitude de ses parents. Elle espérait qu'ils compensent cette « injustice » en lui accordant quelques privilèges. En outre, et probablement par ricochet, cette jeune fille avait beaucoup de mal à gérer ses réactions et pouvait se montrer très colérique, ce qui agaçait ses parents, son frère et tout l'entourage, et confortait la grand-mère dans ses manifestations de préférence marquée.

L'adolescente était coincée dans son exigence d'égalité jusqu'à refuser, un jour, d'aller écouter un concert, car cela avait été l'idée de son frère alors qu'elle avait fait une autre suggestion. Le spectacle était donné par des artistes qu'elle appréciait tout particulièrement, et, si elle avait été sincère, ce projet lui plaisait davantage que sa propre proposition. Mais elle était enfermée dans un mode réactionnel qui excluait ce contact avec son désir véritable et stimulait sa tristesse ainsi que l'agacement de son entourage. Le fait de poser des mots sur le chagrin que lui infligeait cette grand-mère puis de pouvoir l'évoquer avec sa famille fut le premier pas vers la sortie de cette spirale d'enfermement.

Pour conclure, un des objectifs importants de l'éducation réside dans l'ouverture et l'élargissement de la capacité de l'enfant à accéder à ses recours intérieurs (créativité, imagination, ressentis, pensées, rêves…) et ses appuis extérieurs (relation à l'autre, animaux, nature, musique…), qui constituent des ressources nécessaires et bienfaisantes dans les moments de détresse. Aussi les parents gagneraient-ils sans doute à mettre en relation les enfants avec des professionnels des domaines sur lesquels ils s'interrogent (religieux, philosophes, médecins, historiens, ingénieurs, scientifiques de toutes disciplines…). L'angoisse générée par l'incertitude se trouve alors apaisée, quand bien même l'enfant ne rencontrerait jamais physiquement ces « spécialistes », mais uniquement à travers des livres ou des conférences visionnées sur la « Toile »…

Enfin, il est important pour tous les enfants d'écouter leurs ressentis, prémices de la construction de leur pensée. Sans cette faculté de penser assise sur le ressenti, l'être humain devient le jouet de ses propres pulsions et la victime de schémas répétitifs, de modes à penser et de modes à vivre. Il court alors le risque d'une quête effrénée vers des sollicitations extérieures, en proie à des idéologies s'appuyant sur des peurs. La véritable foi nécessite de se confronter au réel et de se tourner vers l'intérieur de soi. Une relation paisible et accueillante à sa propre intériorité exclut le désir de nuire.

Quelques exemples de réponses aux enfants de moins de 6 ans

Vous pouvez vous appuyer sur ces pistes pour élaborer les vôtres. Pour que la réponse surgisse spontanément, l'essentiel sera la qualité d'écoute, l'adéquation aux valeurs, la qualité de réceptivité et de présence à l'enfant.

Est-ce que tu l'as vu, toi, le père Noël ?

Non, moi je ne l'ai jamais vu, j'ai vu des gens habillés en père Noël.

Lorsque l'enfant pose cette question, c'est qu'il doute. Ce doute est à valoriser.

C'est vraiment une question intéressante, qu'est-ce qui t'interroge dans cette histoire du père Noël ? Pour ma part, je crois en l'amour et je crois qu'il est possible de recevoir des cadeaux parce qu'il suffit que l'amour existe.

Dans le cas où cette réponse ne suffirait pas et que l'enfant souhaiterait vraiment savoir de quoi il en retourne, il serait nécessaire de répondre clairement que le père Noël existe uniquement au niveau de l'imaginaire. Le mensonge a des effets délétères pour la construction psychique. Si, au-delà de perpétuer ce mythe moderne, le questionnement n'est pas pris en compte et valorisé, il s'agit bien de manipulation dont les effets seront plus ou moins vécus comme un abus de confiance. Chaque fois que cela est possible, il est préférable d'apporter une dimension de « cœur » dans nos réponses aux questionnements de l'enfant.

Comment fait-on des bébés ?

Les bébés sont le résultat d'une relation entre deux adultes qui idéalement s'aiment et souhaitent accueillir un enfant.

Mais comment ça se fait ?

Un bébé naît de la rencontre entre un ovule et des spermatozoïdes. Le corps d'une femme peut produire les ovules et celui de l'homme les spermatozoïdes.

Là aussi, en fonction de l'âge de l'enfant et de la persistance dans le questionnement, plus de détails concrets seront offerts à sa connaissance du réel.

Concernant la découverte de la sexualité :

C'est un espace intime de ton corps, c'est-à-dire un endroit particulier que l'on ne montre pas en public. On peut explorer cette partie du corps [que l'on nommera en utilisant les véritables noms anatomiques] dans un lieu comme la chambre ou la salle de bains. Et c'est en lien avec l'amour, le plaisir du corps et la possibilité de la naissance des enfants.

Tu crois en Dieu ?

Les humains ont des croyances différentes sur ce sujet en fonction de ce qu'ils ont vécu, ressenti, appris... Mes croyances s'appuient sur mes expériences de vie. Toi, tu vas faire ton propre cheminement, et petit à petit tu auras ta propre vision. Je peux te parler de mes croyances...

L'enfant pourra aussi s'appuyer sur la culture dont il est issu et imprégné.

Quand meurt-on ?

Quand on a fini sa vie sur terre.

Apprivoiser les mystères de la vie et entretenir le lien au sacré

- Préparer les enfants à traverser à leur rythme les épreuves et les chagrins inéluctables de la vie.
- Ouvrir à une quête universelle conduisant à une forme de transcendance.
- Cultiver la foi, la confiance en soi, en l'autre et en la vie.

S'insérer dans une généalogie et dans l'histoire de l'humanité

Prendre appui sur des aînés et concevoir que l'on a une place particulière.

Utiliser les contes et les arts comme supports

- Ils développent l'intériorité de l'enfant et sa capacité à être seul.
- Créer est source de joie et de confiance en soi qui font barrage à l'impuissance et au désespoir.

Préserver l'innocence de l'enfant

- Vigilance avec l'histoire du père Noël.
- Attention aux abus de sa naïveté en voulant lui éviter la douleur infligée par certaines épreuves.
- Développer sa conscience plutôt que de stimuler son « vouloir ».
- La véritable foi nécessite de se confronter au réel et de se tourner vers l'intérieur de soi.

Associer la sexualité au sentiment d'amour

- L'exploration de ses parties génitales est naturelle et peut s'exprimer dans des lieux qui protègent l'intimité.
- Il arrive un âge où le corps et l'esprit sont prêts, et le rôle des adultes est d'accompagner les étapes sans en brusquer ni éviter le déroulement.

- Le rapprochement des corps ne peut se faire qu'entre deux personnes consentantes, d'âges proches, de façon joyeuse, et sans rapport de force.
- La clarté intérieure de l'adulte vis-à-vis de sa propre sexualité est essentielle.

Aborder la mort avec humilité et authenticité

- Accompagner la douleur du manque en spécifiant que la personne morte continue d'exister dans la mémoire.
- Bien qu'une personne ne soit pas remplaçable, d'autres personnes bienveillantes peuvent offrir leur présence et l'amour se manifester.

Distinguer injustice inhérente à l'arbitraire de la vie et méchanceté manifestée

- Vouloir obtenir justice en toutes circonstances génère des crispations.
- Ressentir un malaise face à la méchanceté ou à la manipulation est nécessaire pour comprendre que quelque chose ne va pas.
- Poser des choix et des actes constructifs plutôt que réactifs en faisant appel à des soutiens extérieurs si nécessaire.
- Le pardon ne peut advenir que lorsque la douleur est reconnue et qu'une stratégie d'aide à soi-même peut être mise en place, sans éluder sa propre part de responsabilité.

CHAPITRE 8

LE SYSTÈME FAMILIAL

« L'excès d'adaptation donc de soumission aux injonctions familiales et aux coutumes sociales produit nos déséquilibres psychiques[1]. »

Carl Gustav Jung

Chaque famille s'est fabriqué une réalité dont les membres peuvent être dupes ou faire semblant de l'être. Pour autant, la conscience, en arrière-plan de cette construction, n'est pas dupe. Certains s'accommodent de ce mythe familial en trouvant des arrangements, mais l'enfant avide de vérité ne peut pas « faire avec ». Car l'humain sait au plus profond de lui que ces stratagèmes sont préjudiciables pour son âme et son être en devenir. Même si cette connaissance est parfois refoulée, voire inaccessible, elle

1 Jung Carl Gustav, *L'Homme à la découverte de son âme*, Albin Michel, 1987.

est néanmoins présente en chaque individu dont l'âme perçoit le réel au-delà du mythe qui lui est proposé ou parfois imposé.

Décrypter le mythe familial

« Le mythe est un mensonge qui dit la vérité,
et l'histoire est une vérité qui est mensongère[2]. »

Philippe Bobola

Le mythe familial indique subrepticement les vérités cachées, refoulées, niées. Dès l'enfance, les membres d'une famille sont porteurs des informations qui les constituent et chacun d'eux se charge plus particulièrement de certains aspects. Chacun les appréhende à travers un panel de stratégies borné par les deux extrêmes que sont le rôle de « fusible » et celui de « mise en lumière ». Le « fusible » développe des pathologies en intériorisant une problématique qui se manifestera comme si elle lui appartenait en propre ; alors que le « porteur de lumière » va la nommer de façon plus ou moins compréhensible. Entre ces antipodes surgiront moult symptômes émanant d'une puissante demande d'extraire les fantômes[3] du placard ; demande qui manifeste un besoin impérieux de vérité et d'authenticité sans lesquelles la construction psychique est fragilisée.

2 Interview réalisée par Natacha Calestrémé pour l'INREES (Institut de recherche sur les expériences extraordinaires) lors de la conférence « Science et chamanisme : vers un nouveau parodigme ? ».

3 Fantôme : construction psychique personnelle en relation avec un drame vécu à une génération précédente.

Une adolescente dont le père était gravement malade fut pointée du doigt comme très pénible, voire dépourvue de cœur, par l'ensemble de ses aînés. Or la violence verbale, les railleries, moqueries et humiliations que la mère faisait subir à l'ensemble de la famille étaient complètement passées sous silence tant la préoccupation de la maladie du père était devenue centrale. La jeune fille refusait le manque de positionnement de son père qui, bien avant d'être malade, justifiait les égarements de son épouse par le fait qu'elle avait subi de la violence durant son enfance.

Elle refusait tout cela en bloc et se trouvait déchirée entre son besoin de clarté et le jugement dont elle était la cible. En effet, le mythe familial racontait que les tensions familiales provenaient de son manque de compassion. Plus elle sentait cette condamnation peser sur elle, plus son agressivité la submergeait, offrant de telle manière le flanc à toutes les critiques.

L'enfant qui dérange pourra ainsi être stigmatisé par sa famille, qui préférera sacrifier un de ses membres plutôt que de remettre en question ses croyances fondatrices. La période de remise en question du mythe est rude car elle nécessite de regarder avec lucidité, honnêteté et humilité le contexte familial dans son ensemble ; puis d'accepter d'y débusquer les croyances converties en habitudes pour aller vers plus de vérité et une meilleure prise en compte de la responsabilité de chacun. Débusquer les zones manipulatrices et perverses, tant à l'échelle individuelle que collective, représente une étape d'un extrême inconfort. Moins l'existence de ces mécanismes est reconnue et admise, plus ils sont actifs. Sans cette traversée héroïque et l'écriture d'une nouvelle narration familiale plus proche de la réalité psychique, les symptômes vont s'intensifier et se perpétuer comme une fatalité.

Les enfants les moins aptes aux concessions nous mettent face à l'obligation d'une pensée véritable. Penser est un acte vital et volontaire qui balaie les zones d'arrangement avec soi-même et demande de prendre la responsabilité totale de qui l'on est. Une identité figée n'existe pas, le pire et le meilleur se côtoient en chacun, et penser signifie mettre la conscience aux commandes. Pour Spinoza, la vérité qui dérange est de meilleure compagnie que l'illusion qui réconforte !

Dans notre exemple précédent, sous couvert de bienveillance, le vouloir « être bon » du père l'entraînait à faire preuve de complaisance et de négligence afin de conserver une vision positive de lui-même et des autres, quitte à rester dans l'illusion et user de manipulation. À force de ne pas être entendue, la jeune fille dénonçait cette mascarade avec de plus en plus de violence. Elle-même utilisait la manipulation vis-à-vis de sa mère puisqu'elle se faisait offrir des cadeaux coûteux pour lui faire payer ses accès de méchanceté et finalement s'autopunissait par le biais de scarifications.

Les familles soi-disant parfaites représentent un carcan dramatique dont il sera difficile de s'extirper et compliqué de ne pas reproduire les fonctionnements. Certains enfants seront sidérés et pris au piège de la vision à laquelle il leur est demandé d'adhérer sans discussion, bien qu'elle contredise leur ressenti profond. D'autres réagiront violemment à ce mensonge. Pour un enfant, devenir inconsciemment complice d'un dysfonctionnement qui le dessert est des plus préjudiciables, il risque alors un véritable effondrement interne. À nouveau, la voie de sortie est celle qui tiendra compte du ressenti le plus profond et qui acceptera de le suivre.

Oriana décide d'entreprendre une analyse à l'âge de 35 ans car elle est dépassée par ses crises d'énervement vis-à-vis de ses proches. Elle se sent tour à tour envahie de colère et de culpabilité sans en saisir les origines ; de plus l'idée de la mort la terrifie. Dans sa vision, ses parents ont toujours été des êtres parfaits et elle apparaît comme le vilain petit canard. Durant l'anamnèse[4], elle évoque la fratrie de trois filles dont elle fait partie, et précise, comme s'il s'agissait d'un détail sans importance, que l'une de ses sœurs avait quitté le foyer familial à l'âge de 17 ans, refusant tout contact avec sa famille, tandis que son autre sœur était devenue alcoolique et suicidaire. Il faudra néanmoins quelque temps à la jeune femme pour que l'image de la perfection parentale se fendille jusqu'à s'effondrer totalement.

Le couple parental était en effet marqué par des fonctionnements pervers de la mère et une tentative du père de compenser et de colmater les brèches tout en niant les dégâts. Enfants, les trois filles devaient tenir le rôle de « faire-valoir » et de « mise en image » de la famille idéale. Oriana était prise au piège de sa loyauté vis-à-vis de l'image de perfection qui lui avait été imposée. Elle se fustigeait elle-même pour ne pas juger les autres, sans comprendre qu'un constat n'est pas une condamnation. La découverte et les prises de conscience successives des chaînes qui l'entravaient furent douloureuses avant de devenir libératrices.

Lorsque les relations familiales s'établissent sur le mensonge, il n'y a pas de transmission d'une histoire ni d'une éthique sur lesquelles prendre appui. Parmi la liste des dégâts occasionnés, la mort devient impensable. Car pour accepter l'idée de mortalité, il est indispensable que le réel soit nommé, indispensable

4 Anamnèse : renseignements d'ordre biographique fournis par le patient et relatifs au symptôme pour lequel il vient consulter.

que les liens soient fondés sur le partage des connaissances, ainsi que sur le souhait et l'encouragement que les enfants dépasseront les parents en prenant appui sur les acquis familiaux.

Après un déblayage des plus rudes et une phase de tristesse, de rejet et de dégoût, Oriana vit diminuer ses colères inexplicables pour laisser peu à peu la place à un positionnement s'appuyant sur ses ressentis. Ce n'est qu'ensuite que l'apprivoisement de l'idée de sa mortalité et de celle de ses proches put débuter. En outre, l'amour pour son époux et ses enfants s'en trouva amplifié et assaini. Les accès de colère volcanique ne firent plus irruption dans sa vie, car les causes souterraines n'étaient plus actives.

Notre histoire familiale peut être comparée à une grotte dans laquelle on ne sait pas ce que l'on va découvrir : trésors, fantômes, cadavres[5], revenants[6], crypte[7]... Le passé est imprévisible ! Quels que soient les vestiges qui stagnent dans cette grotte, seule la mise en lumière permet un nettoyage, ainsi que la valorisation, au-delà des gravas accumulés, des joyaux que ces lieux cachés peuvent receler.

---

5 Dans l'article « Maladie du deuil et fantasme du cadavre exquis » (*Revue française de psychanalyse*, vol. 32, n° 4, 1968), Maria Torok différencie l'introjection, processus qui permet d'enrichir le moi, de l'incorporation, mécanisme fantasmatique qui installe l'objet interdit (un cadavre) à l'intérieur de soi dans le secret. L'hôte du fantôme devient le tombeau errant du secret de famille.

6 Revenant : trace énigmatique d'un événement qu'on a personnellement vécu mais dont on a perdu la mémoire.

7 Une crypte au sein du moi psychique est provoquée par un deuil impossible, secret et honteux dans la généalogie. Le secret hante les descendants tel un fantôme qui oblige à ne pas savoir et donc à ne pas parler. Cet indicible, pour le parent, devient un impensable pour l'enfant et peut donc induire une crypte.

Les recherches d'ordre psychogénéalogique ont leur intérêt à partir du moment où elles ne sont pas envisagées uniquement sur un plan intellectuel pour rechercher des causes dans l'ancestral[8] et justifier ainsi les difficultés rencontrées. Le risque est alors d'en oublier sa propre responsabilité et la nécessité de changements de comportement. La compréhension des liens et des enjeux liés à l'histoire familiale n'a d'intérêt véritable que si elle se met au service de ces changements.

Identifier le projet pour l'enfant

L'enfant a besoin de connaître son origine et son histoire ; c'est cette continuité qui va lui permettre de vivre à la fois son individualité et les liens qui l'unissent aux autres pour aller à la rencontre de lui-même.

Pouvons-nous en toute sincérité dire que nous n'avons aucun dessein pour l'enfant à venir ? Chaque parent insuffle pour son enfant un projet – avec des contours plus ou moins fixes –, de façon souvent plus prégnante lorsqu'il s'agit de l'aîné. D'ailleurs, même le choix des prénoms de l'enfant est loin d'être neutre, ils sont les témoins de ce projet parental tout en portant le secret de leur vibration propre. Ce projet est porteur d'un élan de vie constructif mais il peut devenir négatif s'il projette l'enfant dans un moule préétabli dans lequel il doit entrer sans tenir compte de sa singularité.

La venue d'un enfant contient bien sûr une part de mystère qui dépasse toute décision et tout choix. Aussi est-il fructueux de repérer ses croyances et ses idées préconçues concernant des modalités du type « sexe préféré », « nombre d'enfants

8 Bagages de l'âme, terme défini dans « Avant-propos et présupposés ».

que l'on projette d'avoir», «écart d'âge idéal»... En effet, ces préjugés et ces considérations intellectuelles éloignent du réel vécu, des ressentis et de l'intuition, surtout lorsqu'ils sont validés en bloc au lieu d'être questionnés.

Les enfants peuvent avoir des géniteurs communs, mais ils n'auront en définitive jamais les mêmes parents. En effet, la relation qu'entretiennent les parents avec chacun de leurs enfants est unique. Chaque nouveau-né apparaît à un moment différent de la vie de ses parents. L'arrivée d'un enfant est une aventure singulière qui se noue selon le désir ou l'attente qui ont précédé sa venue, selon le vécu de l'accouchement... Tous ces ingrédients vont constituer une histoire particulière.

Le premier-né occupe une place très spéciale pour ses parents. C'est lui qui les a élevés du statut de couple à celui de parents et a suscité l'émerveillement ainsi que le stress des parents novices. L'aîné tient un rôle particulier dans l'inconscient collectif, réminiscence du temps où il était destiné à être le soutien de famille en remplacement des parents, mais également où il héritait des titres dans la noblesse ; il était attendu garçon. Le premier-né est souvent plus stimulé et sollicité. Des demandes nombreuses et lourdes à porter peuvent même lui être adressées en tant qu'aîné : donner le bon exemple, surveiller ses frères et sœurs, céder aux plus jeunes, devoir prêter... et en trame de fond satisfaire ses parents. Or, l'aîné a besoin d'être lui aussi considéré comme un enfant et non comme un intermédiaire auprès des plus jeunes. Il arrive que, par identification à l'un des parents ou en raison de l'absence de l'un d'eux, l'aîné se mette à occuper une place de «parent» dans la fratrie, ce qui est préjudiciable pour toutes les relations familiales. Par ailleurs, dans certains cas, même lorsqu'il y a peu d'écart d'âge, l'aîné semble grand par rapport au petit qui vient de naître. Les parents peuvent alors être tentés de le surresponsabiliser et de souhaiter le voir grandir *trop* vite. Or, se comporter en grand frère (ou grande sœur) tendre, attentionné et protecteur ne peut venir que de l'élan de l'enfant lui-même.

Il arrive également que les parents se désintéressent des progrès du second parce que celui-ci traverse des étapes qui semblent connues, et qu'ils portent plus d'attention à la découverte des nouvelles étapes franchies par l'aîné. Or l'accès à une nouvelle étape sera vécu différemment par chaque enfant et il est intéressant de découvrir les spécificités de chacun à travers ces étapes. Par exemple, une mère avait observé que son aîné s'était lancé dans la marche en se hissant le long d'un support alors que son deuxième enfant utilisait une tout autre stratégie puisqu'il prenait le temps de se lever seul et de trouver son équilibre avant de tenter d'avancer. Ces deux approchent témoignent de la spécificité de « l'être au monde » de chacun des enfants.

Avec la naissance d'un deuxième enfant, le parent aura peut-être le sentiment de trahir son aîné. Tellement comblé par le premier, il est fréquent aussi qu'il s'effraie de ne pas être capable d'accorder la même qualité d'amour au second. La crainte que l'aîné souffre et n'accepte pas le second peut d'ailleurs amener à des excès, comme celui de lui demander ou de lui permettre de choisir le prénom de l'enfant à venir ou de lui donner le rôle d'émissaire du faire-part de naissance. Rappelons à l'attention de ces familles combien il est important que les adultes conservent l'entière responsabilité du choix d'un enfant supplémentaire. La joie comme le mécontentement de l'aîné restent bien sûr à prendre en considération et à accompagner.

D'une façon ou d'une autre, les aînés sont susceptibles de régresser, ce qui leur permet de vérifier qu'ils continueront à recevoir l'attention dont ils ont besoin. C'est à remarquer et à nommer avec bienveillance et sans moquerie. Parfois aussi, ils auront besoin de s'affirmer en cherchant leur place. Tout cela correspond à un temps d'intégration et de réorganisation de la structure familiale. Les enfants qui naîtront après l'aîné auront aussi à prendre leur place, et cette place devra être totalement validée par les parents.

Par ailleurs, la relation qu'entretiennent les parents avec le dernier-né est parfois marquée par une forme de nostalgie et le souhait de garder un petit qui ne grandisse pas trop vite ; ou bien, au contraire, considérant toute l'énergie que cela requiert, ils peuvent être pressés de le voir grandir pour justement ne plus avoir à s'occuper d'un petit. Dans tous les cas, la représentation que se fait le parent de son propre vieillissement et de sa mortalité influencera en filigrane son positionnement et, par conséquent, le rythme d'évolution de l'enfant.

La place dans la fratrie contribue à la formation de la personnalité. Souvent, le privilège d'avoir eu ses parents pour lui seul provoque plus de difficultés à partager pour l'aîné que pour les enfants suivants. Ou bien alors, l'aîné peut être amené à se sentir responsable trop tôt et se retrouver ainsi enfermé dans un rôle de protecteur. Pour avoir l'élan de partager et de contribuer au bien-être collectif sans se sacrifier, il est indispensable que l'enfant sache détenir un territoire sécurisé matérialisé par la possession d'objets qu'il soit libre de prêter ou de ne pas prêter. Dans le même ordre d'idée, chaque enfant mérite de bénéficier d'un espace refuge où l'intrusion par l'autre n'est pas autorisée. L'apprentissage de ce comportement respectueux sera renforcé par la capacité dc l'adulte à préserver lui-même son espace intime. Les plus jeunes doivent être protégés des gestes plus ou moins intentionnellement maladroits des plus âgés, et ces derniers doivent pouvoir vivre des moments de quiétude dans un espace protégé que les plus jeunes ne viennent pas sans cesse perturber. Même si l'espace est restreint, il est néanmoins nécessaire que chacun bénéficie d'un territoire personnel, aussi limité soit-il. Chercher à ce que l'enfant partage à tout prix, qu'il s'agisse d'objets ou d'espace, et le contraindre à faire preuve de bienveillance s'avèrent à terme contre-productif. C'est à partir des expériences qui permettent de goûter au plaisir de l'amour qui circule que découlera l'envie naturelle de partager.

Le lien créé avec chacun des enfants est spécial et il est important de renoncer à un égalitarisme forcené devant le risque de prendre les enfants au piège de la croyance : « Les membres d'une fratrie doivent jouir du même traitement à tout moment et en toutes circonstances. » Ils deviendraient alors facilement obnubilés par la comparaison de ce qui leur est donné, pointant avec précision les différences. Au contraire, l'explication selon laquelle l'égalité absolue n'existe pas, et qu'une attitude d'équité consiste à s'adapter aux différents besoins de chacun en fonction de son âge et de sa sensibilité, sera source de créativité et porteuse de paix et de liberté. En outre, l'enfant se sentira unique en tant que personne aux yeux de chacun de ses parents si ces derniers prennent le temps de lui accorder des moments privilégiés en tête à tête et de valoriser son potentiel particulier. Par ailleurs, veiller à ne comparer l'enfant qu'à lui-même soulignera favorablement sa singularité. Par exemple, plutôt que dire « Tu étais plus dégourdi que ton frère au même âge », nommer simplement un fait : « Quand tu avais 3 ans, tu t'habillais seul. »

Les parents se projettent souvent à la place de leurs enfants et parfois plus particulièrement à la place de l'enfant du même sexe ou de celui qui occupe le même rang que lui dans la fratrie, dans une forme de fidélité au passé. Comme pour chaque projection, la mise en lumière et les paroles posées sont salutaires et permettent d'éviter les répétitions. La projection devient source de confusion lorsqu'elle n'est pas identifiée car elle délivre alors à l'enfant un ordre inconscient d'une direction à suivre, ordre auquel celui-ci peinera à se soustraire.

Par exemple, Luc, cadet dans sa propre fratrie, avait souffert du culte que sa mère vouait à son frère aîné. Devenu père de deux enfants, il se montra plus attentif aux états d'âme de son second enfant, ne voulant surtout pas que celui-ci éprouve la sensation d'être moins aimé comme lui-même l'avait ressenti. Or, il manquait de lucidité dans son positionnement vis-à-vis de cet enfant tant il était parasité par ses souvenirs non élaborés[9]. Il trouvait maintes excuses au cadet et l'installait, bien malgré lui, dans un statut privilégié afin de compenser l'inconfort qu'il projetait dans cette place de second.

A contrario, la projection peut être constatée et mise en mots : « J'ai toujours rêvé de faire du piano et la musique est un art qui me touche particulièrement. J'ai à cœur de te donner la possibilité de t'exprimer à travers cet art. Depuis que tu es tout petit, j'ai aussi remarqué que tu aimais que je te fasse écouter de la musique. C'est sans doute une des raisons pour lesquelles je te propose cette activité, nous verrons si elle te correspond et si tu y prends du plaisir. »

9 Les souvenirs non élaborés sont des souvenirs dont l'impact continue à s'exercer dans le fonctionnement actuel.

Le parent pourrait aussi envisager de réaliser son rêve en s'autorisant à prendre lui-même des cours de piano.

De la fratrie à la fraternité

Une relation se construit avec la personnalité de chacun toujours en évolution. L'amour ressenti se différencie de la qualité relationnelle. Le parent peut avoir une relation plus aisée, plus agréable avec l'un de ses enfants (ce qui peut se modifier au fur et à mesure du temps) sans pour autant le propulser dans un statut de « préféré ». De même, la communication peut se révéler plus fluide entre certains membres de la fratrie. Ces diverses qualités relationnelles devront être assumées et expliquées si nécessaire afin qu'elles ne soient pas mal interprétées.

Si un lien fusionnel se met en place entre un parent et l'un des enfants, cela entraîne généralement une mésentente dans la fratrie et l'alliance entre ses membres en est rendue difficile. Lorsqu'il semble y avoir un « préféré », celui-ci peut se sentir culpabilisé ou à l'inverse défendre plus ou moins consciemment ce statut de « favori » qui pourtant lui est préjudiciable. Il peut en effet être difficile de renoncer à cette valorisation tout en percevant parfaitement qu'elle est injustifiée, ce qui empêche d'aller à la rencontre de sa véritable valeur.

Il est important de reconnaître la place différente de chacun dans la fratrie grâce à des éléments visibles, comme le bénéfice de certaines prérogatives en faveur de l'aîné, telles que se coucher un peu plus tard que le(s) plus jeune(s), posséder un trousseau de clés de la maison avant les autres... Par exemple, trois frères avaient leur anniversaire au cours du même mois, les parents avaient donc décidé de les fêter le même jour. En outre, les trois enfants devaient pratiquer le même sport. L'unicité de chacun n'était absolument pas reconnue et la relation entre les trois frères était extrêmement tendue et compétitive… certainement pour « sortir du lot » !

Lorsque l'unicité et la place de chacun dans la fratrie ne sont pas reconnues, cela engendre des conflits importants et répétés qui peuvent se rejouer tout au long de la vie, et plus particulièrement au décès des parents et à l'occasion des successions.

Célestin est issu d'une famille fonctionnant sur un mode clanique dont la devise est « toujours unis ». Cette devise, magnifique au demeurant, dissimule pourtant des favoritismes importants. Notamment, le frère aîné de Célestin, le fils premier-né, est le roi pour sa mère, et ses frères et sœurs sont tenus de l'honorer et de tout accepter de lui. Célestin est le dernier-né et il s'est vu attribuer le rôle de protecteur de la concorde familiale, sa responsabilité est de préserver l'unité familiale à n'importe quel prix. Il a l'habitude de cautionner et de protéger, voire de cacher parfois, les décisions prises par sa mère. Au moment du décès de celle-ci, les discordes ont explosé. Mais Célestin a découvert au cours de son analyse que c'est la peur de perdre l'affection maternelle qui a déterminé ses prises de position au sein de sa fratrie. Peu à peu, il a réussi à créer des liens différents avec chacun de ses frères et sœurs et il a également accepté d'être plus proche de certains.

La rivalité fraternelle se joue essentiellement autour de l'amour parental. C'est en se comparant à ses frères et sœurs que l'enfant apprendra à s'en différencier pour se trouver lui-même. La tâche est souvent moins aisée dans les fratries de même sexe et d'âges proches. Cependant ce travail d'accompagnement est nécessaire pour que l'enfant développe sa tolérance à la différence et réussisse à transmuter la jalousie en une envie porteuse d'un élan lui permettant d'avancer et de se dépasser. En effet, dans la jalousie, le désir de s'approprier ce que l'autre possède est assorti d'une certaine amertume, alors que l'envie du même n'enlève rien à l'autre et peut être une stimulation riche d'inspiration pour parvenir à son vrai désir par ses propres moyens. C'est dans cette logique que le plus jeune est souvent amené à copier le plus grand, qui peut alors en être déstabilisé dans son sentiment d'unicité. On pourra alors aider ce dernier à valoriser son rôle de précurseur.

Les relations fraternelles ne peuvent pas être continuellement harmonieuses, en particulier lorsque les enfants sont jeunes, mais aussi au cours de l'adolescence. En effet, durant ces deux périodes, les émotions et les réactions pulsionnelles sont particulièrement fortes et difficilement contrôlables. Les parents peuvent bien sûr exprimer leur préférence pour qu'une bonne entente règne mais sans émettre d'injonction à ce que demeure une atmosphère sereine à tout prix. Car inévitablement vont alterner rivalité et complicité, élans d'amour et montées de haine. À vouloir absolument aplanir les aspérités relationnelles, le parent peut en arriver à s'insinuer trop fortement dans les relations entre les enfants et obtenir l'effet inverse en envenimant la situation.

Le positionnement de l'adulte dans la gestion des conflits entre frères et sœurs se découvre, se crée, s'invente à chaque situation et à chaque stade d'évolution des enfants. Il interviendra soit sur la demande d'un des enfants soit parce qu'en étant témoin il est indispensable qu'il tienne compte de ce qui a été vu ou entendu. Par exemple, il lui sera possible de dire à un enfant qui profite de sa supériorité physique : « Tu es plus grand et tu es en train d'utiliser ce pouvoir. Mon rôle de parent est de ne pas te laisser faire car ce n'est pas acceptable comme mode relationnel et ce n'est pas bon pour toi de l'utiliser. » Dans un tel cas, soyons conscients que l'objectif n'est pas seulement de protéger le plus faible physiquement, mais bien de protéger les deux enfants.

Accepter les désaccords fait partie des apprentissages dont l'enseignement est crucial afin d'éviter les réactions pulsionnelles et le recours à la violence. Ce processus d'apprentissage indispensable est long et demande patience et persévérance. Ne pas intervenir sous prétexte qu'il s'agit d'« affaires de gosses » est une forme d'abandon. Si les relations ne sont pas accompagnées, la répétition de certaines interactions est susceptible de laisser des séquelles durables et préjudiciables à des relations saines. Lorsque les rôles « dominant/dominé » se figent, il sera plus tard difficile de sortir de ce schéma délétère. Le regard et le positionnement du parent, qui représente un tiers séparateur, sera progressivement intériorisé par l'enfant comme un regard distancié sur son propre comportement.

Lors d'altercations physiques, l'adulte commencera par séparer les enfants. Puis, une fois le calme revenu, il jouera son rôle de médiateur, en veillant tout simplement et sans prendre parti à ce que chacun exprime sa version des faits. Permettre que les mots prennent le relais des coups ou de la violence verbale est une voie éducative de pacification. Ce sera également l'occasion d'expliquer que la réalité est perçue différemment par chaque individu et qu'il est impossible d'avoir une vision tout à fait globale d'une situation. Parfois, il ne sera pas possible de se comprendre, et c'est là une réalité indispensable à accepter. La seule référence au mental est par essence limitée. Seule la voie de l'amour, qui accepte la différence, la singularité, permet de vivre le désaccord sans se sentir perdu, isolé ou abandonné.

Souvent, les conflits familiaux se rejouent entre les enfants car eux-mêmes sont inconsciemment imprégnés de la façon de régir les conflits aussi bien dans leur milieu actuel que dans l'ancestral, que ces conflits résonnent bruyamment ou en sourdine. *A contrario*, lorsque l'accompagnement des adultes est suffisant, les relations dans la fratrie ou avec des camarades fournissent à chacun un laboratoire d'expériences et de découvertes essentielles sur le fonctionnement des relations humaines.

Certains enfants porteurs de handicap ou particulièrement sensibles requièrent beaucoup d'attention de leurs parents. Les autres enfants peuvent s'en sentir délaissés et très jaloux. En même temps, ils peuvent avoir honte et culpabiliser d'éprouver ces sentiments, surtout quand ils entendent dire qu'ils ont beaucoup de chance par rapport à la difficulté rencontrée par leur frère ou leur sœur. Certains en arrivent parfois à se fabriquer une difficulté pour considérer qu'ils sont eux aussi aimables et méritent de recevoir de l'attention. Ils peuvent également tâcher de prendre le moins de place possible et tenter de devenir autonomes avant d'en avoir acquis les capacités. Il s'agit donc de ne pas négliger l'enfant bien portant. Quant à l'enfant porteur de handicap, il n'a pas besoin de se sentir privilégié dans une forme de complaisance. Il importe de considérer l'essence de son être et de ne pas le voir uniquement à travers le filtre de son handicap. Aucun compromis n'est bénéfique au psychisme ; chercher à compenser est préjudiciable quelle que soit la difficulté rencontrée. La compensation tout comme la consolation d'ailleurs ne peuvent constituer de solutions durables. La bienveillance et l'amour permettent de déjouer le piège de l'illusoire pouvoir de la compensation. La présence véritable apporte de l'apaisement et favorise l'acceptation de difficultés, qui ouvre la voie à de nouvelles ressources.

Lorsqu'une difficulté particulière provoque un besoin prégnant, la tendance sacrificielle d'un parent peut être exacerbée. Tenir compte du réel et des efforts nécessaires à fournir n'est pas se sacrifier. Le parent sacrificiel est, quant à lui, un poids pour l'enfant. Ce poids ne l'aide pas à se construire ni ne lui donne envie de devenir adulte. Lorsque la joie de donner est à l'œuvre, tout en tenant compte des limites humaines de fatigue, il n'y a pas de sacrifice.

Être frère et sœur, c'est partager une histoire commune, néanmoins filtrée par la subjectivité de chacun. C'est aussi faire face au couple parental et peut-être lui survivre ensemble un jour, ce qui sécurise et procure des repères familiers lorsque les relations sont sous-tendues par suffisamment d'amour. La fraternité peut alors se manifester.

Complexité des interactions relationnelles au sein de la famille

Trouver sa place et son mode relationnel au sein de la famille est un jeu d'équilibriste aussi bien pour les enfants que pour les parents. L'enfant perçoit et observe constamment mais il n'est pas toujours apte à utiliser ses perceptions pour s'exprimer et agir. Lorsqu'une façon d'être totalement différente de la sienne le confronte à des incompréhensions, il sera tenté soit de se dévaloriser, soit de dévaloriser l'autre. Par exemple, s'il vit régulièrement des tumultes internes tandis que l'un de ses frères et sœurs bénéficie d'un meilleur sens relationnel et agit avec simplicité, il peut se montrer frustré et envieux. La jalousie qui s'exprime et engendre des conflits masque en réalité le désir refoulé d'une même simplicité. Si de surcroît son estime de lui-même est fragile, il peut chercher à se rassurer sur sa propre valeur. En prenant pour critères de comparaison ses propres points forts, il tentera alors de dévaloriser l'autre. Dans certains cas, un système destructeur peut se mettre en place, l'enfant utilisant sa force physique ou intellectuelle pour rabaisser l'autre, croyant ainsi gérer son angoisse alors que ce système ne procure qu'un apaisement provisoire qui provoquera une boucle de répétitions. La parole sera précieuse pour aider cet enfant à cheminer vers l'acceptation des spécificités de chaque être.

Par ailleurs, lorsqu'un enfant devient parent à son tour, l'équilibre familial peut être chamboulé avec l'apparition de plusieurs personnes incarnant un statut de « mère » ou de « père ». Il arrive que les grands-parents se sentent jugés lorsque leurs enfants font des choix d'éducation différents des leurs. Ou encore que les parents ne se sentent pas soutenus si les grands-parents ne mettent pas en œuvre leurs recommandations. Nombre de conflits souterrains ou anciens peuvent rejaillir et des rancœurs ressurgir en constatant de la part des grands-parents une attitude bienveillante, plus douce et plus tolérante que celle que les parents ont connue dans leur propre enfance. De même la reproduction d'attitudes connues et douloureuses à l'encontre de leur enfant réveille des blessures enfouies. Dans de tels cas, il est nécessaire que le choix entre faire preuve d'une certaine tolérance ou *a contrario* garder un positionnement clair et ferme soit exclusivement guidé par l'intérêt de l'enfant afin d'éviter de nourrir des tensions autour de détails sans réelle importance.

Par exemple, un enfant intolérant au lactose se voyait servir des boissons lactées à chaque fois qu'il allait chez sa grand-mère maternelle, qui s'inquiétait d'une carence possible en calcium et souhaitait faire à sa façon. Les douleurs abdominales apparaissaient quelques heures plus tard ou bien le lendemain, et la grand-mère refusait de faire le lien entre ces symptômes et l'absorption de produits laitiers alors que l'intolérance était médicalement avérée. Au départ, la mère s'énervait, ce qui avait peu d'impact, jusqu'au moment où elle réussit à se positionner très clairement et à dire à sa mère : « J'ai à cœur que la relation entre mon fils et toi soit profonde pour l'un et pour l'autre, et j'ai confiance dans le fait que tu souhaites ce qui est le mieux pour lui. En même temps, je ne peux plus accepter que tu ne prennes pas en compte ma recommandation, c'est nous, parents, qui sommes responsables de sa santé. À partir de maintenant, soit tu ne lui donnes plus de produits laitiers soit vous ne serez ensemble qu'en notre compagnie. »

Lorsqu'il y a des difficultés relationnelles au sein d'une famille ou qu'un des membres est régulièrement défaillant, il arrive souvent qu'une forme de coalition entre certains membres de la famille se mette en place. Il est nécessaire de bien différencier « protection » de « coalition ». Par exemple, il existe des familles dans lesquelles chaque parent s'approprie un des enfants, d'autres encore où l'un des parents tente de protéger un enfant du dysfonctionnement de l'autre parent.

Pour illustrer cette subtile différence entre « protection » et « coalition », prenons l'exemple de Norah, enfant unique dont le père cherchait de la détente et vraisemblablement de l'oubli dans la consommation d'alcool quasiment chaque soir. La mère, voyant que l'enfant était dépitée en observant son père, lui disait discrètement : « Tu as vu, il boit encore ce soir et après il va être énervé comme d'habitude. » Ceci appartient au registre de la coalition, car le père est dans ce cas uniquement critiqué et donc exclu. Un fantasme d'alliance indestructible de la part d'un parent piège l'enfant telle une mouche dans une toile d'araignée. N'oublions pas qu'une critique trop acerbe de l'un des parents s'avère aussi une critique d'une part de l'enfant qui se sait constitué de ses deux parents.

Par contre, si la mère peut dire : « Comme c'est triste que ton père n'arrive pas à trouver d'autre voie que l'alcool pour se soulager de ce qui est difficile pour lui, et comme c'est pénible pour nous ! » Dans ce cas, le constat de la difficulté est accompagné de bienveillance.

Les coalitions sont préjudiciables car elles provoquent l'exclusion de certains membres de la famille. Pour protéger les enfants de ces fonctionnements malsains ou pervers, il est opportun de partager ses ressentis et de solliciter une aide professionnelle extérieure. Si la violence est installée et qu'aucune issue par la communication n'apparaît, une séparation peut être envisageable car elle sera moins préjudiciable que des critiques incessantes envers un conjoint – que ces critiques soient formulées ou non.

L'arrivée d'un enfant ou d'un nouveau compagnon, la séparation des parents, le départ d'un aîné... Tous ces événements qui modifient son statut ou le système familial peuvent déséquilibrer l'enfant. Dans certaines de ces situations, celui-ci risque de se focaliser sur la perte sans percevoir aussi la possibilité d'un gain. Or, apprendre à trouver un équilibre entre perte et gain, dans une vision globale des enjeux, est un apprentissage utile tout au long de l'existence. Néanmoins, dans certains cas, la perte peut être véritable et difficile à accepter.

Par exemple, un adolescent dont le frère aîné est parti terminer ses études à l'étranger se retrouve seul et sans sa protection face à une mère quelquefois violente et un père incapable de se positionner. Le fils aîné ayant endossé le rôle paternel au sein de la famille, l'adolescent, à son départ, voit disparaître à la fois une présence aimante et le symbole paternel qu'il représente. Devant l'état dépressif de son plus jeune fils, le père lui propose de consulter. Au cours du travail thérapeutique, le jeune garçon comprit que son état d'abattement n'était pas uniquement lié au départ de son frère. Il bénéficia de surcroît d'un soutien précieux pour sa construction psychique alors que son vécu familial demeurait complexe et déstabilisant. Il prit appui sur son analyste pour traverser cette période et se préparer à son propre départ. Souvent, pour ne pas dire à chaque fois, les enfants souhaiteraient que leurs parents fassent la démarche de consulter eux-mêmes plutôt que de les envoyer chez un « psy ». Néanmoins, lorsqu'ils y trouvent une nourriture apaisante, ils ont le goût de s'en sustenter.

Dans une famille comme dans un groupe, chaque individu peut se structurer par rapport à un rôle ou une fonction qu'il est amené à prendre en charge. Par exemple, les enfants peuvent occuper des positions de protecteur, rebelle, consolateur, faire-valoir... Ils mettent très tôt des mécanismes de défense en place afin de préserver au mieux leur croissance compte tenu de leur état de dépendance. Nous souhaitons dénoncer ici la maxime qui dit : « Ce qui ne nous détruit pas nous rend plus forts » ainsi que l'injonction à la résilience. Ce qui blesse fait mal ! Un enfant malmené, éventuellement abusé, n'en sortira pas renforcé. Il gardera des traces et des fragilités plus ou moins actives en fonction des phases de vie et des expériences qu'il traversera.

Lorsque le contexte a changé ou que ces enfants sont devenus adultes, nombre de ces mécanismes de défense subsistent sous forme d'habitudes conditionnées, bien qu'elles n'aient plus de raison d'être. Si un travail de conscience met en lumière ces mécanismes, il est réjouissant de constater qu'ils peuvent aussi devenir des compétences au-delà des fragilités. Les compétences acquises par la compréhension du vécu sont profondes et transmissibles. Grâce à cette conscience, la chaîne de répétition des dysfonctionnements se rompt, laissant place à la liberté de partager des forces de vie.

Prenons l'exemple de Jeanne, dont la mère était diabétique et instable psychologiquement. Cette enfant scrutait constamment l'état intérieur de sa mère afin de tenter de prévenir un quelconque malaise ou mal-être de celle-ci. Elle s'était déconnectée de ses propres émotions afin de répondre aux attentes de sa mère, qu'elle voulait préserver et sauver à tout prix. Devenue adulte, elle comprit qu'elle continuait à scruter ce que pouvait ressentir et penser d'elle son entourage et à se « suradapter » afin de lui plaire. Lorsqu'elle prit conscience de ce fonctionnement et retrouva un lien avec son intériorité, elle réussit à désactiver peu à peu son hypervigilance grâce à plus de confiance. En effet, elle savait qu'elle pouvait recourir à ses perceptions très fines sans avoir besoin d'être dans une tension constante.

Le seul choix véritable que nous ayons n'est-il pas celui de la profonde acceptation de nos vulnérabilités, chemin préalable à la possibilité d'une transmutation d'ordre alchimique qui s'opère d'elle-même dans le silence intérieur retrouvé ?

Impact des secrets de famille et de la perversion

Concernant les drames qui souvent deviennent des secrets de famille, du type décès d'enfant, avortement, enfant mort-né, décès prématuré, inceste, abus..., il est nécessaire que les adultes concernés effectuent un travail d'élaboration suffisant avant de les nommer. En effet, l'information transmise doit être dégagée de la charge émotionnelle afin que l'enfant perçoive bien que, même si le vécu a été terrible, l'adulte n'en est pas pour autant resté effondré[10]. S'il ne s'agit pas de minimiser la gravité de ce qui a été traversé, il n'est pas nécessaire non plus de décrire un vécu douloureux trop imagé ou trop détaillé, ou bien à l'inverse énoncé sans émotion. Cela ferait vivre à l'enfant le sordide de l'événement en suggérant des images qui s'inscriraient profondément ou qui provoqueraient à la fois une sidération et une déconnexion avec la réalité. Dans un tel cas, il y aurait une double charge traumatique pour l'enfant : celle de la perception de la brutalité de l'événement s'ajouterait à celle de l'impact durable du traumatisme sur la famille.

Prenons l'exemple d'un enfant de 11 ans qui exprimait à sa mère vivant une relation harmonieuse avec son époux : « Moi, j'aurais vraiment voulu avoir un grand frère. » La mère, qui était lucide avec son histoire, lui répondit avec réalisme : « Tu aurais pu avoir un frère ou une sœur mais je me sentais incapable de l'assumer à cette époque, où je n'avais pas encore rencontré ton père. J'avais vu ma mère en si grande difficulté à élever ses enfants que j'étais beaucoup trop effrayée à l'idée d'être mère. Je n'avais pas de soutien

10 La plupart des traumatismes familiaux concernent des situations dans lesquelles un parent se considère lui-même, à tort ou à raison, comme la victime d'un drame (*cf.* Tisseron Serge, *Vérités et mensonges de nos émotions*, *op. cit.*, p. 103).

et j'ai subi une intervention médicale pour nc pas garder l'enfant. » Le moment juste pour informer l'enfant sera indiqué par des questionnements plus ou moins explicites qui peuvent éventuellement prendre la forme de symptômes. La façon de lui présenter les faits doit être adaptée à son âge et sa sensibilité. Dans ce cas, la mère évoqua à la fois du regret et un constat de sa réalité psychique de l'époque qui ne lui permettait pas d'imaginer devenir mère. Elle expliqua à son fils qu'elle ne pouvait accéder à la maternité qu'avec un homme bienveillant ayant lui-même un fort élan à la soutenir et à devenir père. L'information et les regrets sont ainsi partagés, mais sans pour autant en faire un drame insurmontable.

Le couple parental doit être attentif à partager les informations sensibles seulement quand elles concernent l'enfant. Prenons l'exemple d'un enfant de 8 ans auquel sa mère avait raconté que son père l'avait « trompée » avec sa meilleure amie. En outre, le père de son côté n'avait jamais évoqué la séparation d'avec la mère. L'enfant se retrouva ainsi porteur d'une énorme colère envers son père. Or, il s'agissait d'un événement extrait de son contexte. En effet, ce qui méritait d'être évoqué, c'était la mésentente entre les parents dans sa globalité. Si cet adultère avait bien eu lieu et avait provoqué la séparation du couple c'est que, préalablement, un sérieux dysfonctionnement régnait au sein de celui-ci. Parfois, l'un des membres d'un couple traverse une crise et se retrouve dans une zone de fragilité que tous les prédateurs repèrent avec une aisance sidérante.

Dans cette histoire, le souhait de la mère d'être reconnue dans sa souffrance l'a conduite à oublier son rôle d'éducatrice vis-à-vis de son enfant. En conséquence, elle a fait porter sa propre colère à l'enfant, dont le ressenti propre et véritable était la tristesse.

Un travail thérapeutique pour exprimer sa souffrance l'aurait préservée de ce dérapage si nocif pour son fils.

Dans cet exemple, le souhait de la mère d'être comprise et considérée comme victime de la situation n'avait pas à être porté par l'enfant. Le parent a le devoir de parler à partir d'un espace adulte, non à partir de ses blessures. Et s'il n'y parvient pas, puisse-t-il au moins nommer ses propres émotions comme telles afin qu'elles soient bien différenciées de celles de l'enfant.

Tous les individus peuvent être confrontés à des problématiques psychiques. Ainsi les doubles messages émis par les parents sont une cause de troubles importants. En effet, la double contrainte[11] existe dans une relation d'autorité qui ordonne un choix impossible et interdit tout commentaire sur la situation. Les fonctionnements pervers, lorsqu'ils existent chez l'un ou l'autre des parents, ainsi que les chocs traumatiques sont des causes de sidération et de dissociation. Ces derniers font office de mécanismes de survie permettant d'éviter un effondrement psychique. Ils sont néanmoins très préjudiciables car une partie de l'âme s'absente pour que la personne survive à la déflagration de souffrance. Cette échappée de l'âme fragilise l'individu et crée un espace vide que perçoivent les prédateurs. Face à l'alternance de flatteries et d'humiliations, un enfant reste sans défense, l'intervention d'un tiers protecteur et clairement positionné est alors indispensable.

Lorsque le fonctionnement de l'entourage est empreint de perversion, soit l'enfant reproduira ce même modèle dans la jouissance du pouvoir procuré, soit il sera dans l'incapacité de se positionner.

11 *Cf.* note 5, p. 72.

L'enfant se retrouve alors sous l'emprise de fonctionnements réactionnels partiellement inconscients. La culpabilité peut apparaître pendant les moments de lucidité. Cette alternance dépendance/culpabilité ne peut s'arrêter que sous les projecteurs de la conscience. Débusquer ces mécanismes lorsqu'ils sont devenus habituels nécessite une aide à la fois sécurisante et éclairante. Les conséquences de la perversion considérée comme norme peuvent induire des troubles pathologiques allant jusqu'à la psychose.

Les traits manipulateurs et pervers se distinguent d'un fonctionnement d'emprise véritable. Accuser l'autre de manipulation et qualifier toute personne qui nous stimule négativement de « pervers narcissique » est tout aussi préjudiciable que de ne pas repérer ce qui nous fait souffrir et de laisser ainsi perdurer la maltraitance tant physique que psychique. Lorsque nous percevons nos propres comportements pervers, une détresse immense peut émerger et submerger celui dont l'estime de soi est faible. Lorsque ce chagrin entraîne des pleurs, ces derniers peuvent relever de trois registres : des pleurs de culpabilité, sur soi-même, qui tournent en boucle ou permettent de s'autojustifier ; des pleurs d'impuissance, souvent ceux de l'enfant ; ou des pleurs résultant d'une vision plus globale de sa propre responsabilité, celle-là ouvre la porte à un cheminement et à un changement possible.

Une jeune fille ayant des perceptions très fines et perturbantes, au point de se questionner sur une éventuelle folie qui l'habiterait, est reçue en consultation. D'une part elle perçoit par moments des ombres effrayantes, et d'autre part elle se sent très en colère contre sa mère qui pleure à chaque contrariété, ces pleurs semblant de même intensité qu'il s'agisse d'une simple contrariété ou d'une profonde détresse. Entre pitié, fureur et culpabilité, la jeune fille est prisonnière de ses émotions, qui l'envahissent comme des ennemis invisibles qu'elle ne sait ni éloigner ni comprendre. Dans ce cas, un travail de conscience familiale eût été indiqué car de nombreux secrets honteux hantaient les relations. Mais il n'en fut pas décidé ainsi et la jeune fille, au regard de l'importance de ses difficultés, choisit d'entreprendre seule un chemin de conscience. Plusieurs secrets honteux furent dévoilés, y compris le rôle de « collaborateur » d'un grand-père durant la dernière guerre. Ce type de secret engendre des fantômes et des cryptes[12]. Mais au fil du temps, les ombres disparurent pour laisser place à des souvenirs et des sensations. La jeune fille chemina à la fois vers une vision plus douce d'elle-même et vers l'acceptation de cette famille dont elle était issue.

Son désir de voir ou faire changer les autres bloquait sa propre évolution. Cette découverte fut un tournant dans sa perception d'elle-même. Accepter sa famille ne voulait pas dire en cautionner les dysfonctionnements, mais choisir de se préoccuper de son propre changement et nourrir son élan de vie.

Plus les secrets de famille sont présents sous la forme de non-dits, plus l'enfant développe une forme d'hypervigilance. Certaines personnes pourvues d'une grande sensibilité et donc de perceptions intenses manifestent des caractéristiques pouvant être confondues avec des pathologies. Par exemple, un enfant peut être fortement gêné par une trop grande quantité de stimulations à l'école et un diagnostic de phobie scolaire peut être posé, alors que si l'enfant va moins souvent à l'école ou qu'il rejoint un groupe d'élèves moins nombreux, le problème disparaît.

Pour ces enfants dotés d'une sensibilité accrue, l'ampleur des perceptions peut être anxiogène. Cela les conduit à anticiper

12 *Cf.* note 3, p. 268, et note 7, p. 272.

toutes les situations possibles et à élaborer les scénarios les plus redoutés pour se préparer à y faire face. Ils en arrivent à analyser et surveiller systématiquement tout ce qui se passe dans leur vie et celle des personnes qui leur sont proches. L'anticipation permanente engendre un épuisement psychique et une vulnérabilité accrue propice à des débordements émotionnels, le « pulsionnel » n'étant plus contenu. Aucune forme de lâcher-prise ou de spontanéité n'est alors de mise, ce qui peut être extrêmement éprouvant pour les personnes proches de cette sentinelle, qui ne comprennent pas cet état d'alerte permanent. Cette intense sensibilité peut conduire à dramatiser une situation, un événement, l'exagération pouvant aboutir sur des épisodes hystériques ou paranoïaques.

La grande sensibilité n'est en aucun cas une pathologie en soi, par contre elle peut générer de la pathologie en l'absence de prise en compte des besoins et des limites liés à cette qualité.

Fondamentalement, c'est la vulnérabilité du système familial qui est perçue et, au-delà de celui-ci, celle de la condition humaine. La sphère mentale est alors surinvestie pour tenter de maîtriser les événements. Lorsqu'il est victime de sa sensibilité, l'enfant devient surréactif et hyperémotif. Les parents peuvent facilement se laisser emporter par des peurs et amplifier ainsi la problématique. Accepter la nature de l'enfant, comprendre ses peurs et les accueillir permettra de poser le cadre le plus adapté. Une conscience plus grande donnera progressivement accès à une distanciation apaisante... Changer de nature est impossible, en revanche il est possible de modifier notre relation à notre nature, notamment grâce à un travail thérapeutique fécond qui induit une acceptation de la nature profonde propre à chacun. L'égalité n'existe pas au niveau du psychisme ; au-delà de l'histoire familiale, elle existe au niveau de la joie qui jaillit de l'adhésion à la vie elle-même.

Démêler les crises coexistant au sein de la famille

Nous cheminons et progressons de crise en crise. Si ces crises ont été traitées et dépassées au fur et à mesure de leur apparition, celles dites « de l'adolescence » ou « du milieu de la vie » ne prendront pas la même ampleur et n'auront pas les mêmes retentissements. L'arrivée d'un enfant, par exemple, peut bouleverser l'équilibre du couple (sans parler de la dépression post-partum ou du *baby blues*...). En effet, devenir parent et regarder désormais son conjoint comme un père ou une mère peut déclencher des remontées traumatiques de sa propre histoire et/ou un refus du changement d'état ou de statut.

Ainsi un couple dont la femme avait l'habitude de materner son conjoint. Lorsqu'à la naissance de leur premier enfant son attention fut tout naturellement tournée vers les besoins du bébé, le père en fut complètement déstabilisé et entra en dépression. Cet homme avait été un enfant en manque de maternage, et cette femme avait suivi le modèle de sa mère maternant son père, qui lui-même avait perdu sa mère lorsqu'il était tout jeune enfant... Mais « apporter du soutien » ne doit pas être confondu avec « materner ». Le mélange des rôles s'avère toujours préjudiciable.

Dans cette jeune famille, pleine de bonnes intentions, tous les rôles étaient confondus et la naissance de l'enfant fit éclater le puzzle des compensations qui avait servi, jusque-là, de mode relationnel. Le changement avait mis au jour les instabilités de fond et plus personne n'y trouvait son compte. Le bébé demandait à chacun de ses parents de devenir adulte pour lui laisser la place d'enfant.

Par ailleurs, il importe de garder à l'esprit que l'adolescence est une période de la vie durant laquelle les rapports à l'adulte, au corps (physique, social) et à sa propre histoire sont bouleversés et réaménagés. Parallèlement à de tels remaniements du psychisme de l'adolescent, il est fréquent que les parents traversent eux-mêmes une crise (ladite « crise du milieu de vie », mais pas uniquement), qui peut induire la nécessité d'une réorganisation de la vie professionnelle, conjugale, privée. Ces réaménagements nécessaires sont parfois brutalement interrogés par l'adolescent. La tentation est grande alors pour les adultes de s'empresser d'incriminer ladite « crise d'adolescence » alors que celle-ci se trouve en interaction avec la crise parentale et – on l'oublie trop souvent – avec une crise sociale. L'adolescent qui entre dans une période où il se sent responsable de son devenir pose un regard sans concessions sur ce qui entrave sa vie future. S'il ne le fait pas, il est à craindre qu'un état dépressif, lié à une sensation d'impuissance, le taraude. Mais cette crise peut aussi se vivre relativement sereinement, lorsqu'elle est reconnue comme une voie de croissance. Le regard critique posé par le jeune peut être l'opportunité pour ses aînés d'agir autrement.

Dès lors, les questionnements des uns et des autres concernant la sexualité, les transformations ou le sens de la vie se font écho. L'adulte perturbé peut apparaître insécurisant pour l'adolescent, surtout si la crise du premier est niée. À cette période de la vie de leur enfant, les parents peuvent aussi ressentir une angoisse de séparation d'avec celui-ci se préparant à quitter le nid. Ou bien encore, devant le vieillissement ou le décès de leurs propres parents, des blessures de perte peuvent être réactivées. En outre, quand ils ont dû s'occuper de leurs enfants seuls, trop longtemps, les adultes peuvent naturellement connaître une période d'essoufflement à jouer leur rôle de parent, pour lequel ils ont été amenés à mettre leurs autres projets de vie de côté.

Lorsque les crises sont « violentes », quel que soit l'âge, il s'agit souvent de l'expression d'un vécu plus ou moins ancien non assimilé et qui resurgit. Cette histoire passée peut appartenir à la personne, au groupe familial ou à l'ancestral. Souvent les symptômes des enfants sont des doigts pointés sur une problématique familiale issue d'une des deux lignées. Aussi, avant de cibler des causes liées à la personnalité de l'enfant, une approche globale de type systémique[13] est souvent riche et productive. Il faut demeurer vigilant à ce que l'enfant ne soit pas stigmatisé et qu'implicitement il ne soit pas identifié au problème. Peut-être, d'ailleurs, est-ce le rôle inconscient de chaque enfant d'être éveilleur de conscience ? Certains enfants ne bousculent-ils pas le cercle familial pour amener plus de vie et plus de joie ?

Une aide professionnelle est souvent utile là aussi pour vivre ces périodes de façon plus constructive et évolutive, et ne pas s'enliser dans des malaises et des tensions relationnelles. L'exemple

13 Dans une approche systémique, le thérapeute ne considère plus son patient comme un individu isolé mais s'intéresse aux interactions du patient avec son environnement, qui maintiennent son problème. On passe d'une explication individuelle et diachronique à une explication systémique et synchronique. Soigner une pathologie psychiatrique chez un membre de la famille passe donc par la prise en compte de toute la famille, la personne malade n'étant qu'un symptôme de la pathologie du système « famille ».

du parent est précieux[14], et tout ce dont il réussira à se délester aura un impact libératoire sur l'ensemble de l'arbre généalogique.

Au cours d'une thérapie, il est parfois difficile de poser un regard lucide sur ses parents. Il peut y avoir une réticence à regarder les défaillances parentales et une tendance à les justifier et à en balayer les répercussions : « Ils ont fait comme ils ont pu ! » Bien sûr, les parents ont fait comme ils ont pu, avec leur niveau de conscience propre et celui de leur époque, ce qui représente une facette de la réalité. Mais pour prendre la mesure de la souffrance de l'enfant, il ne faut pas occulter le fait que certains de ses besoins n'ont pas été pris en compte. Prendre la défense de ses parents, chercher à les déculpabiliser revient en réalité à les priver de leur responsabilité. Sortir de l'idéalisation de la mère, notamment, est souvent difficile à opérer, car il existe une sorte de fantasme collectif autour de l'amour maternel qui serait de nature inconditionnelle dès la grossesse et perdurerait tout au long de la vie. Le père est souvent plus facilement remis en question car il ne porte pas l'enfant dans son corps. Cette vision simpliste, tout autant que celle qui considère que tout est la faute de la mère, mène dans des impasses stériles.

Se sentir redevable vis-à-vis de ses parents, ou bien se sentir mal à l'aise ou inférieur de ne pas avoir traversé autant d'épreuves que ceux-ci, surtout si le parent s'est effondré sur ces difficultés, ne va pas les aider. Mais éprouver de la compassion parce qu'un parent a vécu quelque chose de difficile est bien différent de la propension à faire offrande d'une partie de soi.

14 « En faisant scintiller notre lumière on offre aux autres la possibilité d'en faire autant » (discours d'investiture de Nelson Mandela, 10 mai 1994).

Il ne s'agit pas de faire le procès de qui que ce soit mais simplement de constater la réalité de l'impact des manques qui ont été vécus dans l'enfance et de leurs répercussions toujours actuelles. Rejeter toute la responsabilité sur ses parents et se complaire dans un rôle de victime est tout aussi vain. Là encore, un regard de compassion, sans complaisance ni rejet, peut nous conduire à accepter la généalogie dont nous sommes issus, nous libérer de ce qui constitue un carcan, et nourrir les valeurs transmises et partagées. En outre, ressentir de la rancœur envers son parent d'être tel qu'il est, c'est aussi se dénigrer soi-même.

Pour passer de la colère d'enfant non protégé à la compassion, il est nécessaire de prendre en charge ses blessures à leur juste valeur et de porter un regard sur ses parents, d'humain à humain. Ainsi il devient possible de s'extirper de sa place de fils/fille et de prendre sa place d'humain adulte. Il nous semble fort présomptueux de « devoir » pardonner à ses parents, qui implique de se placer en censeur.

En effet, le pardon ne peut être le fruit d'une injonction, ni même d'une volonté. Il renvoie à un absolu du don, à une grâce. Ainsi il se situe dans un au-delà que l'humain ne peut pas décréter mais dont il peut seulement devenir le réceptacle en cultivant la bienveillance et le travail de réparation à sa portée. C'est le soin prodigué à ses blessures qui donne la possibilité, au-delà de toute position de victime, d'une rencontre avec le pardon.

Écrire une nouvelle narration familiale plus proche de la réalité psychique

- Souvent les symptômes des enfants sont des doigts pointés sur une problématique familiale issue d'une des deux lignées.
- Débusquer les croyances converties en habitudes et les zones manipulatrices pour aller vers plus de vérité et la prise en compte de la responsabilité de chacun.
- Tout ce dont un membre d'une famille réussira à se délester aura un impact libératoire sur l'ensemble de l'arbre généalogique.

Rompre la chaîne de répétition pour laisser place à la transmission de forces de vie

- Chaque individu se structure par rapport à un rôle qu'il est amené à prendre en charge au sein de la famille.
- Mettre en lumière les mécanismes de défense pour qu'ils deviennent, au-delà des fragilités, des compétences transmissibles.

Identifier les projections

- Le projet pour l'enfant à venir est porteur d'un élan de vie constructif s'il ne le projette pas dans un moule préétabli.
- Les projections doivent être constatées pour être mises en mots et éventuellement devenir projets concertés.

Porter un regard sur l'enfant pour qu'il se sente une personne unique au sein de la fratrie

- La place dans la fratrie contribue à la formation de la personnalité.
- Rivalité et complicité, élans d'amour et montées de haine vont inévitablement s'alterner.
- Chaque enfant a besoin de bénéficier d'un espace refuge où l'intrusion n'est pas autorisée.

- Une attitude d'équité consiste à s'adapter aux différents besoins de chaque enfant en fonction de son âge et de sa sensibilité.
- Accompagner l'enfant à développer sa tolérance et à transmuter la jalousie en une envie porteuse.

Traiter les crises au fur et à mesure de leur apparition

- Les crises liées aux moments clés de la vie (adolescence, milieu de vie, retraite...) peuvent ainsi être vécues comme des opportunités de croissance.
- L'adolescent peut interroger par son comportement une crise parentale ou sociale – attention à ne pas céder à la tentation d'incriminer seulement la « crise d'adolescence » !

Cultiver le travail de réparation à sa portée pour que le pardon advienne

- Constater la réalité de l'impact des manques vécus dans l'enfance et de leurs répercussions actuelles afin de s'occuper de ses blessures.
- Distinguer protection bienfaisante et coalition préjudiciable provoquant l'exclusion de certains membres de la famille.
- Le parent a le devoir de parler à partir d'un espace adulte et de nommer ses propres émotions comme telles afin qu'elles soient bien différenciées de celles de l'enfant.

CHAPITRE 9

LE MONDE DES POTENTIALITÉS

> « Cela m'est tellement plus facile d'aimer les autres tels que je les crois, ou tels que je les voudrais, ou tels qu'ils devraient être pour moi. Aimer quelqu'un pour ce qu'il est, renoncer à ce que j'attends qu'il soit pour moi, renoncer à mon désir de le changer pour moi : tel est le chemin ardu mais fécond qui conduit au bonheur d'une alliance intime[1]. »
>
> Carl Rogers

De l'alliance intime à l'alliance collective

Tous les individus ont besoin d'être à la fois acceptés tels qu'ils sont et encouragés à se dépasser. L'acceptation profonde par l'adulte de l'être qu'est l'enfant s'avère salutaire pour que ce dernier puisse

---

1 Rogers Carl, *L'Approche centrée sur la personne*, Ambre, 1951.

s'accepter lui-même, s'enraciner et se déployer. Reconnaître l'enfant dans sa singularité, l'accueillir dans sa spécificité devient également pour le parent ou l'accompagnant un formidable facteur d'évolution. L'enfant représente un guide qui réclame notre soutien, là réside un véritable paradoxe. « Le paradoxe est le nerf du vivant », disait Christiane Singer, c'est en reconnaissant le sacré de leur existence et en exprimant aux enfants combien nous sommes honorés de les accompagner que nous pouvons nous élever mutuellement et vivre ce paradoxe.

Il n'y aura pas de solution idéale dans l'accompagnement d'un enfant, chacun fera au mieux pour incarner l'être qu'il est en substance, en se désencombrant toujours davantage des parasites et des scories. L'accompagnement attentif de l'enfant oblige à se dépouiller de nombre de croyances et préjugés, à s'ouvrir à d'autres possibles, à découvrir, innover, s'autoriser d'autres choix que ceux dictés par les habitudes. Les enfants nous invitent à créer un monde nouveau avec plus de cœur et moins de règles systématiques. Ainsi leur fonctionnement nous remet sans cesse en cause, ce qui est à la fois une difficulté et une grâce ; car chez l'enfant rien n'est figé ; son élan de vie est mouvement. L'adulte n'a pas d'autres choix que d'avancer par tâtonnements en acceptant ses inévitables erreurs tout en cherchant à évoluer. Engageons-nous à maintenir la curiosité de découvrir chaque enfant comme s'il était sans cesse nouveau-né et laissons-lui l'espace de se dévoiler, d'exister pour autoriser l'être en devenir – déjà présent en lui – à s'épanouir. Ainsi enfants et adultes pourront s'enchanter mutuellement. Plus il y aura de joie et de détente, plus la vie sera simple, apaisée et apaisante.

L'alliance intime avec l'enfant qui se trouve face à nous permet également de contacter l'enfant que nous avons nous-mêmes été. D'une façon plus vaste, cette alliance si précieuse peut aussi se manifester avec tous les enfants qui croisent notre chemin et tous les enfants que les adultes de notre entourage ont été. Une connexion au cœur de l'être s'ouvre lorsque chacun envisage la relation avec tous les âges qui ont été traversés et tous ceux encore à venir. Nous avons en même temps notre âge biologique, celui de tout ce qui est inscrit dans nos multiples mémoires, mais également celui de tout le devenir possible.

Cette qualité d'alliance avec soi et avec l'autre est impossible à atteindre lorsque l'enfantin et l'infantile sont confondus. L'enfantin se manifeste dans la joie de la découverte à chaque instant, il a besoin d'être soutenu et protégé. L'infantilisation[2] consiste à penser et agir à la place de l'autre, il s'agit d'une forme de perversion et d'emprise déguisées : « Je sais mieux que toi, je suis plus que toi. » « Le pouvoir et l'emprise s'opposent à l'amour, voici la clé de voûte de chaque réflexion sur la relation[3]. » L'infantilisation, sous le couvert fallacieux de la protection, coupe l'enfant de sa légèreté à être et de sa pensée en devenir. L'infantilisation scinde le monde en deux, ceux qui savent et ceux qui ne savent pas, ceux qui décident et ceux qui obéissent ; elle est une porte ouverte à la tyrannie.

Nous avons le devoir d'honorer l'enfantin dans sa pureté et de refuser toute forme d'infantilisation, pour tous les enfants et pour tous les adultes, en sachant poser clairement les limites fondées sur la compréhension de cette différence fondamentale

2 L'infantilisation est une attitude consistant à agir envers une personne comme envers un enfant qui serait incapable de se débrouiller seul, de prendre de bonnes décisions ou de juger ce qui est bon pour lui.

3 Hubert Barbara-Ann, Tomasella Saverio, *L'Emprise affective. Sortir de sa prison*, Eyrolles, 2016, p. 184.

et sur une éthique interne alliant les trois plans de la conscience que sont pour nous le psychisme, le cœur et l'esprit.

Le plan du psychisme, qui est régi par la dualité où domine la volonté de comprendre à tout prix, est souvent activé par des blessures non cicatrisées et par la peur. Ce désir de comprendre nécessite d'être apprivoisé, car lui donner toute la place empêche la relation de s'épanouir, provoque l'entrée dans un cycle infernal de frustrations et dans une spirale sans fin de « pourquoi ? » sur fond de sentiment d'injustice.

Le plan du cœur, quant à lui, perçoit et aime. Lorsque « aimer » dirige, les « pourquoi ? » se dissolvent, la tranquillité s'installe et la joie peut éclore.

Enfin, le plan de l'esprit, englobant tout cela, ouvre la porte à l'enthousiasme dans la relation et laisse place au sourire interne dans l'observation de soi-même et de ce qui est présent. « Connaître n'est point démontrer ni expliquer, c'est accéder à la vision[4]. »

Afin que l'enfantin soit préservé, il est nécessaire que le temps de maternage intervienne au moment opportun (bébé, petite enfance) puis qu'il soit suivi par un accompagnement d'une autre nature quand l'enfant est prêt. Il le sera d'autant plus tôt que le maternage aura été de qualité et offert au moment adapté. Le long chemin vers l'autonomie pourra alors s'initier. Or, l'apologie de l'efficience[5] dans notre société se traduit par une incitation à grandir vite (vite « être propre », vite aller à l'école à plein temps…) et par l'urgence

4 Saint-Exupéry Antoine de, *Le Petit Prince*, Desclée de Brouwer, 1965, p. 57.

5 L'efficience est la capacité de parvenir à un maximum de résultats avec un minimum de ressources, à distinguer de l'efficacité, qui est la capacité d'obtenir le résultat souhaité ou attendu, d'atteindre l'objectif fixé.

d'accéder à la socialisation. Or, ces fausses urgences font bien des ravages chez les petits en les coupant de leur rythme biologique et en les amenant à brûler les étapes du développement psychique de l'enfance[6]. Connaître son propre rythme et savoir le respecter prépare à la possibilité de se dépasser lorsque cela s'avère nécessaire. Mais si ce dépassement de soi est sollicité continuellement, il devient le nid d'une frustration ouvrant les vannes du pulsionnel, lui-même stimulé par l'épuisement et le découragement. Nous observons d'ailleurs, dans notre pratique, l'apparition, de plus en plus précocement, d'états dépressifs souvent liés à une sensation envahissante d'impuissance et de découragement qui peut atteindre son paroxysme à l'adolescence.

En effet, à cet âge, la société fournit peu de moyens de s'émanciper et de commencer à s'intégrer dans le monde des adultes alors qu'il s'agit là d'un besoin crucial à satisfaire. Au seuil de leur passage au statut d'adulte, les adolescents ne sont pas suffisamment accueillis dans le monde du travail[7]. Il leur est difficile, par exemple, de trouver une occupation ou un emploi pendant les vacances avant l'âge de 18 ans en raison d'une législation, certes protectrice, mais qui décourage souvent les employeurs. À vouloir exagérément les « protéger », les jeunes se retrouvent souvent à faire des petits travaux « au noir » en étant parfois exposés à une responsabilité particulièrement lourde (par exemple le *baby-sitting*).

6 On parle de « préadolescents » pour désigner les enfants qui ont avant l'âge des attitudes d'adolescent ainsi que la maturation psychique pour accéder à cette phase de vie.

7 Le chômage de masse ajoute à la difficulté pour les adolescents d'accéder à des travaux saisonniers tels que vendange, cueillette de fleurs...

Le regard « étiquetant » porté par la société sur ses jeunes induit des comportements nocifs et répréhensibles. On constate que certains adolescents traînent dans les rues et font des bêtises (dégradation, usage de stupéfiants...). Ce sont des moyens tragiques pour se donner de l'importance ou fuir l'angoisse du futur ou bien celle liée à une coupure avec leur intériorité[8]. Les rites de passage entre l'enfance et l'âge adulte manquent cruellement. La crise d'adolescence n'est pas une fatalité, elle n'existe pas dans les cultures dites « premières » dont les rites initiatiques, les jeux et les habitudes de coopération très précoces dessinent un passage balisé et clair. Cette clarté éloigne nombre de risques inhérents à nos sociétés, dans lesquelles beaucoup d'enfants sont projetés dans le monde des adultes soit trop précocement soit trop tardivement.

Dans le chapitre « Adolescence : la faille initiatique » de son ouvrage *Aux frontières de l'Esprit*[9], le psychologue Nicolas Dumont élabore un parallèle fort pertinent entre les symptômes pathologiques qui envahissent notre jeunesse et le besoin de rituels communautaires cachés en arrière-plan. Lorsque les seuls rites proposés sont le brevet des collèges, le baccalauréat, le bizutage[10], l'obtention du permis de conduire et l'entrée dans l'emploi, le passage de l'adolescence à l'âge adulte reste flou et peu gratifiant. Ces épreuves permettent de s'adapter à la société – ce qui est certes utile – mais occultent l'essentiel, à savoir la relation

8 « Il n'existe qu'une seule voie qui rassemble tous les êtres humains, c'est celle des profondeurs. La découverte de notre intériorité, de notre propre désert, nu et silencieux, précède la communion avec toi le vivant » (Montineri Nicole, *L'Être intérieur*, *op. cit.*).

9 Dumont Nicolas, *Aux frontières de l'Esprit*, Ideo, 2020.

10 Bizutage (interdit par la loi du 17 juin 1998) qui, faute de repères, consiste trop souvent à un abus de consommation d'alcool et d'actions humiliantes qui n'ont rien de constructif.

à soi et à ce qui nous dépasse, afin de pouvoir avancer dans l'existence en tant qu'adultes. On parle d'ailleurs d'« adulescent » pour désigner ce blocage dans l'âge de l'adolescence des jeunes censés être devenus adultes. Ce phénomène s'est aussi amplifié par l'idolâtrie du jeunisme au détriment de la reconnaissance de la maturité.

Ni la culpabilisation ni la condamnation à l'encontre des jeunes n'apporteront de solution. Les solutions se nichent dans l'intériorité, l'éducation, l'attention, la transmission de repères fiables et de référents intègres, la proposition de rituels marquants tels qu'une marche solitaire, la participation à une action écologique, humanitaire ou sociale… Ces expériences favorisent le choix du dépassement de soi plutôt que celui de la transgression et développent la responsabilisation, l'autonomie, l'accès à ses ressources internes. Elles donnent l'opportunité de rencontrer des personnes en phase avec leurs valeurs pour commencer à créer des îlots de fraternité et de partage. Les jeunes ont besoin de guides et de pairs pour trouver comment participer au devenir du monde avec leur singularité tout en restant en lien avec leur for intérieur.

Une autre difficulté majeure se loge dans la survalorisation sociale du niveau d'études au détriment de l'expérience acquise et de la connaissance de soi. Or les jeunes sont fréquemment happés par ce qui leur est extérieur : qu'ils soient surstimulés ou bien désœuvrés lorsque l'extérieur à soi prend toute la place. Un moment d'attente sera souvent immédiatement comblé par l'utilisation du smartphone, l'absorption d'une série… Ainsi le temps se remplit au lieu de s'écouler. Les répits, où malheureusement l'ennui apparaît comme un ennemi à éviter, disparaissent et par là même la rencontre avec soi est évitée. Dès lors, la perception des précieuses indications offertes par l'inconscient lors de moments méditatifs, de rêverie, d'« ennui » est court-circuitée par un bruit extérieur continuel.

Lorsque ce type de relation au temps domine, le narcissisme devient envahissant au détriment d'engagements d'ordre culturel, artistique et spirituel, et de la découverte que recèle le temps suspendu. « Nous sommes aveugles au monde parce qu'aveuglés par nous-mêmes. Nous sommes sourds au monde parce qu'assourdis par nous-mêmes. La rêverie nous sauve en nous rendant au monde[11]. » Si l'extérieur remplit l'intérieur, ce dernier devient de plus en plus fragile. Potentiellement la personne dont l'intériorité n'est pas habitée sera une proie de choix pour les dérives, les addictions et les prédateurs en tout genre. C'est pourquoi tout au long de ce livre nous avons tant insisté sur le développement de la pensée propre et de la vie intérieure de l'enfant.

Au-delà des épreuves inhérentes à toute existence, l'enfant, l'adolescent ou l'adulte régulièrement confrontés à l'absurde, à l'isolement et au désœuvrement vont questionner plus ou moins consciemment ce vide de sens : « Qu'est-ce que je fais sur cette terre ? Quelle est ma place ? De toute façon, on va tous mourir, alors à quoi ça sert de vivre ? » Agir et participer, tout à son propre état d'être qu'à celui de la collectivité, permettront à ces questions de se dissoudre dans l'alliance et dans l'action. Ces grandes questions, potentiellement source d'angoisse vertigineuse, se posent différemment lorsque l'alliance et l'action sont au rendez-vous, car alors le sens de la vie est la vie elle-même. Si elles ne regorgent pas d'angoisses dues au manque de soutien et de relation à soi, ces mêmes questions portent, en guise de réponse, vers un élan de contribution et de partage.

11 Schmitt Éric-Emmanuel, *La Traversée des temps*, tome 1 : *Paradis perdus*, Albin Michel, 2021.
Être rendu au monde : être rendu à la capacité de percevoir, de se questionner.

Du doute à l'enthousiasme

> « J'accepte le désarroi, l'incertitude, la peur, l'instabilité, car c'est le prix que je suis prêt à payer pour une vie de mouvement, de doute et d'enthousiasme[12]. »
>
> Carl Rogers

La véritable force consiste à reconnaître et accepter sa vulnérabilité et ses incertitudes afin d'être en mesure de remettre en cause sa vision partielle du monde tout en supportant l'inconfort qui peut en résulter. « Nous sommes démunis, fragiles et impuissants, dans le sens d'une impossible toute-puissance[13]. » En ce sens, il est crucial que les enfants aient le droit de ne pas « aller bien » tout en bénéficiant de notre vigilance et de notre appui pour traverser telle épreuve, telle déception, telle frustration, tel vague à l'âme. L'injonction de « devoir aller bien » pour rassurer l'entourage est lourde de conséquences, elle provoque la mise en place d'une personnalité de façade[14] qui sera confondue avec l'intériorité cachée sous ce déguisement adaptatif dramatique. Lorsque l'adulte montre par son attitude qu'il a confiance dans les ressources internes de l'enfant ou dans les siennes propres, cette confiance permet à celui-ci de percevoir qu'elles existent en son for intérieur et il développe ainsi sa foi en la vie. Personne ne pourra faire le chemin de rencontre avec lui-même à sa place, néanmoins favoriser les espaces-temps propices à cette rencontre est de notre responsabilité. Nous pouvons emmener nos enfants dans un champ de fleurs, mais ce sont eux qui les contempleront,

12 Rogers Carl, *L'Approche centrée sur la personne, op. cit.*

13 Hubert Barbara-Ann, Tomasella Saverio, *L'Emprise affective, op. cit.*

14 Faux self.

se nourriront de leur beauté et de leur parfum par leurs propres sens... ou pas. Nous pouvons, en outre, au cours de l'accompagnement d'un enfant, lui offrir régulièrement et généreusement du temps pour un câlin, un échange, un jeu... Un moment dont la seule utilité est le partage consenti est un moyen précieux pour qu'il se sente aimable et aimé, conditions propices au développement de sa relation à soi.

Nul ne peut espérer une vie sans moments de tristesse, d'agacement, de désarroi... En effet, être en lien avec soi-même ne signifie pas être dans un confort permanent, et les sensations inconfortables, voire douloureuses, sont des opportunités de réflexion et non pas des sables mouvants dans lesquels se débattre indéfiniment. N'oublions pas que chacun est dérangé en résonance avec sa propre sensibilité et son histoire propre, et que, dans toute sensation, même désagréable, se niche une information à débusquer. Quelles sont dès lors les questions et les mémoires que soulève la situation en cause ?

Lorsque le désir de ne pas souffrir s'installe au premier plan, la recherche de protection à tout prix empêche de goûter pleinement la vie et de découvrir la vastitude de notre potentiel créateur. S'accrocher à ses émotions, ou au contraire les enterrer, génère de la souffrance immédiate ou à retardement alors que les traverser en étant accompagné permet de grandir, puis peu à peu de les appréhender seul en ayant intériorisé l'accompagnement reçu.

Penser et traverser le changement s'avère plus complexe et déstabilisant qu'il n'y paraît au premier abord. En effet, la prise en compte de l'évolution perpétuelle du monde et des êtres oblige à remettre en question le caractère stable et pérenne de ce que nous concevons comme étant notre propre identité ou réalité, et à cesser de nous identifier aux états et émotions qui nous traversent. Chacun est bien plus vaste que son petit personnage, qui se débrouille comme il peut dans l'existence. Pour que la conscience ne soit pas obscurcie par les confusions, une voie d'élévation consiste à observer et à guider ce petit personnage avec tendresse pour lui permettre d'aller vers une métamorphose, comme la chenille qui devient papillon après avoir traversé l'épreuve inouïe du cocon. Dans la peinture des lettrés de la Chine ancienne, ce petit personnage représenté en contemplation de la nature peut alors se dissoudre tranquillement dans le Tout et ainsi goûter tant à l'immensité du monde qu'à celle de son espace intérieur.

Lorsque s'offre à nous la conscience que « seule une illusion de permanence et de séparation » peut être perdue, l'angoisse de la perte se dissipe pour laisser place à l'acceptation. Les pertes vécues dans l'expérience de la parentalité[15] sont à la fois des phases d'inconfort et d'élévation possibles. Lorsque le rôle de parent a été surinvesti au point de représenter l'unique sens donné à sa vie, un deuil énorme est à réaliser pour que puisse s'ajuster un nouveau type de relations. Car ce surinvestissement représente un évitement dont la ou les causes vont immanquablement refaire surface sous la forme d'un « trop » émotionnel. En effet, comme l'explique Claude Nachin dans son ouvrage *Le Deuil d'amour*, le deuil du moment en contient alors d'autres qui n'avaient pas été traversés puis dépassés au préalable[16]. Le « trop » dans une réaction est lié à une situation antérieure qui profite de l'occasion pour resurgir, donnant ainsi l'opportunité d'être traitée.

15 Fin de l'allaitement, fin du congé maternité/paternité, séparations, fin de la petite enfance, première relation amoureuse, départ pour les études supérieures…

16 Nachin Claude, *Le Deuil d'amour*, L'Harmattan, 1989, p. 53.

Faire un deuil n'est pas oublier, il s'agit de récupérer ce qui avait été investi dans l'autre ou dans la situation et de se le réapproprier en traversant les émotions restées bloquées. L'enfant est très vulnérable aux pertes, qui doivent faire l'objet d'un apprentissage constant grâce au soutien de l'adulte. La perte d'un jouet, d'un doudou peut être vécue comme un véritable drame pour un petit car il perd alors tout ce qu'il y a investi : force, autoconsolation, présence...

À titre d'illustration, lors d'une séance, un adulte très sensible se remémore le drame qu'avait représenté pour lui la perte d'un petit camion de pompier durant son enfance. Ce jouet l'accompagnait partout. Il se souvient aussi avoir été habité par un fort sentiment d'impuissance et d'insignifiance quasi permanent face à une mère très autoritaire. Lorsqu'il jouait avec son camion, il se sentait fort, puissant, capable de sauver des vies... (Il est devenu médecin.) Le désespoir qui l'envahit lors de la perte du camion n'était pas simplement dû à la perte d'un objet aimé mais à la disparition de la perception de sa propre force en l'absence du jouet. Toute l'ampleur de son impuissance revenait brutalement l'envahir et le submerger. Tous les changements et pertes dans sa vie lui étaient devenus de plus en plus difficiles à appréhender...

L'expérience de la perte, comme celle de la peur de la perte, doit être accompagnée avec bienveillance ; sans être minimisée, même si l'intensité du chagrin semble disproportionnée ; sans chercher non plus à la compenser, mais dans une écoute véritable. Dans ce cas, un regret, ou une forme de nostalgie, lié à l'objet pourra demeurer, mais la part de soi conférée à l'objet (la force, dans cet exemple) pourra être récupérée et investie autrement. Si, au fur et à mesure, les pertes sont entourées avec tendresse et amour, le chagrin sera pleinement vécu par l'enfant, les risques de résidus activés par les pertes à venir seront moindres et le soutien intériorisé sera précieux pour les surmonter.

Il n'existe pas de « trop » dans l'amour et l'élan de protection que la pureté et la vulnérabilité d'un bébé peuvent faire éclore. Par contre, s'estimer indispensable dévoie l'amour, qui se confond alors avec un manque à combler. L'enfant se retrouve alors dans une impasse car il ne sera jamais en mesure de combler ce manque, parce que ce rôle ne lui appartient pas et qu'il n'en a pas conscience. Pour se projeter dans son futur, l'adolescent ou le jeune adulte aura alors besoin de rompre le lien avec brutalité ou bien il en restera prisonnier sans détenir les clés nécessaires à la compréhension de ses réactions.

À chaque étape franchie, une forme de nostalgie apparaît, qui est totalement naturelle. Néanmoins il est important que le jeune homme ou la jeune femme qui s'en va ne s'imagine pas emporter avec lui toute la joie qui habite son ou ses parents. Ces derniers sont animés à la fois par la tristesse liée à la séparation et par la satisfaction procurée par l'accomplissement de leur mission d'accompagnants. Si le manque est habité par autre chose que l'attente et le chagrin, le jeune sera libéré de la charge émotionnelle portée par des adultes censés le soutenir. Il pourra alors se consacrer à ses propres inquiétudes, à sa soif de découvertes, et avancer sans un fardeau émotionnel qui entraverait sa pensée et ses actions. Afin d'alléger et d'égayer cette étape, chacun pourra raconter des anecdotes, fruits de moments partagés : « Tu te souviens, quand tu avais tel âge... », pour ainsi les réactualiser et leur offrir une forme d'éternité.

Le départ d'un ou des enfants fait donc partie du continuum des deuils qui balisent une existence de parent. Lorsqu'au moment d'un départ le chant de l'envol contient à la fois des notes de mélancolie et d'émerveillement, les adultes et les enfants devenus grands seront en capacité de partager des moments de grâce dans l'alliance des oppositions entre gains et pertes et entre tristesse et joie, se familiarisant ainsi toujours davantage avec l'impermanence des choses de la vie.

Car nous allons inéluctablement perdre notre force physique, notre énergie... perdre aussi les crispations et les exigences du « vouloir »... ou s'y accrocher désespérément. Si un chemin de maturité et d'individuation s'est dessiné préalablement, poursuivre son tracé permettra de gagner en détente, détachement, sagesse, douceur et bienveillance tout en gardant bien vivants les souvenirs des moments de partage.

De la réactivité à la spontanéité

Comme nous l'avons évoqué à maintes reprises dans cet ouvrage, nous ne sommes pas toujours à la hauteur des besoins de nos enfants, et seule une attitude d'humilité bienveillante peut nous guider ; humilité et grande bienveillance par rapport à nos limites et nos capacités, mais sans oublier non plus qu'être bienveillant n'exclut pas la nécessité de progresser. Accueillir en interne nos états, nos pensées, nos parts d'ombre nous permettra de discerner et choisir un positionnement partant du cœur, là où réside la véritable spontanéité.

En effet, une étape fondamentale sur le chemin de l'évolution consiste à distinguer le monde des pulsions et de la réactivité, et celui de la spontanéité – deux mondes souvent confondus. L'expression « Moi, je dis ce que je pense ! » illustre bien cette confusion. La réactivité répond à la tentative de se débarrasser rapidement de l'inconfort induit par un ressenti alors que la spontanéité est un état de fraîcheur, une forme de candeur. La réactivité propage la discorde alors que la spontanéité mène à une relation plus authentique. C'est sans doute une des plus grandes formes de liberté que d'arriver à s'extraire de la réactivité pour que notre parole, notre attitude et notre action tendent vers le reflet de la vérité de notre être.

Prenons l'exemple de la spontanéité dont fit preuve un enfant à la fin d'une séance de thérapie avec le support d'un animal. Cet enfant rencontrait de grandes difficultés dans ses relations aux autres car il était régulièrement emporté par des débordements verbaux réactifs, tout en étant d'une exquise bonté et d'une vive intelligence. À cause de ses excès qui le dépassaient et dont les causes étaient multiples, il ne s'aimait pas et ne parvenait pas à se faire confiance. Durant la séance de thérapie, un chat, couché en toute tranquillité et recevant sans compter attention et caresses de la part du garçon, était dans une béatitude indéniable. L'analyste formula : « Ce chat te fait totalement confiance. » L'enfant, percevant sans l'ombre d'un doute le constat de cet état de fait, put se l'approprier pour ainsi vivre un moment d'apaisement interne absolu, dans l'espace de confiance en soi et en l'autre où l'amour se loge. Après un moment d'intense présence à lui-même et à son ressenti, il courut spontanément vers sa maman pour lui annoncer, comme illuminé par cette expérience : « Le chat me fait totalement confiance. » Instant d'éternité dans la présence émerveillée de l'amour entre la mère et l'enfant au-delà des difficultés bien réelles.

Ces petits moments de beauté et de grâce, fruits de la pure spontanéité, sont des piliers de construction et de soutien identitaire, comme l'écrit avec tant de poésie François Cheng : « Car la beauté, ce don qui nous est offert sans réserve, est omniprésente. Il faut savoir en capter les plus humbles manifestations. Ces fleurs anonymes qui poussent dans les fentes d'un trottoir, ce rayon de soleil qui soudain fait chanter un vieux mur, ce cheval pensif au milieu d'un pré après la pluie, cet enfant qui offre un caillou coloré à un vieillard sur son banc, ces fragrances et saveurs que la mémoire réveille[17]. » Semer ou greffer dans la mémoire de cet enfant « Le chat me fait totalement confiance » participe à dose homéopathique à la culture de la beauté et de la paix.

Autre exemple, ce garçonnet qui assène un jour à sa mère qui venait de s'énerver : « À 34 ans, tu n'arrives pas à te retenir ? » En effet, celle-ci, fréquemment, lui enjoignait de réprimer son agressivité envers son frère cadet. Qualifier cette remarque si clairvoyante d'insolence serait une bien triste réaction, car effectivement ce manque de maîtrise est désagréable à constater pour l'adulte. En revanche, honorer cette clairvoyance est un cadeau à la vie. Au lieu de la colère, rire ensemble s'avère alors une issue libératrice.

Car ce rire vécu dans la spontanéité est une action de grâce ! Là où la réactivité produit de l'agressivité, la spontanéité, au-delà d'un possible agacement, conduit à l'humilité et à davantage de légèreté. C'est l'expression tranquille du cœur qui produit l'action et la parole juste, c'est-à-dire parfaitement adaptée au moment présent, un véritable cadeau est alors offert.

17 Cheng François, *Œil ouvert et cœur battant – Comment envisager et dévisager la beauté*, Desclée de Brouwer, 2019.

Apprendre à se connaître intérieurement, à partir du miroir que nous tendent les autres et en fonction de notre place dans une communauté, nécessite donc vigilance et attention. Car le bien-être de l'individu séparé de celui du groupe et de l'environnement en tant que priorité absolue est un drame qui, comme chaque intégrisme, supprime la pensée, la beauté et la paix. Or, l'humain a tendance à passer d'un extrême à l'autre pour cheminer vers le juste milieu. Tout comme contenir la réactivité, traverser les extrêmes est un processus qui devrait se vivre en interne et non pas se déverser dans la relation. Par exemple, dans la liste des extrêmes qui se succèdent, nous sommes passés du stade où l'enfant n'avait pas le droit à la parole à celui de l'enfant-roi (sans royaume) pour aboutir à cette étrange période où nous nous retrouvons face à une situation écologique, politique, sanitaire, économique dans laquelle il lui faudra contacter ses ressources les plus profondes pour évoluer et devenir roi de son propre royaume, tout en prenant place dans le devenir commun.

La réactivité est immédiate et automatique tandis que la spontanéité nécessite parfois de ralentir afin d'évaluer ce qui se passe intérieurement pour choisir d'être constructif. Certes le temps nous est compté et la majorité des vies quotidiennes des humains, qu'ils soient parents, travailleurs, élèves ou autres, s'organise de manière insensée autour de l'urgence permanente. L'état d'urgence face au danger peut être protecteur tout comme il peut ouvrir des brèches aux aberrations les plus destructrices. L'impression de ne plus avoir de temps pour soi peut devenir oppressante. Le seul antidote à l'épuisement qui nous guette alors est de se réfugier dans l'espace-temps sacré de notre intériorité, qui offre un moment d'éternité ressourçant. Car si nos limites sont sans cesse poussées à bout, les fusibles de nos défenses menacent de céder.

Même si le manque de temps est bien réel, le manque le plus criant réside souvent à l'intérieur de nous-mêmes : manque d'espace, manque de souffle... manques qui oppressent et deviennent croyance en un manque de temps uniquement. Il est parfois fort difficile de se sortir de ces engrenages, cela requiert de la discipline pour prendre le temps de se relier à soi et de regarder honnêtement ce que le remplissage continuel du temps nous permet d'occulter. Certaines situations nous débordent, mais y demeurer indéfiniment indique qu'une partie refoulée demande à être reconnue et qu'il est justement temps de la prendre en compte pour ne pas perpétuer le débordement. Dans notre pratique professionnelle, nous sommes sans cesse témoins des changements qu'un chemin de conscience peut induire en ce sens.

De la confusion vers le réel et la joie partagée

> « Remplacer une pensée qui serre et qui réduit par une pensée qui distingue et qui relie. L'affaiblissement de la perception du global conduit à l'affaiblissement de la responsabilité ainsi qu'à l'affaiblissement de la solidarité[18]. »
>
> Edgar Morin

Le principe d'autorité est souvent confondu avec une forme d'autoritarisme qui réduit l'humain à un rôle d'automate. Pour les nouvelles générations, l'autorité ne peut plus être uniquement conditionnée par le statut. Peut-on vraiment s'étonner d'un manque

18 Morin Edgar, *Les Septs Savoirs nécessaires à l'éducation du futur*, *op. cit.*, p. 46.

de respect de l'autorité quand certains individus dans les hautes instances de l'État sont eux-mêmes si visiblement corrompus ?[19] Par l'étymologie du mot lui-même, l'autorité contient la notion d'augmenter[20]. Ainsi pour qu'une autorité soit reconnue légitime, elle se doit d'apporter un enrichissement à être et à penser. Une relation d'autorité saine crée une élévation qui s'élargit à la sphère relationnelle et se propage tel un virus bénéfique que rien ne peut éradiquer car il est transmissible par la parole, le regard, les actes et s'inscrit de façon irrévocable dans la joie à goûter l'existence. Cette joie découle du ressenti de sa propre puissance à nourrir le meilleur de soi-même au service de sa tribu pour en décupler la force dans une voie fraternelle.

Comme nous l'avons développé tout au long de cet ouvrage, notre rôle d'éducateur n'est pas de produire de l'obéissance absolue. D'ailleurs, dans le domaine spirituel, nous disposons, entre autres, des exemples symboliques de Jésus ou de Bouddha qui ont refusé l'ordre établi ainsi que la réalité qui leur était proposée pour aller vers leur propre vérité. En chaque enfant existent le germe de cette vérité et celui de la beauté pour la contacter.

Nous sommes parvenus à un moment historique majeur pour l'évolution de l'espèce humaine durant lequel l'individuel et le collectif ne peuvent plus se manifester dans la dualité. La sortie d'un modèle de société, par endroits dévoyé par la surconsommation et l'égocentrisme, nécessite d'offrir une place essentielle aux sphères relationnelles et symboliques. Le collectif et le spirituel

19 *Cf.* par exemple le scandale politico-financier mettant en cause Jérôme Cahuzac, ministre délégué chargé du Budget en décembre 2012.

20 Autorité vient du latin *auctoritas*, dérivé du verbe *augere*, qui signifie « augmenter ».

ne sont pas uniquement des options envisageables, mais des obligations avec lesquelles tenter de transiger peut avoir un coût abyssal. Les extraordinaires avancées technologiques ne sauraient se substituer à la place de l'Esprit[21] comme boussole. L'innovation n'est pas nécessairement synonyme de progrès ! Les smartphones ont envahi les espaces publics et privés, suscitant zapping et agitation permanente, à l'image d'un mental en surchauffe. L'antidote réside dans l'éloge de la douceur et de la lenteur ; par l'introduction, dans la vie de tous les jours, de temps de contemplation et de méditation, en bénéficiant de la technologie sans y être asservi. Il nous incombe de nourrir chez les enfants des espaces de rêve et de partage, et d'être vigilants à ne pas les encombrer d'objets, d'activités et de loisirs utilisés comme fuites ou compensations.

Au-delà de l'encombrement qu'il représente, un fonctionnement consumériste, lorsqu'il se propage dans les interactions humaines, entraîne inéluctablement un mode relationnel fondé sur la prédation, où l'autre est perçu comme un objet qui doit donner satisfaction. Si la prédation relationnelle devient normative, la perversion, son alliée de toujours, provoque de la confusion, voire de la sidération, c'est-à-dire une forme d'anesthésie face à la souffrance infligée ou ressentie. Dans ce type de situation, l'enfant se retrouve comme un naufragé s'agrippant à un radeau de fortune pour éviter la noyade, et il restera vulnérable à la prédation car l'accès à la sécurité intérieure lui aura été refusé. Il risquera ensuite de monter par habitude sur des radeaux relationnels bancals au lieu d'oser se diriger vers de solides embarcations. Ce cycle prédation/perversion/confusion peut être stoppé par l'acceptation

21 « L'esprit nu, simple, est celui qui reconnaît cette lumière par laquelle il voit si clairement. Il est traversé du souffle de l'Esprit, puissance germinale qui fait émerger la conscience du magma confus, qui permet de discerner sans séparer » (Montineri Nicole, *L'Être intérieur, op. cit.*, p. 24).

de la douleur et la sortie des automatismes. Cette transformation n'est pas une mince affaire, elle demande courage et humilité. Si chaque individu prend humblement la responsabilité de son état interne, il n'a plus à déverser son mal à être sur ses congénères et le collectif peut alors prendre tout son essor.

La perversion possède une caractéristique très dangereuse : celle de sa banalisation favorisant insidieusement son infiltration sous la forme d'une normalité (téléréalité, réseaux sociaux, victimes érigées en héros, prédominance des droits sur les devoirs...). En nommant la « banalité du mal », Hannah Arendt l'a remarquablement décrit[22]. Lorsque la banalité de la perversion s'étend, une sorte d'autorisation inconsciente et d'immunité plane sur les inconscients, validant des fonctionnements où seul l'intérêt personnel compte. Ce fantasme d'impunité n'a rien à voir avec le refus légitime d'obéissance aveugle face à l'absurde. La perversion détient l'effroyable pouvoir de désensibiliser au vivant et de provoquer une accoutumance au mortifère tout en occultant sa propre finitude. Nous insistons sur cet aspect peu reluisant des fonctionnements humains, car le déni de son existence et de son importance facilite son infiltration. L'accoutumance à la perversion gangrène la psyché et peut induire les comportements et débordements les plus dangereux. *A contrario*, le refus de l'absurde et de la perversion a permis à toutes les époques la mise en œuvre de beaucoup d'actions très bénéfiques, parfois même héroïques, comme les deux mille cinq cents enfants juifs sauvés à Varsovie pendant la Seconde Guerre mondiale par Irena Sendler[23].

22 La « banalité du mal » est un concept philosophique développé par Arendt Hannah dans *Eichmann in Jérusalem*, Viking Press, 1963.

23 *Cf.* Mieszkowka Anna, *Irena Sendlerowa. La mère des enfants de l'Holocauste*, Éditions du Rocher, 2012.

Ainsi la perversion, sous couvert « d'information », s'est notamment infiltrée insidieusement dans le monde des médias[24]. Un réel apprentissage dès l'âge de l'école primaire s'avère aujourd'hui indispensable afin de décrypter l'abondance des sources d'actualité et de les passer au crible de l'esprit critique. En effet, nombre de médias, tout particulièrement les chaînes d'information continue, cherchent avant tout à capter l'auditeur transformé en consommateur hypnotisé, fasciné par la sollicitation de l'affect et des sensations (voyeurisme, jouissance de la répétition, course au scoop, viol de l'intimité...). En outre, les manipulations délibérées par l'utilisation de biais de communication (présupposés, dogmes, truismes, utilisations du conditionnel en titre accrocheur...) transforment l'information en propagande. L'épisode de la crise sanitaire fut, à ce propos, éloquent, avec l'utilisation d'étiquettes réductrices de tout bord telles que « complotiste, rassuriste, alarmiste, antivax, provax, covidiste... », qui enferment et divisent, empêchant ainsi le débat[25] qui, lui, favorise le déploiement d'une pensée véritable.

En outre, il est difficile de garder l'esprit réellement ouvert sans être à l'affût des informations orientées et parcellaires qui vont conforter nos croyances prises pour des vérités. Quelle que soit la vision du monde de l'individu, elle se trouvera renforcée par les propositions des moteurs de recherche, car ces derniers sont basés sur des algorithmes qui répondent immanquablement à nos croyances. Accompagner les jeunes à revenir sur la réalité des faits observés et rester à l'écoute de leur ressenti et de leur bon sens est salutaire, car ils seront les premiers à percevoir la perversion

---

24 *Cf.* 6e épisode de la série « L'esprit critique en action » de Jean-Charles Bettan à propos des médias, de leur éthique souvent en berne, de la perversion qui s'en est emparée et de l'influence qu'ils exercent (https://www.youtube.com/watch?v=EQitcXRYtqg&t=96s).

25 Débattre permet l'utilisation de la parole pour éviter de « se battre ».

d'un message. En outre, s'astreindre à un raisonnement rigoureux, discerner le scientifique du politique, le militantisme de la compétence, s'interroger sur la source des médias et leur détenteur... tout ceci nécessite de s'extraire de l'immédiateté de ces données en flot continu et de prendre le temps d'élaborer des liens pluridisciplinaires pour revenir à une vision d'ensemble. « Nous devons enseigner aux jeunes le sens critique : il faut savoir remettre en question les politiques, les institutions, mais aussi apprendre la mesure et ne pas se complaire dans l'autodétestation, très répandue en France. Nous devons regarder notre histoire avec sa part d'ombre et aussi être fiers d'un pays qui a donné au monde la Déclaration des droits de l'homme. » Voici ce qu'écrit Georges Salines (père de Lola, décédée au Bataclan) dans le bouleversant ouvrage qu'il a coécrit avec Azdyne Amimour (père d'un des djihadistes assaillants)[26].

Un autre biais d'infiltration de la perversion réside dans la peur collective de la maladie et de la mort, résultat de la négligence de nos besoins spirituels empêchant l'apprivoisement progressif de notre finitude physique[27]. En effet, que penser d'une société prête à malmener sa jeunesse pour possiblement faire gagner quelques années de vie aux plus âgés ? Comme l'exprime Vincent Houba, « à force de nous protéger à tout prix de la mort, il ne nous reste qu'une vie morte et une mort sans dignité dans le déni du sacré de la vie[28] ». Il en résulte une société de plus en plus dépendante des laboratoires pharmaceutiques et des compagnies d'assurance. En outre, la société devient malade du lien, avec une souffrance

---

26 Amimour Azdyne, Salines Georges, *Il nous reste les mots*, Robert Laffont, 2020, p. 193.

27 *Cf.* « Aborder le sujet de la mort », chapitre 7, p. 253.

28 Houba Vincent, « La vie, la mort : ces deux inséparables », *FémininBio*, 25 février 2021. Vincent Houba est ingénieur civil, architecte et psychoanalyste certifié en CNV.

accrue résultant d'un sentiment de solitude de plus en plus marqué, notamment chez les personnes âgées. Ces dernières sont parfois surprotégées médicalement mais isolées, et leurs besoins de lien social, d'affection et de considération sont négligés.

Or, la sagesse acquise par les aînés est bien souvent mise à l'index. Les aînés et la richesse de leur expérience sont trop souvent mis à distance ou exclus, à l'instar de la mort. Certaines personnes âgées conservent pourtant une éternelle jeunesse d'esprit en ayant développé une liberté de penser admirable. Elles inspirent le respect à toutes les générations, ainsi en est-il des personnalités comme Edgar Morin, Michel Serres, Annick de Souzenelle... De même, saluons la sagesse, le savoir, l'expérience et la bienveillance de Claude Nachin (président de l'Association européenne Nicolas Abraham et Maria Torok), qui n'a cessé tout au long de sa carrière d'offrir cette richesse, notamment aux membres de l'association... Et tant d'autres qui nous démontrent que la sagesse est sans âge.

Nous entendons bien souvent combien la présence d'une grand-mère ou les activités partagées avec un grand-père sont des ancrages puissants pour leurs descendants. Après leur décès, ils continuent à œuvrer dans le psychisme et le cœur de ces derniers, que cela soit par les traces de leur bonté ou parfois bien tristement par celles de leur acidité.

Écoutons ce que nos aînés ont de bon à transmettre et écoutons nos enfants, ils ont tant à nous offrir, acceptons humblement ces cadeaux ! Les enfants sont totalement dépendants des personnes vaillantes, les aînés le redeviennent plus ou moins et, sauf dans le cas d'une mort prématurée, nous sommes tous appelés à vivre ces deux périodes de dépendance. L'humanité véritable ne résiderait-elle pas dans la capacité à honorer et prendre soin des débuts et des fins de vie dans la conscience de la vulnérabilité et du mystère ?

Cet ouvrage est la matérialisation d'un souhait de partage que votre propre expérience enrichira, et nous espérons que vous ressentirez le lien qui nous unit tous dans notre humanité puissante et vulnérable. Nous-mêmes avons vu notre pensée s'enrichir et notre amitié se déployer dans cette écriture à quatre mains et deux claviers. Nous avons le plus souvent possible travaillé en présence, mais lorsque cela n'était pas le cas, nous avons instauré et baptisé « ping et pong » nos échanges dans lesquels nous utilisions, dans le texte, des couleurs différentes pour arriver au noir de l'accord commun. Le blanc est l'alliance de toutes les couleurs, le bleu de l'édition, quant à lui, ajoute une nuance de douceur et de liberté.

Comme nous, analystes, qui ne cessons de nous former et d'affiner nos perceptions dans un esprit de partage, nous vous invitons, chers lecteurs, en fermant ce livre, à garder ce qui vous est précieux et surtout à vivre avec naturel, dans la joie et la spontanéité du moment présent. Vivre la joie du moment présent ne paraît pas simple mais rien ne peut nous empêcher de sentir au plus profond de notre être le bonheur qu'offre un moment d'échange véritable, un moment de contemplation de la beauté et notamment de celle qui émane du sourire d'un enfant.

Pour leur équilibre psychique, les enfants ont besoin de trois nourritures essentielles : le réel, la joie et la beauté. Ils appellent l'adulte à être vraiment spirituel, c'est-à-dire à vivre dans l'instant présent tel qu'il est. Les enfants sentent très subtilement toutes les coupures d'avec l'âme et manifestent cette sensation de mille façons pour défendre l'essence de la vie même et rencontrer leur unicité.

Reconnaître le sacré de l'existence des enfants et leur expliquer combien nous sommes honorés de les accompagner

- L'accompagnement attentif de l'enfant oblige à se dépouiller de nombre de croyances et préjugés.
- S'autoriser d'autres choix que ceux dictés par les habitudes.
- Distinguer l'enfantin, à préserver, de l'infantilisation, qui est de l'ordre de l'emprise.

Favoriser la vie intérieure de l'enfant

- C'est la meilleure protection contre les addictions et prédateurs en tout genre !
- Revenir sur la réalité des faits observés, écouter son ressenti : c'est ainsi que la perversion est perçue.
- Laisser le droit aux enfants de ne pas « aller bien » tout en bénéficiant de notre vigilance et de notre appui, qu'ils pourront progressivement intérioriser.
- L'inconscient offre de précieuses indications lors de moments de rêverie.

Passer de la réactivité à la spontanéité

- Accueillir en interne nos états, nos pensées, nos parts d'ombre pour discerner et choisir un positionnement partant du cœur.
- Que notre parole, notre attitude et notre action tendent vers le reflet de la vérité de notre être !

Se familiariser avec l'impermanence des choses de la vie

- Accompagner l'expérience difficile de la séparation et de la perte avec bienveillance.
- Percevoir pertes et gains et accepter de traverser l'impermanence des émotions.

- Poursuivre son chemin d'individuation permet de gagner en détente, détachement, sagesse, douceur et bienveillance.
- En définitive, seule une illusion de permanence et de séparation peut être perdue !

Accepter sa vulnérabilité et ses incertitudes

- Remettre en cause sa vision partielle du monde tout en supportant l'inconfort qui peut en résulter.
- Se réfugier dans l'espace-temps sacré de notre intériorité offre un moment d'éternité ressourçant.

Zoom sur les besoins des adolescents

- Référents intègres pour la transmission de repères fiables.
- Proposition de rituels marquants.
- S'extraire de l'immédiateté des données en flot continu et prendre le temps d'élaborer des liens pluridisciplinaires pour revenir à une vision d'ensemble.
- Participation active tant à son propre état d'être qu'à celui de la collectivité.
- Engagements d'ordres culturel, artistique, caritatif et spirituel.
- Véritable accueil dans le monde du travail.
- Que le lien relationnel et l'action soient au rendez-vous, pour que le sens de la vie devienne la vie elle-même !

REMERCIEMENTS

Nous souhaitons exprimer notre gratitude à Jean-Marc Mantel, Nicole Montineri, à Marie-Christine Guérin[1], à nos proches, à nos patients, à tous ceux qui nous ont encouragées, soutenues et qui ont partagé avec nous leurs expériences de vie.

Nous souhaitons également remercier chaleureusement Camille Guibbaud, Amélie Georgin, et l'ensemble des équipes pour la confiance et l'écoute que chacun nous a accordées.

1 Notre excellente relectrice (entreprise « De fil en écrit »), dont la rigueur intellectuelle a permis, à maintes reprises, d'approfondir notre réflexion.

BIBLIOGRAPHIE

AMIMOUR Azdyne, SALINES Georges, *Il nous reste les mots*, Robert Laffont, 2020.

ANATRELLA Tony, *Interminables adolescences. Les 12/30 ans*, Cerf/Cujas, 1988.

ANSEMBOURG Thomas d', *Notre façon d'être adulte fait-elle sens et envie pour les jeunes?*, Les Éditions de l'Homme, 2020.

ARENDT Hannah, *Eichmann in Jérusalem*, Viking Press, 1963.

—, *La Vie de l'esprit. La pensée, le pouvoir*, PUF, 2013.

BASSET Lytta, *La Joie imprenable*, Albin Michel, 2004.

BENSAID Catherine, LELOUP Jean-Yves, *Qui aime quand je t'aime?*, Pocket, 2011.

BILLÉ Michel, GALLOPIN Christian, POLARD José, *Manifeste pour l'âge et la vie*, Érès, 2012.

BONNET Gérard, *La Perversion. Se venger pour survivre*, PUF, « Bibliothèque de psychanalyse », 2008.

CHAMBON Olivier, *Oser parler de la mort aux enfants. Approche scientifique et spirituelle*, Guy Trédaniel éditeur, 2015.

CHENG François, *De l'âme*, Albin Michel, 2016.

—, *Œil ouvert et cœur battant*, Desclée de Brouwer, 2011.

—, *Cinq méditations sur la beauté*, Le Livre de Poche, 2010.

DEFORES Marie-Claude, PIEDIMONTE Yvan, *La Constitution de l'être*, Bréal, 2009.

DOLTO Françoise, *Les Chemins de l'éducation*, Gallimard, 1994.

DUFOURMANTELLE Anne, *Puissance de la douceur*, Payot, 2013.

DUMONT Nicolas, *Aux frontières de l'Esprit*, Ideo, 2020.

FERENCZI Sándor, *Confusion de langue entre les adultes et l'enfant*, Payot, 2016.

FREUD Sigmund, *Gesammelte Werke. Neue Folge der Vorlesungen zur Einführung in die Psychoanalyse*, vol. XV, S. Fischer, 1944.

GROF Stanislav, *Pour une psychologie du futur*, Dervy, 2002.

HILLESUM Etty, *Une vie bouleversée. Journal (1941-1943)*, Seuil, 1985.

HUBERT Barbara-Ann, TOMASELLA Saverio, *L'Emprise affective. Sortir de sa prison*, Eyrolles, 2016.

JUNG Carl Gustav, *L'Homme à la découverte de son âme*, Albin Michel, 1987.

LIPTON Bruce H., *La Biologie des croyances*, Ariane, 2016.

MANTEL Jean-Marc, *Ouverture à la grâce*, Éditions de la Mésange, 2011.

MIESZKOWKA Anna, *Irena Sendlerowa. La mère des enfants de l'Holocauste*, Éditions du Rocher, 2012.

MONTESSORI Maria, *L'Esprit absorbant de l'enfant*, Desclée de Brouwer, 2003.

—, *L'Enfant*, Desclée de Brouwer, 2018.

—, *L'Éducation élémentaire. Pédagogie scientifique*, tome II, Desclée de Brouwer, 2018.

MONTESSORI Rénilde, *Éducateurs sans frontières*, Desclée de Brouwer, 2000.

MONTINERI Nicole, *L'Être intérieur*, L'Originel/Accarias, 2014.

MORIN Edgar, *Les Sept Savoirs nécessaires à l'éducation du futur*, Seuil, 2000.

NACHIN Claude, *Le Deuil d'amour*, L'Harmattan, 1989.

OSHO, *Un art de vivre et de mourir*, Le Relié, 2014.

Platon, *Le Sophiste*, Garnier Flammarion, 1997.

Podvoll Edward, *Psychose et guérison*, La Tempérance, 2007.

Racamier Paul-Claude, *Le Génie des origines*, Payot, 1992.

Rogers Carl, *L'Approche centrée sur la personne*, Ambre, 1951.

Rosset Clément, *La Force majeure*, Les Éditions de Minuit, 1983.

Saint-Exupéry Antoine de, *Le Petit Prince*, Desclée de Brouwer, 1965.

Schmitt Éric-Emmanuel, *La Traversée des temps*, tome 1 : *Paradis perdus*, Albin Michel, 2021.

Schovanec Josef, *Je suis à l'Est !*, Plon, 2012.

Tisseron Serge, *Vérités et mensonges de nos émotions*, Le Livre de Poche, 2011.

Tolle Eckhart, *Le Pouvoir du moment présent*, J'ai Lu, 2010.

Torok Maria, « Maladie du deuil et fantasme du cadavre exquis », *Revue française de psychanalyse*, vol. 32, n° 4, 1968.

Weil Simone, *Amitié. L'art de bien aimer*, Rivages poche, « Petite Bibliothèque », 2016.

Williamson Marianne, *Un retour à l'amour*, J'ai Lu, 2010.

Winnicott Donald, *La Capacité d'être seul*, Payot, 2015.

Yalom Irvin, *Et Nietzsche a pleuré*, Galaade éditions, 2010.

Cet ouvrage a été achevé d'imprimer par la SEPEC en octobre 2022.
Imprimé en France. Numéro d'impression : 04875220709
Dépôt légal : novembre 2022

Certifié PEFC
Ce produit est issu de forêts gérées durablement et de sources contrôlées.
PEFC
10-31-1470
pefc-france.org